工具书使用和文献检索

高小方　顾　涛　编著
李　开　审订

南京大学出版社

图书在版编目(CIP)数据

工具书使用和文献检索 / 高小方，顾涛编著. —南京：南京大学出版社，2005.8(2024.9 重印)
ISBN 978-7-305-04296-6

Ⅰ. 工... Ⅱ. ①高... ②顾... Ⅲ. ①工具书-使用 ②情报检索 Ⅳ. G252·7

中国版本图书馆 CIP 数据核字(2005)第 077974 号

出版发行 南京大学出版社
社　　址 南京市汉口路 22 号　　邮　编 210093

GONGJUSHU SHIYONG HE WENXIAN JIANSUO
书　　名 工具书使用和文献检索
编　　著 高小方　顾　涛
责任编辑 荣卫红　　编辑热线 025-83685720

照　　排 南京紫藤制版印务中心
印　　刷 广东虎彩云印刷有限公司
开　　本 787 mm×960 mm 1/16 开 印张 20.5 字数 390 千
版　　次 2005 年 8 月第 1 版
印　　次 2024 年 9 月第 8 次印刷
ISBN 978-7-305-04296-6
定　　价 45.00 元

网址：http://www.njupco.com
官方微博：http://weibo.com/njupco
官方微信号：njupress
销售咨询热线：(025)83594756

序

倘遑论世界上的学问，或可说大体分为两类：一类是论道，一类是识器。

《易·系辞上》："形而上者谓之道，形而下者谓之器。"可是，中国的形而上与西方的形而上相比有很大的不同。中国的形上学自古以来无不强调认识对象本体，扣住客观存在的事实，即所谓"实事求是"。在内容范围上，"本体"、"事实"，主要是指人伦道德。西方的形而上则有柏拉图的理念论，有康德以"物自体"为逻辑起点的先验认识论，等等。作为认识方法的形而下之"器"，当然首先是指认识工具，谓之"识器"亦无不可，《世说新语·赏誉》"识器理致，才隐明断"，正谓"（逻辑）思致理路清晰，方知其高才内含而明白断制"，都是写某君的主体世界能力和状况的。海德格尔在《存在与时间》中把日常实践看作对世界的解释，而使用工具是日常实践必不可少的，因而体现对客观世界、主体世界的解释，更是对语言世界的开拓。作为认识工具，西方最早则有亚里士多德《工具论》，后来又有英国学者弗兰西斯·培根（1561～1626）《新工具》。作为语言文字工具，公元前4世纪至前1世纪，古希腊罗马把主要精力集中在哲学释义（真诠）和修辞学上，语文工具书的编制是非常薄弱的环节，而我国约在公元前3世纪就已经出现了《尔雅》那样的成熟的工具书，继后两汉有《小尔雅》、《方言》、《说文》、《释名》等。我国古代除了《墨经·小取》有以"推"为术语的归纳逻辑和以"效"为术语的演绎逻辑（见胡适《先秦名学史》88、89页）以外，在语文工具书中，并不缺乏逻辑工具意义。名书《尔雅》紧连着先秦名学，是孔子"必也正名乎"的名辩思想的一次认真的实践；反观之则有名家"白马非马"之名学说，是扣住名词性词组"白马"与名词"马"的区别展开的论辩。又如《说文》部首排列及各部首中的字（词）序的排列，如段玉裁和黄侃的说法，鱼贯循次，井然有序，俨然整体一文（见《说文段注》"玉"字下、《黄侃论学杂著》18页）。当为语义序列，为名辩之一要义。我国古代小学为经学的一部分，《尔雅》为《十三经》之一。古代语文工具书中的认识作用，逻辑工具作用是题中已有之义，以致段玉裁注释许慎《说文解字》将发明许书条例作为第一要务，后来王筠著《说文释例》，进一步深入许书条例，条例正为内在逻辑架构和释义方法等。高君、顾君著述为工具书使用方法，其旨亦在彰显认识工具理性价值，学海引航认知作用！试问：使用高君、顾君提供的工具系统，能认知客体，明晰自我，解释语言世界吗？我想：能！完全能！

此外，我要说的是，重视工具书的教学和研究是南京大学中文系的学术传统。胡小石先生著有《甲骨文例》、《说文部首》、《声统表》等名篇，汪辟疆先生著有《工具书之类别及其解题》(1934)、《目录学研究》(1956)，黄侃为他的弟子开列的十种"资粮书"纯系小学根柢，程千帆先生等著有《校雠广义·目录编》(1988)，洪诚先生曾亲自为学生开设过工具书课程。高小方教授为南京大学教学名师，亲炙于洪先生，孜孜以求于工具书教学，乃继承先师遗志之举。从1985年起，即相继开设暑期课题研究班和工具书使用法课程，虽"非典"肆虐而不废。顾君乃高君及门弟子，严师高徒，不亦有据！今遵高、顾二君之意而感言。是为序。

李　开

2005年6月25日

目　录

第一讲　绪　　论

“工具书使用和文献检索”是一门重要的基础课。这门课着重于训练基本技能——如何利用工具书及资料书来解惑和治学等。

早在1984年,教育部就明文规定:综合性大学都必须开设本门课程;并给它命名为“工具书使用和文献检索”。

下面谈三个问题:一、这门课学什么?二、为什么学?三、怎么学?

一、学什么

学三个方面的内容:

1. 工具书使用法

所谓工具书,就是把同类的知识信息按一定的方式编排起来供人查考的书籍。它们包括:字典、词典、类书、政书、百科全书,年鉴,手册,书目,索引,文摘,表谱,图录、名录,资料汇编,等等。工具书使用法的作用好比“书山索径,学海借舟”(冯友兰语)。我们要介绍的内容有:各类工具书的性质?源流?各自可以帮助我们解决哪些问题?常用的有哪些?怎样使用它们?

2. 文化常识专题

诸如:天文、历法,职官、地理,反切换算,各类文体,八卦、五行,经学历史……都要适当穿插介绍。一为扩大知识面,二为工具书使用和文献检索服务,也为今后能够顺利地批判和继承文化遗产打通道路。

吕叔湘先生说:“脑子里杂七杂八的东西多装一些,这也属于基本功。”(《编辑的修养》,见《语文近著》,上海教育出版社1987年12月版)

吕先生还指出:教师——应当是“七分专家,三分杂家”;编辑——应当是“三分专家,七分杂家”。这是吕先生从他人的和亲身的丰富实践中概括出的一条明训。

下面,我们就举两个小例子来说明这一点:

(1)《说文解字》:“赤,南方色也。”又,“肝,木藏也。”……

要想理解这些条目,就要懂得有关“五行”的知识。

【 五行 五方 五色 五脏 ……

木 东 青 肝

火 南 赤 心

土 中 黄 脾

金 西 白 肺

水 北 黑 肾 】

(2) 清名士赵之谦辑有《仰视千七百二十九鹤斋丛书》(六集40种)。要想理解这个怪书名,就要懂得一点“历史地理”和“职官”等方面的知识。

【赵之谦(1829~1884),清代杰出书画家、篆刻家。浙江绍兴人。与任伯年、吴昌硕并称为“清末三大画家”。赵氏自题斋名为“仰视千七百二十九鹤斋”。这一斋名何以如此之怪?原来,封建时代宦海有所谓“捐纳”;从清代开始,捐了官以后还需要“候补”。赵之谦也捐了个知县,分发江西,当时全国有1729个州、县,他候补有年,始终得不到实缺(道、府、县的正印官出缺,往往先由候补暂时代理,等到正式补授,才叫“实缺”——这就还得走后门,还得加捐“花样”)。——“鹤”作为县令的代称,古时对县令的官俸,称为“鹤俸”——所以他用“仰视”以表示苦闷的心情。(参阅周采泉《文史博议》,广东人民出版社1986年3月版,“‘候补’和‘花样’”条)】

3. 资料的搜集和整理

具体地说,要学会做札记、卡片,编索引、文摘、专科书目,作著录、解题;要学会查找最新情报,搜集专题资料;要学会利用诗文总集、丛书、方志;要学会利用计算机检索资料,等等。总之,要学文献的检索,资料的开发。

同时,我们也是借此机会,作一次书海旅游,学林漫步,每个人都为自己今后的定向研究打下一个基础。

二、为什么学

一句话,为了培养我们过硬的“文献检索与利用的能力”,以便建立起一套合理的能力结构,以适应日后更高层次的学习、研究和工作需要。

根据对新时期社会需求的分析,我们觉得,要成为一名合格的文科人才,他必须具备这样两条:

一是健全的人格:

——强烈的事业心和高度的责任感;

——博大的仁爱心和非凡的意志力;

——严于律己、勇于创造的精神；
——接近群众、与人为善的品格；
——视野开阔、机智灵活、善于支配时间等素质。

二是合理的能力结构：

包括这样十项能力：

1. 古书阅读能力：包括古代汉语、文字学、音韵学、训诂学、古籍导论等课程。
2. 美学鉴赏能力：包括美学原理、美学史（音乐、舞蹈、百戏、书法、绘画、雕塑、建筑、装潢、工艺等）等课程。
3. 工具书使用和文献检索能力：包括工具书使用法、文献学、课题研究实习等。

   严济慈先生认为，大学生学习过程由低到高的三个阶段是："听（听课）→看（自学）→用（查书）"。

   吕叔湘先生也说："要知道遇到什么问题能够到什么地方去查，这很要紧。"
4. 写作能力：包括文章学、写作学、修辞学、范文选读与仿作等课程。

   吕叔湘先生说："把笔练得灵活一点。"有物有序、文字清通，简洁明快、形象生动是写作的基础能力。
5. 理论思维能力：包括哲学、逻辑学、思维技巧（如全景式把握、分析、归类、化整为零、列出顺序、找出彼此关系、综合等）等课程。
6. 历史比较能力：包括通史、文化史、思想史、学术史、学科史等。

   "前事不忘，后事之师。""知往鉴来。"对前人的成败得失有深刻认识，便能用以指导当前的运动。
7. 专业研究能力：包括各门专业基础课。
8. 实地考察及组织管理能力：包括调查研究、采访、管理学、法学、经济学、社会学、心理学、演讲学等课程。
9. 运用自然科学最新方法的能力：包括电脑、音像、数理方法、网络使用等。
10. 外语能力。

这诸多的能力交互为用，就能建立起一套比较合理的能力结构。

而"文献检索与利用"这一项能力，又是各项能力中最富有活力的，它是整个能力结构中最主要的一根支柱。可以说，它是无师自通能力之母，它一旦与"勤奋"结了婚，就会生下众多的有出息的儿女。

我们在日常的工作、学习过程中所遇到的有关字、词、句、章、篇、书、时、地、人、事、物等方面的诸多问题，很多都是通过检索——"查"来解决的。如：

字：谂 《左传·闵公二年》"昔辛伯谂周桓公"中的"谂"该怎么读？

【shěn 知道；劝告；思念。（《现代汉语词典》）】

沮 王粲《登楼赋》"挟清漳之通浦兮，倚曲沮之长洲"中的"沮"该怎么读？

《现代汉语词典》只收 jǔ、jù 二音，这里都用不上。

【jū　水名，在今湖北省。(《汉语大字典》)】

词：《左传·宣公二年》“于思”？

【yú sāi 胡须多的样子。(《现代汉语词典》)】

《汉书·张敞传》“便面”？

【古代用以遮面的扇状物。】

《后汉书·马融传》所收《广成颂》“偃伯(bà)”？

【休战。】

《后汉书·独行传序》“偏至”？鲁迅便著有《文化偏至论》。

【偏颇而趋极端。】

句：“尽信书则不如无书。”

“诗无达诂。”

“不着一字，尽得风流。”

“今年落花颜色改，明年花开复谁在？”

“元轻白俗郊寒岛瘦。”

这些佳句见于何书何篇？为何人所说？

章：若想做《论歌词的几个特点》这一论文，就得查查类书中有关“歌”的资料片段。

篇：元代黄公望、钱选、吴镇、倪瓒、王蒙、高克恭等人的画，意境“淡远”。元人的审美观有何独特之处？当时人有无画论传世？这就得查查《元人文集篇目分类索引》、《美术丛书》(上海神州国光社 1936 年版，邓实辑。收录唐宋元明清人撰的画史、画论；其中有元代汤垕《画论》一卷)等。

书：程千帆先生在《詹詹录》中这样说：“研究古典文学的人，连《师石山房丛书》、《四库提要》都不读，是不知道怎么‘开步走’的。”那么，《师石山房丛书》究竟是一部什么书？

【《快阁师石山房丛书》(一名《珍本丛刊》)〔清〕姚振宗撰，1931 年浙江图书馆排印本，1936 年上海开明书店排印本。收录：

1. 《七略别录佚文》1 卷
2. 《七略佚文》1 卷
3. 《汉书艺文志条理》8 卷 首 1 卷
4. 《汉书艺文志拾补》6 卷
5. 《隋书经籍志考证》52 卷 首 1 卷
6. 《后汉艺文志》4 卷
7. 《三国艺文志》4 卷

附：《姚海槎先生(振宗)年谱》1 卷 陶存煦撰

(其中第 3、4、5、6、7 种又收入《二十五史补编》。)】

时:“安史之乱”发生在何时?

【唐玄宗天宝十四年至唐代宗宝应元年(755~762)。】

地:楚霸王自刎乌江。乌江在哪里?

【乌江,河名,在安徽和县。】

黄公绍,宋末学者,《古今韵会》的编者,昭武人。

【昭武,《中国历史人物辞典》说是今甘肃张掖,实误;当作今福建邵武。】

人:金圣叹?

【金圣叹(1608~1661),原姓张,名采,后改名人瑞,最后改名喟,字圣叹。他是明末清初文学批评史上的一位怪杰。金圣叹把《离骚》、《庄子》、《史记》、《杜诗》、《水浒传》、《西厢记》合称为“六才子书”;并把古文评点派的方法运用于小说、戏曲。】

事:从“谥”看古人的观念?

【 可查阅:《通志·谥略》 〔宋〕郑樵撰,《四部备要》本;

《历代名臣谥法汇考》十五卷 (清)刘长华编,清光绪间刊本、《崇川刘氏丛书》本;

《清谥法考》六卷 雷延寿编,1924年铅印本。】

物:牡丹的催花技术?

【《洛阳牡丹记》1卷 〔宋〕欧阳修撰,《丛书集成初编》本;

《天彭牡丹谱》1卷 〔宋〕陆游撰,《百川学海》重辑本;

《群芳谱》 〔明〕王象晋撰,汲古阁本;

《群芳新谱》 仇春霖著,科学普及出版社1981年10月版。】

一个人,如果他具备了文献检索与利用的能力,那么,只要他手脚不懒,思想不懒,那他就可能通过自学的途径,不断地补充新知,就不至于被信息的浪潮所淹没,而能在信息的海洋里自由地扬帆、下网。他就可以通过自学的途径,一步步地攀上文化科学的高峰,甚至还能摘取理论研究的明珠,建立令人景仰的名山事业,为社会主义精神文明建设作出较大的贡献!

总之,这门课所要训练的能力,其实是一种治学的利器,如果拿东西来作比,那它就是矿工的钻头,是渔民的网。如果把这种能力比作人,那它就是终生的向导和老师!

这门课看似杂,却是一门很重要的基础课。希望诸位拿出“有弗学,学之弗能,弗措也”的劲头,十分认真地把它学好。

三、怎么学

本门课的教学,是采取课堂讲授与课外实习相结合的方式。因此,希望大家特别要注意运用好“四到法”和“五字诀”。

“四到法”是：耳到、眼到、心到、手到。

“五字诀”是：

1. 勤——

(1) 勤阅读

刘向：“书犹药也，善读之可以愈愚。”

徐特立：“有关家国书常读；无益身心事莫为。”

让我们算笔小账：假定大学阶段20部必读书之1/5为——

①《史记》 中华书局点校本，大32开，3322页；

②《鲁迅全集》 人民文学出版社1981年版，大32开，9796页；

③《说文解字注》 上海古籍出版社1981年版，16开，867页；

④《四库全书总目》 中华书局1965年版，16开，1867页；

后两种折合成32开，即乘以2，那么这四部书共计是18586页，再除以两年的总天数730天，就可得到一个计算结果：25.5页/天。

若不勤读，岂能完成？

(2) 勤思考

《论语·为政》：“子曰：学而不思则罔，思而不学则殆。”

《二程集·游定夫所录》：“学原于思。”

读而不思，只能人云亦云，浅尝辄止。如：

① 问女何所思？问女何所忆？女亦无所思，女亦无所忆。(《木兰辞》)

② 日出江花红胜火，春来江水绿如蓝。(白居易《忆江南》)

③ 一道残阳铺水中，半江瑟瑟半江红。(白居易《暮江吟》)

对其中的“思”、“江花”、“瑟瑟”，前人多有误说者，恐怕就是欠思考之故。

(3) 勤核对

陆游《剑南诗稿·晨起》：“吾家读书法，一字亦当核。”

①《词诠》“如”字条下，引书错误就有三处。

②“不如意事常八九，可与言人无二三。”清代翟灏《通俗编》作陆游诗，实误。当作南宋方岳诗(见《秋崖小稿》)。

③《中国历史人物辞典》“李善兰”条，共七行字，有六行字是错的(关于字号、籍贯、著述等，全是另一位数学家华蘅芳的)。

如不复核，则会以讹传讹。

只读不思不核，只好做书奴；只有读了又思考又核对，才能当书的主人。

(4) 勤笔记

徐特立：“不动笔墨不读书。”

吴晗《爱国学者顾炎武》(收入《学习集》)：“炎武虽然饱经忧患，跋涉半生，却勤勉好学，没有一天不读书，没有一天不钞书，蝇头行楷，万字如一。”

梁启超《治国学杂话》：“若问读书方法，我想向诸君上一个条陈，这方法是极陈旧的，极笨极麻烦的。然而实在是极必要的。什么方法呢？是钞录或笔记。”

儿时猜过这样的谜语：“千条线，万条线，落到河里看不见。”读书时的心得即如雨丝，如不及时记下，也会像雨落大海无踪迹。（章学诚）

希望诸君从今天起，每人每天记下不少于150字的读书笔记，也来它个“蝇头行楷，万字如一”，如何？

清代王夫之说得好：“学成于聚。”（见《周易外传》）

2. 谨——就是严谨，一丝不苟，尊重事物的客观规律性；就是不装，不吹，老老实实做学问。大大咧咧不行。无论是对字的读音，字的形体，还是对用词、造句，都要认真对待，做到规范化。如：

多音字：

一叶扁（piān）舟

虚与委蛇（wēi yí）

墨子閒诂（jiàn gǔ）

解数（xiè shù）、解元（jiè yuán）、解酲（jiě chéng）

较冷僻的形声字：

《诗经》中指称“细葛布”、“粗葛布”的两个字：絺（chī）綌（xì）

形近字：

己、已、巳〔起、杞、配〕

戊（wù）、戍（shù）、戌（xū）、戎（róng）、戒（jiè）

庚（gēng）、庾（yǔ）、瘐（yǔ）、瘗（yì）、廋（sōu）、瘦（shòu）

同形字：

厂（chǎng）：工厂；厂子。

厂（ān）：同“庵”（多用于人名）、盦。

多义词：

倜傥（tì tǎng）：① 卓异。② 洒脱；不拘束：风流～。

3. 精——精通，精益求精。

朱熹说：“十事格九事，可；一事格九分，不可。”

搞学问，最大的敌人就是浅尝辄止。

既然学这门课，就要认认真真把它学好。要熟练地掌握各种检索方法。哪种问题要找哪几本工具书才能解决？要心中有数，提高命中率。

4. 新——查新，追踪到学科最前沿。

不可迷信、盲从旧材料。要注意学术动态，不可抱残守缺。如：

触龙,还是触詟?

武王克商究竟在哪一年?

5. 进——前进。

开发材料,是为了推陈出新。继承是为了创新,为了前进。

要在解决实际问题中发展理论。

总之,我们要学好这门课,就必须注意:

突出重点(检索法,辞书,书目),重视实践;

读查结合,认真作业;

熟练检索,准确快速,各个击破,讲求实效。

我们在今后愈演愈烈的竞争中,与其他重点大学的毕业生相比,究竟是相形见绌呢,还是不相上下呢,还是出类拔萃呢?如果要想成为真正的强者,其关键还是在于"今",在于今天对以"文献检索与利用能力"为中心的十项能力培养得如何,在于今天对"四到法"和"五字诀"做得如何。

让我们互相勉励,共同努力吧!

* * *

请准备几样东西:

一本课堂笔记本;

一本读书笔记本;

一本练习本;

一本《四角号码新词典》(或《现代汉语词典》);

一本《书目答问补正》(或《四库全书简明目录》)。

【附录一】

“工具书使用和文献检索”课程教学大纲

课程性质：指导性选修课　　学分数：2
授课总学时数：40
授课对象：中文系各专业学生

第一部分　教学目的和要求

本课程的教学目的，是加强“通识”教育，增强学生的民族自信心和创新意识，增长学生的基础知识，提高学生的基本技能，使他们学会开发利用各类图书文献资料，大大增强自学能力，也为今后独立地考镜学术源流和高效率地进行科学研究打下坚实的基础。

具体要求有五：

(1) 学会使用文科各类工具书；
(2) 了解版本、目录学的基本知识，懂得读书门径；
(3) 熟悉几套大丛书和历代诗文总集，扩大视野；
(4) 学会查找最新情报，学会搜集专题资料；
(5) 学会作“著录”、“解题”、“札记”，学会编“索引”、“文摘”、“专科书目”等。

第二部分　教学内容及学时分配

本课程的全名是“工具书使用和文献检索”。其主要内容有三：(一)文、史、哲、经、法各类工具书(字典、词典，类书，政书，百科全书，年鉴，手册，索引，文摘，目录，表谱等)的性质、源流和使用；(二)文化常识专题(天文、历法，地理、宫室，职官、科举，乐律、姓氏，古文体裁、诗词格律，阴阳五行，经学历史、对联撰写等)；(三)资料的搜集和整理。

本课程的学时分配：

1. 绪论；本课程教学计划；参考书目	2
2. 工具书的编排和查检(部首法、四角号码法等)	3
3. 反切公式	2
4. 附：对联的撰写	2

5. 字典辞书（1）起源；（2）三大干流十六条支流	10
6. 索引	1
7. 类书	2
8. 书目（读书门径）	4
9. 查时间（历表、年表等）	1
10. 查地名	1
11. 查人物资料（人名辞典、人名录等）	1
12. 查事物（百科全书、年鉴、手册，政书，文摘，谱录、图录，方志，资料汇编等）	2
13. 丛书	1
14. 总集	2
15. 计算机检索	2
16. 教学实习	4

第三部分 说 明

一、本课程的教学方法

精讲与多练相结合（课内精讲，课外多练），动脑与动手相结合，读、查、写、议相结合，训练基本技能与学习做人相结合。课内与课外并重，传统方法与现代化手段并用。形式多样，讲求实效，全面提高教学质量。

二、本课程的教材及参考书目

教材：《工具书使用和文献检索》（高小方、顾涛编著）

参考书目：

1.《语文工具书使用法》 赵国璋编，南京师范学院中文系1962年油印本；
2.《文史哲工具书简介》 南京大学图书馆、中文系、历史系编，天津人民出版社1981年第2版；
3.《中文工具书使用法》 武汉大学编，商务印书馆1982年版；
4.《中国文史工具资料书举要》 吴小如、吴同宾著，中华书局1982年版；
5.《文史工具书手册》 朱天俊、陈宏天著，中国青年出版社1982年版；
6.《古典文学文献及其检索》 潘树广编著，陕西人民出版社1984年版；
7.《文史文献检索教程》 王彦坤编著，暨南大学出版社2003年版；
8.《古典文献及其利用》 杨琳著，北京大学出版社2004年版；
9.《学术资料的检索与利用》 林庆彰主编，台湾万卷楼图书股份有限公司2003年版；

10.《国外工具书指南》 陆伯华等编，中国学术出版社1984年版；
11.《中国文化史要论》（人物·图书） 蔡尚思著，湖南教育出版社1980年增订本；
12.《书目答问补正》 张之洞原著，范希曾补正，中华书局1963年影印本，上海古籍出版社1983年排印本，由瞿凤起校点；
13.《四库全书总目》〔清〕纪昀等撰，中华书局1965年影印本。

三、本课程的成绩考核

作业6次，计平时成绩，占总分的30%；实习考试2次，占总分的70%。

利用电脑建立试题库，使考核做到标准化、科学化。本教材提供了期中试题样卷和160套期末试题。

练习题型和考试题型有：

（1）写出下列汉字的四角号码；
（2）反切换算；
（3）查工具书，给下列字、词注音释义；
（4）对下联；
（5）查诗文句子的出处；
（6）为你最受教益的一部书做一全面的著录；
（7）撰写必读书提要；
（8）拟出今后两年的自学书目；
（9）做资料卡片；
（10）做读书笔记；
（11）搜集专题资料；
（12）期末实习。

第二讲　工具书的编排和查检

一　综　论

（一）字序法

1. 形序法

（1）部首法　如：《说文解字》540 部…………………文字学原则的部首①

明代梅膺祚《字汇》214 部，清《康熙字典》承之。

新版《辞海》250 部…………………检字法原则的部首②

《汉语大字典》200 部等。

（2）笔数法　如：杨伯峻《论语词典》。

（3）笔画法　起于清末。如："札"字法，以一丨丿丶乙为序。

（4）号码法　a）四角号码法，

如：《中国丛书综录·子目索引》、《二十四史纪传人名索引》；

b）"中国字庋擷"法，

前燕京大学出版的各种"引得"[41 +23（特刊）]；

c）起笔笔形号码法。

2. 音序法

（1）汉语拼音法以 a、b、c、d…为序。如：《新华字典》、《现代汉语词典》、《汉语成语词典》、《古汉语常用字字典》。

（2）注音字母法以ㄅ、ㄆ、ㄇ、ㄈ…为序。如：《词诠》。

（3）声韵法　a）以 36 字母为序。如：《古书虚字集释》。

b）以 206 韵为序。如：《广韵》。

c）以 106 韵为序。如：《经籍籑诂》、《助字辨略》、《辞通》、《佩文韵府》。

（二）分类法

对总体进行科学分割，按意义进行归类。如：
《尔雅》分类法：按所收词语的意义加以分类。
综合性类书分类法：天、地、人、事、物。
《汉志》分类法：六艺、诸子、诗赋、兵书、数术、方技。
四部分类法：经、史、子、集。
新分类法：五大部类 22 小类。

（三）主题法

从局部提出问题，并以之为中心，最大限度地汇集有关资料。如：
各种主题索引；
专人研究资料汇编。

（四）时序法

历史年表
大事记

（五）地序法

地图
地方志书目

参考资料：

蒋一前《汉字检字法沿革史略及近代七十七种新法表》，原载《图书馆学季刊》1933 年第 7 卷第 4 期，亦收入《南京大学百年学术精品 · 图书馆学卷》，南京大学出版社 2002 年版；

吴则虞《中国工具书使用法》第二章第三节“检字法”，上海古籍出版社 1988 年版。

二 详 说

（一）文字学原则的部首

把汉字中表义的那部分或那部分中最具特色的一部分定为标首的符号，其特点是：考虑部首义与字义之间的联系。以《说文解字》540 部首为例：

① 问、闷、闻——分别在“口部”、“心部”、“耳部”。

② 颖，禾末也。从禾顷声。余顷切。——在“禾部”。

颍，(颍)水，出颍川阳城乾山，东入淮。从水顷声。余顷切。——在“水部”。

③ 㱿，从上击下也。从殳(市朱切)𡉉声。苦角切。——在“殳”部。

穀 gǔ，从禾㱿声。古禄切。——在“禾部”。

榖 gǔ，树名。——在“木部”。

彀 gòu，使劲张弓。——在“弓部”。

毂 gǔ，车轮中心有窟窿可以插轴的部分。——在“车部”。

鷇 kòu，初生的小鸟。——在“鸟部”。

縠 hú，有皱纹的纱。——在“糸(mì)部”。

觳 hú，～觫(sù)，恐惧得发抖。——在“角部”。

（二）检字法原则的部首

基本上不考虑部首义与字义之间的联系问题。以新《辞海》250 部首为例：

例字	“两部分都是部首时”	《辞海》	《康熙字典》	《说文解字》
悲	从上不从下	非部(心×)	心部	心部
鸿	从左不从右	氵部(工鸟×)	鸟部	鸟部
画	从复不从单	凵部(一×)	田部	画部
章	从多不从少 (同一边相比)	音部(丶亠立×)	立部	音部
因	从外不从内	囗部(大×)	囗部	囗部
兆	从中坐不从左上	儿部(丶×)	儿部	附于卜部(𠧞，灼龟坼也。从卜兆。古文兆。)
疑	无中坐则取左上	匕部(矢疋×)	疋部	子部
肄	有右不从左上	聿部(匕矢×)	聿部	聿部
楚	有下不从左上	疋部(木×)	木部	林部
东、长	按起笔查单笔部首	一部、丿部	木部、长部	木部、长部

（三）四角号码检字法

此法发明于 20 世纪的 20 年代。大半个世纪以来，使用四角号码法编排的工具书和资料书已经不下数千种。

其具体方法是：把汉字笔形分为十类，用 0 ~ 9 这十个数字表示。每个汉字取四角，把四个角的数字连结为一个号码。四个角的次序是左上、右上、左下、右下，即：

1 2
□
3 4

基本笔形十种：

笔名	数字	笔形	字例	说明
(复)头	0	亠	主病广言	点和横相结合
(单)横	1	一	天土	横
		㇀ ㇀ ㇄ ㇈	活培织兄风	挑、横上钩和斜右钩
垂	2	丨	旧山	竖
		㇒ 丿 ノ 亅	千顺力则	撇和竖左钩
点	3	丶 ㇀	宝社军外去亦	点
捺		㇏ ㇏	造瓜	捺
(复)叉	4	十	古草	两笔交叉
		寸 七 乂 犭 ナ	对式皮猪	
插	5	丰 扌	青本	一笔纵穿两笔或两笔以上
		扌 丈 戈 耂	打戈史泰申	
方框	6	口 冂	另扣国甲由曲目四	四角整齐的方形
角	7	㇕ ㇗ ㇕ ㇁	刀写亡表	一笔向下或向右转折的角形
		厂	阳兵雪	两笔笔头相接所形成的角形
八	8	八 丷	分共	八字形
		人 入 𠆢 丷 𠂉	余氽央羊午	八字变形
小	9	小	尖宗	小字形
		忄 个 ⺌ ⺍ 𭕄 ⺗	快木录当兴組	小字变形

口诀：

横一垂二三点捺，叉四插五方框六，

七角八八九是小，点下有横变零头。

取角注意之点：

1. 打弯之笔可分。

  1 7
如：乙
  7 1

2. 下截有伴可再。

  4 0
如：大
  8 0

3. 下笔偏哪作哪。

1 7
如：弓
0 2

4. 用过之笔作零。

2 3
如：卜
0 0

5. 外围“囗、门、鬥”，下角取里头。

3 7
如：闭
2 4

6. 点下带横折，作三不作零。

3 0 3 0
如：空 户
1 0 2 0

7. 尽量取复笔。

8 0
如：气
0 1

8. 平行之笔取左右不取上下。

1 1
如：非
1 1

9. 交叉之笔取上下不取左右。

5 0
如：中
0 0

10. 有两复笔，取最高、最低者。

1 4 4 4
如：功 也
1 2 7 1

11. 撇从当中起，他笔作下角。

4 0 1 0 0 0 7 1
如：友 石 衣【对照：辰】
4 0 6 0 7 3 2 3

12. “附号”取靠近第四角上方之笔。

如：识 3678(0)误 3678(4)

请依上口诀在五分钟内写出以下七个字的四角号码：

1 2	3 7	2 7	2 7	3 9	3 8	5 0
飞	阌	磬	身	沙	许	纛
0 1	4 0	6 0	4 0	1 2	7 4	9 9
3	7	2	1	0	0	3

【注：阌(wén)乡，在河南灵宝。纛(dào)，帝王车上的雉尾等饰物。】

常见的汉字偏旁的取码(33个)：

1. 刂 ×2×0(0)	2. 亻2×2×	3. 冖37××
4. 讠3×7×	5. 力×4×2(7)	6. 土4×1×
7. 彳2×2×	8. 犭4×2×	9. 广002×
10. 忄9×0×	11. 氵3×1×	12. 辶3×30
13. 女4×4×	14. 纟2×1×	15. 弓1×2×
16. 马7×1×(1×1×)	17. 木4×9×	18. 月7×2×
19. 殳×7×4(7)	20. 方0×2×	21. 火9×8×
22. 户302×	23. 礻3×2×	24. 石1×6×
25. 钅8×7×	26. 禾2×9×	27. 鸟×7×2(7)
28. 疒001×	29. 虫5×1×	30. 骨7×2×
31. 囗60××	32. 门37××	33. 鬥77××(22××)

古代特殊的序数符号“十干”、“十二支”的四角号码如下：

甲	乙	丙	丁	戊	
6050(0)	1771(0)	1022(7)	1020(0)	5320(0)［7325(0)］	
己	庚	辛	壬	癸	
1771(7)	0028(7)	0040(1)	2010(4)	1280(4)	
子	丑	寅	卯	辰	巳
1740(7)	1710(2)	3080(6)	7772(0)	7123(2)	7771(7)
午	未	申	酉	戌	亥
8040(0)	5090(0)	5000(6)	1060(4)	5320(0)	0080(2)

请课外练习以下各汉字的取号：

诀3578(0)	园6021(2)	比2271(0)	以2870(0)	北1211(0)
丈5000(0)	尺7780(7)	寸4030(0)	才4020(0)	赤4023(1)
爪7223(0)	斥7224(1)	反7224(7)	所7222(1)	殷2724(7)
臧2325(0)	为3402(7)	绪2416(0)	少9020(0)	年8050(0)

(四) 中国字庋撷法

旧燕京大学所编纂的“引得”(41种)和“引得特刊”(23种)都用这种方法

排列。这种方法也是把笔形变为号码,但变的方法比较复杂。先把汉字分为五种体,以中、国、字、庋、撷为代表。汉字笔形也分十种,分法与四角号码不同。取角次序是根据字体而定的。得到号码后再计算这个字有几个方格,把方格数加在号码之后,无方格则加0。例如田字作Ⅱ/88304,其中Ⅱ表示是第二种体,即国字体,8830是四个角的号码,4是方格数。

取号数字是解剖"庋撷"二字而成。"庋"字按笔顺解剖成"丶一丿十乂"五种笔形,分别代表0、1、2、3、4五个数字。即丶(点)为0;一(包括横、挑、右钩之横)为1;丿(包括撇、直、左钩之直及斜直)为2;十(指两笔相交,而至少有一笔为正横或正直者)为3;乂(两笔相交,而皆斜行)为4。"撷"字解剖成"扌糸丁目八"五种笔形,分别代表5、6、7、8、9五个数字。即扌(包括直及斜直插透两笔以上者)为5;糸(包括糸之各部分,及各变体,即𡿨、厶、小及其变体)为6;丁(包括横或直以其中间之上下或左右连于直或横者)为7;目(指一笔之转或两笔相接而成一角者)为8;八(包括八与人及其变体)为9。

取号的办法,先把汉字结构分为五体,用"中国字庋撷"五字代表五种字形结构,分别用ⅠⅡⅢⅣⅤ五个数字表示,即独体字为Ⅰ;包托体(三面或四面受围,下面受托,或上面被盖而右面被遮之字,如:仝)为Ⅱ;上下体为Ⅲ;左壳体(字的上面及左边受遮蔽)为Ⅳ;左右体为Ⅴ。其取角次序因字体不同而不同,如下列所示:

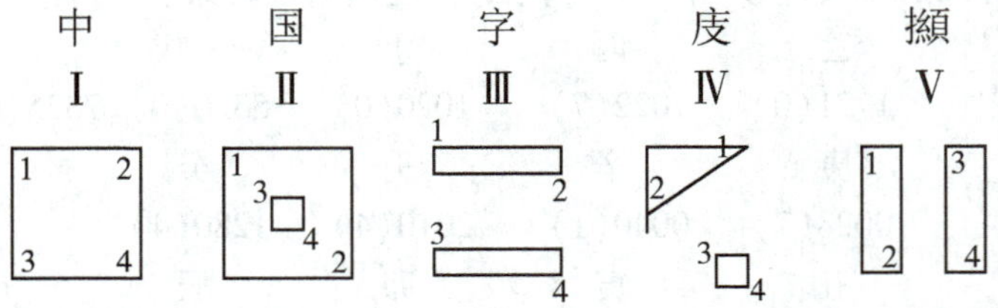

每字取四角号数得到一个四位数,再在尾部缀上该字的方格数,由此得到一个庋撷号数,如"白"为Ⅰ/28882。斜线前的Ⅰ代表"白"为独体字的号数,2888为"白"字的左上、右上、左下、右下角号数,末位的2是指"白"字有两个方格。

歌诀:
中国字庋撷法,
五体四角十笔画:
横一垂二正交三,
斜叉为四五是插,
绞丝各部都算六,
七丁八角九人八,
字内无方单点零,
每字两节六数码。

五体:
单一包二上下三,
左壳为四五两边(左右),
取角次序依体定,
口因豆皮作例看。

例：口Ⅰ/88881　因Ⅱ/88390　豆Ⅲ/18911　皮Ⅳ/32840　作Ⅴ/90970
　　中Ⅰ/58082　国Ⅱ/88501　字Ⅲ/02130　皮Ⅳ/02340　撷Ⅴ/50793

（五）以“三十六字母”为序

《经传释词》（清·王引之）、《经词衍释》（清·吴昌莹）、《古书虚字集释》（裴学海）均采用此法编排，俱分十卷：

卷一、二、三、四——喉音（影喻，晓匣）
五——牙音（见溪群疑）
六——舌音（端透定泥来知彻澄娘）
七、八、九——齿音（日精清从心邪照穿床审禅）
十——唇音（帮滂並明非敷奉微）

口诀：一二三四喉，
五牙六舌头，
齿音七八九，
唇音在后头。

参阅：《古书虚字集释·凡例》；《辞海·语言文字分册》第43页。

（六）以“平水韵”（106韵）为序

平30：
东冬江支微鱼虞齐　佳灰真文元寒删先萧肴豪歌麻阳庚青蒸尤侵覃盐咸
上29：
董肿讲纸尾语麌荠　蟹贿轸吻阮旱潸铣篠巧皓哿马养梗迥　有寝感琰豏
去30：
送宋绛寘未御遇霁泰卦队震问愿翰谏霰啸效號箇祃漾敬径　宥沁勘艳陷
入17：
屋沃觉　质物月曷黠屑　药陌锡职　缉合葉洽

【附录二】

部首法历史演变简介

一、部首法演变情况一览

1. 540部(《说文解字》)

东汉许慎的《说文解字》开创了“据形系联”的部首归字法,540部(篆体)即540个义类。其第一部是“一”,最后一部是“亥”,从总体上说,其间排列是有一定次序的。然后,许慎根据9353个汉字的篆形分隶于540部首下,“杂而不越”。此法多为后世古文字字典,如《古文字诂林》等沿用。对《说文》部首进行系统研究的今人专著有:

《基础汉字形义通释——〈说文〉部首今读本义》 邹晓丽编著,北京出版社1990年6月版;

《说文五百四十部首正解》 徐复、宋文民著,江苏古籍出版社2003年1月版。

2. 542部(《玉篇》)

南朝梁顾野王的《玉篇》沿袭《说文》按部首排列汉字的方法,在分部上亦基本遵循《说文》旧制。但是《玉篇》是我国第一部以楷书为正体的字书,全书按汉字楷形编排,分为542部,对《说文》的部首有增有删,排序上也做了一定的调整,把内容有关的部首排在一起。

3. 242部(《龙龛手镜》)

辽代僧人行均编的《龙龛手镜》首次对《说文》部首作了大改良,归并为242部,各部按四声排列,计平声97部,上声60部,去声26部,入声59部,部下列字同样按四声编排。

4. 214部(《字汇》、《康熙字典》、《辞源》、《中文大辞典》、《故训汇纂》)

明代梅膺祚的《字汇》重新对楷书的部首进行分类、编排,按笔画多少,从一画到十七画列为214部,这“实际上是对楷书部首的一次认真的厘定,自梅氏起,楷书部首基本定局”(李开语)。清代的《康熙字典》,直至20世纪大陆的《辞源》和台湾的《中文大辞典》等均一仍214部。

《康熙字典》共分子丑寅卯辰巳午未申酉戌亥十二集。214部首按笔画数分隶于十二集中。《康熙字典》部首分集歌诀如下:“一二子中三丑寅,四卯辰巳五午寻,六在未申七在酉,八九戌集余亥存。”

5. 189 部(《新华字典》、《现代汉语词典》)

《新华字典》在《康熙字典》分部的基础上裁削 58 部,增补 19 个简化部首,形成 189 部体系,《现代汉语词典》、《古汉语常用字字典》(简体字本)承之(依马洪说)。

6. 250 部(新《辞海》)

新版《辞海》对 1936 年旧版 214 部首做了如下调整:删去 8 个,合并 6 个,分立 10 个,新改 10 个,新增 40 个,合计部首 250 个。详参新版《辞海》卷前《部首调整情况表》。

7. 56 部(《新部首大字典》)

王竹溪先生考虑到电子计算机自动检索的要求,以部首字母化和检字无重码为目标,将《康熙字典》的 214 部改并成 56 部,再依先上后下,先左后右确定顺序,编成《新部首大字典》(上海翻译出版公司、电子工业出版社 1988 年 1 月出版),书前附《检字法说明》。

8. 200 部(《汉语大字典》、《汉语大词典》)

以《康熙字典》214 部为基础,删去 8 部,合并 6 部,得 200 部。在具体单字的归部上也作了适当的调整。详参两典《部首排检法说明》。

二、“悲鸿画章”四字在各书中归部的异同

	悲	鸿	画(畫)	章
说文解字:	心部	鸟部	畫部	音部
玉篇:	心部	鸟部	书部	音部
康熙字典、辞源:	心部	鸟部	田部	立部
新华字典、现代汉语词典:	心部	鸟部	凵部(简体) 聿部(繁体)	立部
新辞海:	非部	氵部	凵部(简体) 聿部(繁体)	音部
新部首大字典:	丨部	水部	一部(简体) 丨部(繁体)	亠部
汉语大字典、汉语大词典:	心部	鸟部	田部(简体) 田部(繁体)	立部

三、200部首列表例析

1. 200部首(汉字统一部首表1983年文改会、国家出版局提出草案):

一 丨 丿 丶 乙 十 厂 匚 卜 冂 人 八 勹 匕 儿 几 亠 冫 冖 凵
卩 刀 力 厶 又 廴 干 工 土 寸 廾 大 尢 弋 小 口 囗 巾 山 彳
彡 夕 夂 广 宀 彐 尸 己 弓 子 屮 女 幺 巛 王 无 木 支 犬 歹
戈 比 牙 瓦 止 支 日 水 牛 手 毛 气 片 斤 爪 父 月 氏 欠 殳
文 方 火 斗 户 心 爿 毋 示 甘 石 目 田 皿 生 矢 禾 白 瓜 疒
立 穴 疋 皮 癶 矛 耒 老 耳 臣 西 而 至 虍 虫 网 肉 缶 舌 竹
臼 自 血 舟 色 衣 羊 米 聿 艮 艹 羽 糸 走 赤 车 豆 酉 辰 豕
贝 见 里 足 邑 身 辶 釆 谷 豸 角 言 辛 青 长 雨 非 隹 阜 金
门 隶 革 页 面 韭 骨 香 鬼 食 风 音 首 韦 飞 鬥 髟 马 鬲 高
黄 麦 卤 鸟 鱼 麻 鹿 黹 鼎 黑 黍 鼓 黾 鼠 鼻 齐 齿 龙 龠 龟

2. 例析:

丨(gǔn,上下相通)
丶(zhǔ,古人读书时断句的符号)
厂(hǎn,山崖)
匚(fāng,古代一种方形盛物器)
冂(jiōng,都邑的远郊)
勹(bāo,后作包)
亠(tóu,无义)
冫(bīng,后作冰)
冖(mì,后作幂)
凵(qiǎn,张口;又 kǎn,后作坎)
卩(jié,瑞信;符节)
厶(sī,同私;又 mǒu,同某)
廴(yǐn,长行)
廾(gǒng,两手捧物)
尢(wāng,跛;又 yóu,同尤)
囗(wéi,同围)
彳(chì,小步)
彡(shān,毛饰画文)
夂(zhǐ,从后至;又 zhōng,同终)
广(yǎn,依山崖建造的房屋)

宀(mián,深屋)
彐(jì,猪头)
屮(chè,草木初生)
幺(yāo,小)
巛(chuān,同川)
攴(pū,小击)
爿(qiáng,木片;又 pán,劈成片的竹木)
疒(nè,倚;靠着)
疋(shū,脚)
癶(bō,足剌癶也)
虍(hū,虎文)
艹(cǎo,同草)
虫(huǐ,毒蛇,后作虺;又 chóng,同蟲)
糸(mì,细丝)
辶(chuò,辵,步履踌躇)
釆(biàn,辨别)
豸(zhì,兽长脊,行豸豸然)
隹(zhuī,短尾鸟的总名)
隶(dài,后作逮)
页(xié,头)
鬥(dòu,争斗)
髟(biāo,长发下垂貌)
鬲(lì,古代炊具)
黹(zhǐ,缝纫;刺绣)
黾(měng,蛙的一种)
龠(yuè,一种用竹管编成的乐器)

【附录三】

反切说略

一、什么是反切

反切是用两个汉字合起来给另一汉字注音的方法。如:“同,徒红切。”徒,是反切上字;红,是反切下字;同,是被切字。

反切的基本原理是:上字取声母,下字取韵母及声调,拼合成被切字的音。

对于“反切”这一术语本身的含义,古人已有阐释:

宋代的《礼部韵略》(1037)说:“音韵展转相协谓之反,亦作翻;两字相摩以成声韵谓之切。其实一也。”就是说,反和切的实质是一样的,“展转相协”和“相摩以成声韵”,都是拼音的意思。

明末清初顾炎武《音论》(成于1643年。1667年刻入《音学五书》)说:“反切之名,自南北朝以上皆谓之反(小方按:此言不确。北齐颜之推《颜氏家训》中就有‘反’、‘切’并用的,如《音辞》篇说:‘徐仙民《毛诗音》反骤为在遘,《左传音》切椽为徒缘’,‘河北切攻字为古琮’),孙愐《唐韵》则谓之切,盖当时讳反字……唐玄度《九经字样·序》曰:‘避以反言,但纽四声,定其音旨。’(沙门神珙《四声五音九弄反纽图序》曰:‘梁沈约创立纽字之图。’——原注)其卷内之字,‘盖’字下云公害翻,代反以翻,‘受’字下云平表纽,代反以纽。是则反也、翻也、切也、纽也,一也。”就是说,用于拼合之义,“反”就是“切”,“切”就是“反”,也有作“翻”或“纽”的。南北朝以上多谓之“反”(偶亦谓之“切”);唐代统治阶级讳“反”字,后来便多用“切”了。

二、反切的起源及功用

反切作为一种注音方法,其最早的自觉使用是在东汉末年。三国魏孙炎作《尔雅音义》,已全用反切注音。

《颜氏家训·音辞》:“孙叔然创《尔雅音义》,是汉末人独知反语。至于魏世,此事大行。”

黄侃《声韵略说》转述章炳麟语:“服、应训说《汉书》,其反语已著于篇,明其造端汉末,非叔然创意为之。且王子雍与孙叔然,说经相攻如仇雠,然子雍亦用反语,其不始叔然可知也。”

吴承仕《经典释文序录疏证》:“寻颜师古注《汉书》,引服虔、应劭反语,不下十数事。服虔、应劭，皆卒于建安中，与郑玄同时。是汉末已行反语，大体与颜氏所述相符。至谓创自叔然，殆非情实。”

这就是说，我们的先人远在1800年前对汉语音节结构（声、韵两部分）就有了相当精确的分析了。这种对汉语音节的音理上的分析，不仅补救了“譬况”、“读若”和“直音”等注音方法的不足，而且是韵书得以产生的基础。

在反切出现以后，它在长时期中一直既是一般人读书识字的拐棍儿，又是学者们研究汉语音韵学的主要依据。如清代陈澧撰《切韵考》，就是通过“反切系联”来考求《广韵》的声韵类别的。又如王力先生著《汉语语音史》，讲隋至中唐音系，主要就是根据陆德明《经典释文》和玄应《一切经音义》的反切；讲晚唐至五代音系，主要就是根据朱翱反切；讲宋代音系，主要就是根据朱熹反切；讲元代音系，主要就是根据《中原音韵》，并证以《中州音韵》的反切，等等。

总之，反切，以及在反切基础上产生的韵书，其历史功绩和现实功用都是巨大的。

三、反切的一般公式

反切的一般公式是“上字取声母，下字取韵母及声调，拼合成被切字的音”。很显然，这与前面对“反切的基本原理”的表述是完全一致的。

用这一般公式就能直接得出被切字今读的切语，我们称之为“音和切”；反之，则称之为“类隔切”。需要说明的是：这里我们是使用了“音和”与“类隔”的广义。那狭义的“音和”与“类隔”，则是单指被切字与反切上字二者声母是否还相同而言的。

“音和”与“类隔”二语，最早见于《广韵》每卷末附记《新添类隔今更音和切》，所举均为重唇与轻唇、舌头与舌上互切之例。《切韵指掌图·原序》说：“递用则名音和（徒红切同——原注），旁求则名类隔（补微切非——原注）。”“音和”与“类隔”本是宋人据当时语音拼读隋代以前反切时总结出的两条规律，并非创制反切之初就有“音和”、“类隔”之说。所谓“新添类隔”等情形，乃是语音的历史演化所致。

后来，一些等韵学家对“音和”、“类隔”做了种种解释，似乎是越说越繁，越说越玄。我们大可不必参加聚讼，只要了解这一对术语的最狭义的和最广义的两种用法就可以了。

恕我重申一句，现在我们就是在最广泛的含义上使用“音和”与“类隔”这两个术语的。

“音和切”举例：

冬　都宗切　dū + zōng→dōng

都　当孤切　dāng + gū→dū

纯 常伦切 cháng + lún→chún
条 徒聊切 tú + liáo→tiáo
祖 则古切 zé + gǔ→zǔ
礼 卢启切 lú + qǐ→lǐ
号 胡到切 hú + dào→hào
梦 莫凤切 mò + fèng→mèng 以上是有声母的“音和切”。
乌 哀都切 āi + dū→ū→wū
敖 五劳切 ǔ + láo→áo
与 余吕切 ǘ + lǚ→ǚ→yǔ
讶 五驾切 ǔ + jià→ià→yà 以上是零声母的“音和切”。

四、反切的补充公式

从今天普通话语音的角度去看,《广韵》中近三千九百条切语,“类隔切”(广义)大约已占到70%(此据许梦麟的统计)。要想顺利地把这部分切语换算成今读,就得依循汉语音变规律归纳出若干条“反切的补充公式”。

今将“反切的补充公式”中较为重要者表述如下:

1. 上清音,下平声(不包括古入今平),被切字,定阴平。如:通,他红切。

2. 上浊音,下平声(不包括古入今平),被切字,定阳平。如:崇,锄弓切。

3. 上清或次浊,下古全浊上(今已变去声),被切字,定上声。如:古,公户切。

【按:就《广韵》而言,其反切下字属“古全浊上(今已变去声)”者共有56字:

B 伴 抱 被 婢 辨
D 绐 但 道 弟 簟 动 杜
F 犯 范 奉 妇
H 亥 骇 旱 浩 皓 后 厚 户 晃
J 渐 槛 尽 静 巨
S 善 甚 士 氏 市 视 是
X 下 岘 限 蹶 项 皛 蟹 杏 幸 涬 泫
Z 在 丈 兆 朕 豸 雉 篆 罪】

又如:阐,昌善切。坦,他但切。指,职雉切。

4. 上全浊,下上声(不包括古入今上),被切字,变去声。如:市,时止切。又如:兆,治小切。

5. 上全浊,下入声,被切字,定阳平。如:捷,疾叶切。

6. 上次浊,下入声,被切字,定去声。如:雳,郎击切。

* * *

7. 上全浊，下仄声（包括古入今平），被切字，不送气。如：度，徒故切。

8. 上全浊，下平声（不包括古入今平），被切字，要送气。如：陈，直珍切。又如：虫，直弓切。

9. 上轻下开、齐，轻唇改重唇。如：阪，（府远切，又）扶板切。遍，方见切。【按：改读重唇后，由上字定b、p、m。原“非”母，改重唇后为b；原“敷”母，改重唇后为p；原“奉”母，改重唇后，平为p、仄为b；原“微”母，改重唇后为m。】

10. 下字为齐、撮，g组改j组，如：巷，胡绛切；

z组改j组，如：酱，子亮切。

11. 下字为开、合，j组十五字（疾徐先秦七旬借息取相即将详祥千）改z组，十五字以外改g组。如：醉，将遂切。挥，许归切。

12. “亡、望、巫、无、文、武”，下遇开、齐变m母，如：靡，文彼切；若遇f母或合、撮，定是零母别疑惑，如：武，文甫切。

* * *

13. 上翘舌，下齐、撮，被切字，改开、合。如：展，知演切。暑，舒吕切。

14. 切下字，翘舌音（且非单韵母），上不翘，与它拼，韵母要添i介音。如：妙，眉召切。凶，许容切。

15. 切下字，是唇音，非唇音，与它拼，韵母应添u介音。如：管，古满切。

16. 上唇音，下u头，要相拼，去掉u介音。如：费，芳未切。

17. 上唇音，下ong韵，要相拼，把ong改成eng。如：蒙，莫红切。

* * *

“类隔切”举例：

匾　方典切　biǎn(9)
挤　子礼切　jǐ(10)
岁　相锐切　suì(11)
舅　其九切　qiǔ→jiǔ(7)→jiù(4)
篇　芳连切　fián→pián(9)→piān(1)
阳　与章切　āng→iāng(14)→iáng(2)→yáng
缥　敷沼切　fǎo→fiǎo(14)→piǎo(9)
频　符真切　fēn→fīn(14)→pīn(9)→pín(2)
咸　胡谗切　hán→hián(14)→xián(10)
小　私兆切　sào→siào(14)→xiào(10)→xiǎo(3)
混　胡本切　hěn→hǔn(15)→hùn(4)
盘　薄官切　buān→bān(16)→pān(8)→pán(2)

五、反切的改良

1. 反切的局限性

反切这一注音方法与譬况、读若、直音等比较起来,无疑是个巨大的进步。但它毕竟还是用汉字(而不是用音素符号)注音,所以,仍有较大的局限性。这主要表现在:

(1) 反切上下字都含有多余成分,拼合时有一定障碍;

(2) 反切上下字字数过多,使用者不易掌握;

(3) 有些窄韵,不得不勉强借用邻韵的字做反切下字,这就造成切音不准确。

2. 改良反切的书

《交泰韵》1 卷 〔明〕吕坤撰,书成于 1603 年。有《吕新吾全集》本。此书依据当时语音(河南音)改良反切,是个创举。声类:19;韵类:21;声调:平(隐含阴阳两类)、上、去、入。

《声韵同然集》 〔明末清初〕杨选杞撰,书作于 1659 年,仅成平、入二声。现在存世的是平声和入声的一部分。〔未见。此据谢纪锋说。〕

《类音》8 卷 〔清〕潘耒撰,书成于 1712 年。有遂初堂刊本。切语的制作原则与《交泰韵》基本一致。

《音韵阐微》18 卷 〔清〕李光地、王兰生撰,书成于 1726 年。收入《四库全书·经部·小学类》、《摛藻堂四库全书荟要·经部》。

《四音定切》4 卷 〔清〕刘熙载撰,书成于 1878 年。有《古桐书屋六种》本。

六、与反切相关的两组概念

1. 四呼:

音韵学家分韵母为开口呼、齐齿呼、合口呼、撮口呼四类,合称四呼。

开口呼——凡没有韵头而韵腹又不是 i、u、ü 的韵母叫开口呼。
如兰(lán)、歌(gē)中的 an、e。

齐齿呼——凡韵头或韵腹是 i 的韵母叫齐齿呼。
如天(tiān)、希(xī)中的 ian、i。

合口呼——凡韵头或韵腹是 u 的韵母叫合口呼。
如关(guān)、古(gǔ)中的 uan、u。

撮口呼——凡韵头或韵腹是 ü 的韵母叫撮口呼。
如劝(quàn)、虚(xū)中的 üan、ü。

2. 韵头、韵腹、韵尾

韵母通常分为韵头、韵腹、韵尾三部分。一个韵母不一定具有韵头和韵尾,但韵腹是必不可少的。

韵头——也叫“介音”。一部分韵母的组成部分，是介于声母和韵腹之间的高元音 i、u、ü。如家、广、宣中的 i、u、ü。

韵腹——韵母的主要元音。如快、广中的 a，路、基中的 u、i。

韵尾——一部分韵母后面的收尾部分，分元音韵尾、辅音韵尾两种。元音韵尾如快（kuài）、沟（gōu）中的 i、u，辅音韵尾如满（mǎn）、江（jiāng）中的 n、ng。

七、常用反切上字表

		清		浊	
		全　清	次　清	全　浊	次浊
唇音	重唇音	**帮** 博补布北边巴百伯，卑彼必并兵鄙陂畀笔	**滂** 普滂，匹披譬丕	**並** 蒲薄裴傍步部白皮平便毗婢弼	**明** 莫模母慕谟摸，弥靡绵明美眉
	轻唇音	**非** 方府封甫分	**敷** 芳敷抚孚拂妃峰	**奉** 房冯符扶浮防附缚父	**微** 武文无亡望巫
舌音	舌头音	**端** 都德多当冬丁得	**透** 他汤吐通土托台天	**定** 徒同杜陀唐度田特堂	**泥** 奴内乃那诺妳
	舌上音	**知** 卓竹陟张猪中知追徵	**彻** 丑敕，楮抽痴褚耻	**澄** 宅伫直除丈场池驰迟持治	**娘** 女拏尼
齿音	齿头音	**精** 则作臧祖，即遵资醉子姊将兹借 **心** 苏先桑素速，息相斯胥私思辛须写悉司	**清** 仓千醋采粗苍青，七雌取此亲迁	**从** 昨徂藏才在酢前，疾慈秦情渐自匠 **邪** 似祥徐旬随辞夕寺详	
	正齿音	**照** 侧仄阻邹簪庄争，之职章诸旨脂止征正煮占支 **审** 所山色数生沙砂疏史，式书施失释伤舒商识矢始赏试诗	**穿** 初楚测创疮刍厕，昌充尺叱处赤春	**床** 士仕豺崱查锄助俟床雏鉏崇神食实乘 **禅** 时常是市蜀殊承署臣尝植殖氏视成	

续表

	清		浊	
	全清	次清	全浊	次浊
牙音	**见** 古公各佳格姑兼乖过,居诡俱举九吉纪规几	**溪** 苦康空口枯恪楷谦牵,去丘驱墟窥诘祛羌岂区倾绮钦起	**群** 渠巨求奇暨其强衢臼具	**疑** 五俄吾研,鱼宜危语牛遇虞愚疑
喉音	**影** 乌哀安於爱握翳烟,乙依忆纡谒忧伊挹一央衣	**晓** 呼火荒海呵虎馨,许香兴况喜虚朽羲休	**匣** 胡户乎侯黄下何鞋	**喻** 于羽薳韦洧荣雨王云雲有永为筠,以羊与余余翼夷弋营悦移予
半舌音				**来** 卢郎落来勒鲁练赖洛,力良里吕离林连缕
半齿音				**日** 而人如汝儿儒仍耳

八、从入声转到阴平、阳平的字列表

	阴平	阳平
a	八擦礤插锸搭发(抹)撒杀铩刹煞塌(扎)匝咂捞	拔跋(钹)魃察达答瘩怛笪鞑妲(沓)乏罚伐筏阀垡(轧)杂砸札闸铡
ia	压鸭押夹浃掐瞎呷	铗荚颊郏恝戛侠峡硖狭匣辖黠狎
ua	挖括刮鸹栝刷	滑猾
e	胳鸽搁割咯喝磕瞌	额得德革格隔膈嗝镉蛤阁葛骼合盒颌核劾阂涸翮纥貉壳咳舌泽择责则啧帻箦折哲蜇磔辙蛰谪
uo	拨剥钵饽撮戳踔裰掇咄聒蝈郭(豁)剟秴擢捋摸(泊)泼嘣缩说托脱嘬卓桌焯捉拙	脖勃渤伯(魄)舶泊箔帛铂博搏薄膊礴钹驳踣夺踱铎(度)佛国掴帼虢馘活膜橐昨笮灼酌镯浊着浞斫诼琢啄茁濯擢
ie	噎鳖憋跌揭接疖捏(撇)瞥(切)(帖)贴歇蝎楔	别蹩蝶碟谍牒喋堞鲽叠迭瓞垤耋结洁诘劫节杰截捷睫竭碣羯桀讦颉协胁挟撷(叶)

续 表

	阴　　平	阳　　平
üe	约曰撅缺削薛	决(角)觉绝厥蕨橛蹶獗爵诀抉掘倔谲矍攫(噱)孓崛学穴踅
u	屋出督忽惚哭窟扑噗叔淑突凸秃	毒读渎椟黩犊牍独福幅辐蝠服菔伏袱弗拂佛绋(佛)绂鹄斛槲仆璞俗熟孰塾赎秫族卒足镞竹竺烛逐躅(术)
i	一壹揖逼滴迹绩积击擊屐激圾唧缉芨劈霹沏七漆戚槭踢吸翕悉息昔惜膝析淅晰皙熄夕汐矽锡窭(裼)	笛迪涤敌狄荻籴翟嘀镝嫡及汲极级岌笈急即疾嫉集吉棘籍藉亟殛脊瘠辑楫戢席习袭隰媳檄
-i	只织汁吃失湿虱	直植殖值埴职侄执跖絷摭实石食拾识十蚀什
ü	掬鞠鞫曲蛐屈诎戌	菊局桔
ai	拆拍塞摘(侧)	白宅(择)
uai	(掴)摔	没贼
ei	黑(勒)	
ao	(剥)	(薄)勺杓芍(凿)(着)
ou	粥	轴

参考资料：

〔清〕顾炎武《音学五书·音论》，中华书局 1982 年 6 月影印本；

〔清〕陈　澧《切韵考》卷六，中国书店 1984 年 7 月影印本；

殷焕先《反切释要》，山东人民出版社 1979 年 3 月版；

许梦麟《反切拼读入门》，河南人民出版社 1985 年 4 月版。

第三讲　查文字、查词语

一、字典辞书的起源

时代的前进，语言的发展，文字的演变，词汇的丰富，文化的发达，社会的需要，是字典辞书形成、发展的重要因素。

汉字有形、有音、有义。由于着重点不同，工具书也就分为字典、词典、韵书（音表）等三种主要类型。

我国的第一部字典是东汉许慎撰写的《说文解字》。它被人们称为形书。

我国现存最早的一部词典是孔门后学编成于战国时期的《尔雅》。它着重解释词义。

我国的第一部韵书是三国魏李登所撰的《声类》。它着重说明字音。

由此发展，形成了字典辞书的三大干流和十六条支流。

二、字典辞书的三大干流十六条支流

（一）三大干流

1. 字典

《说文解字》〔东汉〕许慎撰，中华书局1963年12月影印清人陈昌治刻本

收9353字，重文1163个。以小篆为正体。清王鸣盛《说文解字正义·序》曰："《说文》为天下第一种书，读遍天下书，不读《说文》，犹不读也。"

《说文》读法示例：

（1）基本前提——篆字字头。故必须懂得"隶变"前后的差异。如：

年　谷孰也。从禾，千声。奴颠切。（卷七上禾部，146页）

成　就也。从戊，丁声。氏征切。（卷十四下戊部，309页）

更　改也。从攴，丙声。古孟切，又古行切。（卷三下攴部，68页）

（2）了解术语。

象形——“象形”。如：月，阙也。太阴之精。象形。

指事——“指事”。如：二，高也。此古文上。指事也。

——“从×，象××之形”。如：亦，人之臂亦也。从大，象两亦之形。又如：刃，刀坚也。象刀有刃之形。

会意——“从××”。如：畲，徒歌。从言肉。余招切。

——“从×从×”。如：信，诚也。从人从言。会意。

形声——“从×，×声”。如：诚，信也。从言，成声。氏征切。

“从×，×省声”。如：溦，小雨也。从水，微省声。无非切。（旧读 méi，今读 wēi。）

会意兼形声——“从×从×，×亦声”。如：派，别水也。从水从𠂢，𠂢亦声。匹卖切。（𠂢，水之衺流别也。匹卦切。）

（3）《说文》有连篆文与注读作一句之例。如：

（昧）爽旦明也。（卷七上日部，137 页）

（参）商星也。（卷七上晶部，141 页）

（離）黄仓庚也。（卷四上隹部，76 页）

又，山水草木之名，多如此类。

（4）《说文》又有两字连读而不释其义者。如：

（旁）溥也。（卷一上上部，7 页）（犹言旁溥之旁也。）

（绸）缪也。（卷十三上糸部，277 页）

（偓）佺也。（卷八上人部，163 页）

无锡丁福保《重刊正续一切经音义序》指出：“然古来知此例者，仅朱筠、钱大昕、王念孙、孙星衍数人而已。此外小学家大抵皆误读也。”

清代有说文四大家，他们是：① 王筠（1784～1854），山东安丘人，其《说文释例》、《说文句读》重于形；② 桂馥（1736～1805），山东曲阜人，其《说文义证》偏于义；③ 朱骏声（1788～1858），江苏吴县人，其《说文通训定声》侧重于声；④ 段玉裁（1735～1815），江苏金坛人，其《说文解字注》形音义三者并重。

近人马叙伦有《说文解字六书疏证》，科学出版社 1957 年版；张舜徽有《说文解字约注》，中州书画社 1983 年版；丁福保有《说文解字诂林》，上海医学书局 1928 年版。

今人陆宗达有《说文解字通论》，北京出版社 1981 年 10 月版，此书“倾注了陆氏一生的心血”，“发凡起例、探幽索微，全面系统地阐明了《说文》的编制体例、全书的内涵、价值以及它的不足”（吴永坤语）。

《字林》〔晋〕吕忱撰，清代任大椿辑本，有《式训堂丛书》、《续修四库全书》本收 12824 字。以隶书为正体。

《玉篇》〔南朝梁〕顾野王撰，中国书店 1983 年 9 月影印《宋本玉篇》，中华书

局1985年9月影印《原本玉篇残卷》

收16917字。宋本增至22726字。以楷书为正体。

《类篇》〔宋〕王洙、司马光等奉诏纂修,中华书局1984年12月影印本

收31319字,重音21846。

《龙龛手镜》〔辽〕释行均撰,中华书局1985年5月影印本

收26430余字。先以四声排列部首;同一部首的字,再以四声为序排列。平上去入各为1卷,每卷又分上下。

【《龙龛手镜新编》 潘重规主编,中华书局1988年6月版。将《龙龛》按笔画重新贴排。】

《字汇》〔明〕梅膺祚编,《续修四库全书》本

收33179字。214部内计画为序。

《正字通》〔明末〕张自烈编,《续修四库全书》本,中国工人出版社1996年7月据清康熙九年(庚戌)序私文书院刊本影印本

收33549字。排序同《字汇》。

《康熙字典》〔清〕张玉书、陈廷敬等奉敕编,中华书局1958年1月影印本

收47035+1995=49030字。后附录王引之《字典考证》,四角号码索引,由李梦生主持全书的标点、注音和整理工作。汉语大词典出版社2002年6月出版新式标点本。

【《康熙字典音读订误》 王力著,中华书局1988年3月版;

《康熙字典通释》(全3册) 张力伟、汪耀楠等主编,时代文艺出版社1997年8月点校注释本。】

《中华大字典》(全2册)〔清末民初〕欧阳溥存等编,中华书局1915年印行,1978年10月缩印本

收48000多字,按笔画分编成12集(子~未)。字头下标《集韵》反切,并加注直音及韵部(106韵),然后分项释义,校正《康熙字典》错误多处。

《国音常用字汇》 民国教育部国语统一筹备委员会编,上海商务印书馆1932年初版,1933年2月再版,1933年6月第3版

此书在1920年《国音字典》的基础上重修,有注音符号、国语罗马字两种注音,按注音符号顺序编排。

《新华字典》 新华辞书社编,人民教育出版社1953年初版,商务印书馆1957年新1版,后有1971年版、1979年版,1990年、1992年重排本,1998年、2003年修订本,2004年1月第4版

1971年版收8500字,1979年以后版本收1万余字。此书词义分析细密,释义简要;注意词的派生关系,层次分明;繁体字、异体字列在字头的后面,查检方便。

《李氏中文字典》 李卓敏编纂,香港中文大学出版社1980年版,学林出版社

1981年12月影印

收单字12800多个,分1172部。每字下注国音(北京音)、粤音(广州音)并释义。国音包括《国语辞典》(1937)、《新华字典》(1965版和1971版)及《大学字典》(1973)的收音,粤音据编者经验,并参考黄锡凌《粤音韵汇》(1938)、冯田腊《粤语同音字典》(1974)和《中华新字典》(1976)。从中可以看出北京音和广州音的同异及汉语语音在20世纪30年代至"文化大革命"前后的变化。

《古汉语常用字字典》 北大中文系等编,商务印书馆1979年9月版,1998年修订改版(简体字),2000年1月版(繁体字)

1998年版收古汉语常用字4100多个,有注音、释义和例句,酌收少量双音词。另附《难字表》,收难字2500多个,只有注音和释义,没有例句。

《汉语大字典》(全8卷) 徐中舒主编,李格非等副主编,湖北辞书出版社、四川辞书出版社1986~1990年版,2001年8月修订本(全4册)

收54678字。全书约1551.8万字。此书纵贯古今,源流并重。以楷书为字头,并收列甲骨文、金文、篆文、隶书等,力求对汉字的形体源流演变作历史的全面反映。字音采取三段标法:现代,中古,上古。字义尽可能地完备。如:"上"字单字义项:《中华大字典》列33个,《中文大辞典》列38个,《汉语大字典》列43个。第八卷附录《上古音字表》、《中古音字表》、《通假字表》、《异体字表》、《历代部分字书收字情况简表》等和《汉语大字典分卷部首表》。

【《大字典论稿》 周志锋著,浙江教育出版社1998年12月版;

《汉语大字典考正》 王粤汉著,四川辞书出版社2001年11月版。】

《古代汉语字典》 张双棣、陈涛主编,北京大学出版社1998年12月版

收单字10165个及少量复音词或词组,有注音、释义和例句,凡入声字均标出。不少词条设"说明"和"辨析"栏,"说明"栏用以交待繁简字对应情况和难辨字的字形结构等,"辨析"栏用以分析同义词。释义、举证均较精审。书末附《古文字字形表》、《历史年代简表》和《繁简字对照表》。

《王力古汉语字典》 王力主编,唐作藩、郭锡良、曹先擢、何九盈、蒋绍愚、张双棣参编,中华书局2000年6月版

本书参照《辞源》收通用汉字12500余个,其特点王先生在序言中概括了八个方面:扩大词义的概括性,僻义归入备考栏,注意词义的时代性,标明古韵部,注明联绵字,每部前有部首总论,辨析同义词,列举同源字。文末附《历代度量衡制度演变简表》。

《古今汉语字典》 商务印书馆辞书研究中心编,商务印书馆2003年1月版

收录字头(包括异体字、繁体字)21100多个,包括现代汉语和古代汉语的通用字以及有查考价值的非通用字。该字典严格遵守国家语言文字规范,释义注意区别词义和词素义。

《古今汉语多音字字典》 徐长庚编,重庆出版社 1992 年 2 月版

收录多音字 3701 个,从二音字至十二音字不等,包括常用多音多义字,古今异读、方言口语异读、同义两读以及一重读一轻读等各种类型。对各字每种读音所含意义均作了详细的解释。

《汉字古今义合解字典》 许威汉、陈秋祥主编,上海教育出版社 2002 年 12 月版

本书是在主编者《汉字古今义比较》(河南人民出版社 1994 年版)的基础上扩增而成,收常用汉字约 3800 个,以古代文献为依据,溯源探流,旨在展示汉语常用字古今字义的演变。

《汉字属性字典》 傅永和主编,语文出版社 1989 年 9 月版

这是一本收录汉字各种属性的字典。共收录汉字 6763 个,依次排列正体、繁体、异体和旧体字形,汉语拼音、注音字母、威妥玛式和国家罗马字四种注音形式,笔画数、笔顺,部首、部首外笔顺、笔画数,字体结构、部件,字频以及各种代码(包括国际代码、电报编码、台湾通用码以及四角号码)。

《汉字八用字典》 王今铮、周双利主编,吉林教育出版社 1991 年 11 月版

收录 3500 个常用字的繁体字、异体字、形似字、多音字、同音字、通假字、古今字和同源字。

《汉字形音义分析字典》 曹先擢、苏培成主编,北京大学出版社 1999 年 1 月版

收录单字 7000 个,列出其古文字形(包括篆、籀、甲、金文),先分析其在现代汉语中的音义,后列字频,在“解析”栏列该字六书分析,字形本义、引申义和假借义,书证详细,并充分吸收了学术界对该字字形分析的研究成果。如“戴”字,本书即收录了裘锡圭先生《文字学概要》所认为的“異”是“戴”的初文的观点。

《汉字详解字典》 吴润仪编,四川人民出版社 2001 年 12 月版

详细分析讲解 3500 个常用汉字的基本知识,以规范的楷书字作字头,每条内容包括:六书类别,偏旁和合体字之间的意义、读音的联系,合体、独体,部首、结构、笔画数,读音,本义、引申义,词例;部分包括汉字形体演变顺序[从甲骨文、金文、小篆到楷书(繁体字、简体字)的演变]。

《汉语常用字详解字典》 季恒铨、冯瑞生主编,湖北教育出版社 2002 年 1 月版

以 3500 个常用汉字为依据,酌增一些现行通用汉字,共列字头 4390 个。条目由字头、注音、笔顺、释义、常用词、辨析和检索(部首、笔画数)等组成。

《古字通假会典》 高亨纂著,董治安整理,齐鲁书社 1989 年 7 月版

本书是我国古代文字通用假借例证、旧注之汇编,主体为先秦两汉时期,少量征引魏晋以后著作。字头按古韵十九部的顺序排列,书证按经史子集小学类排列。著者博考前训,广作参证,所列条目均有确凿文献依据,颇具参考价值。

《通假大字典》 张桁、许梦麟主编,黑龙江人民出版社 1993 年 4 月版

收录 2000 多字,字头按 214 部排列。末附音序、笔画索引。

《常见通假字字典》 欧绍华编，钟业枢审校，广东教育出版社 1995 年 8 月版

收录古籍中常见通假字 1424 个，古字 139 个。每条下设立注音（现代普通话、中古、上古）、释义、按语（说明通假原因及类型）、举例四项。书末附释“常见古今字”。

《同源字典》 王力著，商务印书馆 1982 年 10 月版

本书是汉语语源研究的第一部著作，收录严格遵守“同源字必须是双声叠韵”和“必须有训诂的根据”的原则。以二十九韵部为纲，以三十三声纽为目，每一条所收从两个字至二十多个字不等，引证十分丰富。书前收作者《同源字论》、《汉语滋生词的语法分析》、《古音说略》三篇重要文章。

【《同源字典补》 刘钧杰著，商务印书馆 1999 年 8 月版；

《同源字典再补》 刘钧杰著，语文出版社 1999 年 10 月版。】

《古汉语常用字字源字典》 达世平、沈光海编著，上海书店 1989 年 10 月版。

收录《古汉语常用字字典》正编 3700 余字，依字形说解字义，按部首排列。正文内容包括形体类型、六书分析、本义解释、中古读音及汉语拼音等项。

《声韵语源字典》 齐冲天著，重庆出版社 1997 年 3 月版

本书以双声为训与叠韵为训相结合以探讨语源，详细分析了 127 组词的语源义，“用坚强论证，使疑者心折”（杨伯峻语）。书分两编，下编为字典，上编为作者长篇论文《论声韵语源》，阐述了作者进行声韵语源研究的原则和方法。

《汉语字源字典》（图解本） 谢光辉主编，北京大学出版社 2000 年 8 月版

收录 1086 个汉语常用字，每个字头均列出古文字字形，对其本义加以训释，并配以生动形象的插图。

《难字大字典》 杨宗义等编，西南师范大学出版社 1995 年 8 月版

收录 3500 个常用字之外的难字 17600 余个，按 202 部编排，注音，释义。

《难僻字字典》 汤友祥主编，浙江大学出版社 2001 年 5 月版

收集书刊中出现和实际生活中流行、难以辨认或不明涵义并且使用频率较高的字 7500 个左右，对现有字（词）典有所增补。

2. 词典

《尔雅》3 卷 战国中期儒者撰，周祖谟《尔雅校笺》本，江苏教育出版社 1984 年 12 月版

今本 19 篇，共 1443 组，3100 多条。清人邵晋涵《尔雅正义》和郝懿行《尔雅义疏》（均有《清经解》本）注释较好，另有今人徐朝华《尔雅今注》，南开大学出版社 1987 年 7 月版。

【《尔雅诂林》（全 5 卷） 朱祖廷主编，湖北教育出版社 1996 年 10 月版。此书分条汇辑自汉迄今治《尔雅》的重要著作凡 94 种。】

《小尔雅》1卷　旧题〔汉〕孔鲋撰,后"为王肃所变乱"(黄云眉语),宛委山堂刊《说郛》本

此书增广《尔雅》,补充《尔雅》所未备的两汉以前的训诂。全书共分13章。今人杨琳著《小尔雅今注》,汉语大辞典出版社2002年9月版。

《释名》8卷　〔东汉〕刘熙撰,清毕沅《释名疏证》,《丛书集成初编》本

共1502条。多用"声训",是我国第一部语源学词典。

《广雅》10卷　〔魏〕张揖撰,《丛书集成初编》本

共2300余条,乃增广《尔雅》之作。清人王念孙《广雅疏证》(江苏古籍出版社1984年4月版)考证翔实,严瑮缜密,"尤能以古音得经义"(段玉裁序言)。徐复先生撰《广雅诂林》(江苏古籍出版社1998年2月版),末附《有关〈广雅〉各书提要及序跋》及引用资料目录、词目索引。

《埤雅》20卷　〔宋〕陆佃撰,《丛书集成初编》本

今本8篇,共297条。专释动植物。

《尔雅翼》32卷　〔宋〕罗愿撰,《丛书集成初编》本

共407条,分6类。专释动植物。

《通雅》　〔明〕方以智撰,中国书店1990年2月影印本

全书21类,辨释名物,引证博洽。"如果要研究唐宋元明词汇,则不可不读《通雅》"(何九盈语)。

《别雅》　〔清〕吴玉搢撰,《四库全书》本,《续修四库全书》本

辨析异形同词。如:鼜门,逢门,鼜蒙……

《比雅》　〔清〕洪亮吉撰,《丛书集成初编》本,《续修四库全书》本

排比辨释近义词。如:"崔巍,高貌也。""魁堆,高貌也。""峨峨,高貌也。"

《辞源》(全4册)　陆尔奎等编,1915年出版正编,1931年出版续编,商务印书馆1979~1983年修订本

修订本收单字12890个,复词84134条,共计97024条。以语词为主,兼收百科。收词一般止于鸦片战争(1840)。这是一部内容充实的古汉语词典,用来解决阅读古籍时关于语词典故和有关古代文物典章制度等知识性疑难问题。结合书证,重在溯源。

【《辞源通考》　田忠侠著,福建人民出版社2002年版。】

《辞海》　舒新城等编,1936年初版,上海辞书出版社1979年再版,1989年9月新版,1999年9月增订版

1989年新版选收单字16534个,1999增至19485个(字头17674个),选收词目12万余条,包括成语、典故、人物、著作、历史事件、古今地名、团体组织,以及各学科的名词术语等。

《大汉和辞典》　〔日〕诸桥辙次主编,株式会社大修馆书店1955~1960年版

共收单字48960个,词目526500条。

《中文大辞典》(全40册) 台湾中文大辞典编委会编,林尹、高明主编,台湾中国文化研究所1962~1968年初版,1973年修订版,1976年第3版

共收单字5万个,词目37万多条。正文38册,后2册为索引。

《四角号码新词典》 商务印书馆1950年初版,1982年12月第9版

共收单字10600多个,复词20400多条。

《现代汉语词典》 中国科学院语言研究所编,1978年12月第1版,1983年1月第2版,1996年7月第3版,2002年5月第4版,2005年6月第5版

收1840年以来的普通话语汇。其特点是:(1) 收词丰富,第5版收约65000条;(2) 注意汉语规范化的建立;(3) 释义精确,色彩鲜明;(4) 对音、义、语法功能的分析细致;(5) 不断修订,与时俱进。

《汉语大词典》 罗竹风主编,汉语大词典编辑委员会汉语大词典编纂处编纂,汉语大词典出版社1986~1994年版,2001年9月第2版

共12卷,外加"索引"1卷。第1版收词目37万条,5千余万字。专收一般语词。古今兼收,源流并重。

【《汉语大词典拾补》 王宣武著,贵州人民出版社1999年9月版。书分释义拾补、书证拾补、收词拾补三项,共收语词3600余条,所引书证侧重于近代汉语语料,"精义迭出,多所创获"(徐复序言)。

《汉语大词典词目音序索引》 梅维恒主编,汉语大词典出版社2003年10月版。】

《上古汉语词典》 许伟建编撰,吉林文史出版社1998年10月版

本书收录上古汉语词汇,即甲骨文、金文和商周(秦汉)文献典籍中的词汇,计单字893个,多字条目710个,按《康熙字典》214部为基础排列,酌情删并。书中所收均为甲骨文、金文中的常用词汇,并"取地下之实物与纸上之遗文互相释证"。

《古代汉语词典》 陈复华主编,商务印书馆2000年8月版

收单字约1万个,复音词约24000条,以古代正统书面语言(先秦两汉古籍)为主。词条下以实词义在前,虚词义在后;义项的排列以本义、引申义和假借义为序。

《唐五代语言词典》 刘坚、江蓝生主编,江蓝生、曹广顺编著,上海教育出版社1997年11月版

收词以唐五代出现的口语词、方言词为主,计收词语4500余条。

《宋语言词典》 刘坚、江蓝生主编,袁宾等编著,上海教育出版社1997年11月版

收词以宋代(包括辽金)出现的新词、新义为主,计收词语4100余条。

《宋元语言词典》 龙潜庵编著,上海辞书出版社1985年12月版

收录宋元时代词语 1 万余条,以戏曲小说为主,旁及诗、词、笔记、语录及杂著。

《元语言词典》 刘坚、江蓝生主编,李崇兴等编著,上海教育出版社 1998 年 9 月版

收词以元代口语词为主,计收词语 6000 余条。

《近代汉语词典》 高文达主编,知识出版社 1992 年 3 月版

收录晚唐、五代至清末的近代汉语词语约 13000 条。

《近代汉语词典》 许少峰主编,团结出版社 1997 年 1 月版

本书解释了自唐至清文籍中的口语词 25000 条,主要选自古代戏剧、小说以及佛徒及宋儒语录等书。

《中国语文大辞典》(分类版) 于根元等主编,华夏出版社 1995 年 9 月版

收录古代汉语常用词语 9000 余条,现代汉语常用词语 25000 余条,常用新词新语 5800 条和台港澳地区常用词语,并介绍 59 种中国少数民族语言,力求全面反映中国语文现象的主干。

《古今汉语实用词典》 吴昌恒等编,四川人民出版社 1988 年 8 月版

收录单字 13000 多个,词目约 8000 条。释义举例简明、确切、通俗。

《古今汉语词典》 商务印书馆辞书研究中心编,商务印书馆 2000 年 1 月版

本书基于"立足现代、贯通古今、古为今用"的指导思想,收条目约 45000 个,其中单字 11400 余个,包括现代汉语通用字、古代汉语常用字和其他一些有一定查阅价值的字。

《古代文化词义集类考释》 黄金贵著,上海教育出版社 1995 年 5 月版

作者认为:"古代文化词语的训释与研究,是对传统训诂学继承与发展的重要途径。"本书共收 262 组词,分国家、经济、人体、服饰、饮食、建筑、交通、什物八大类,辨释了 1306 个语词,考正词义 400 余条。如第四条将"界·限·垠(圻)·垓·域·疆(畺、壃)·埸(易)·畔·封·境(竟)"等有关事物界限的词列为一组,既归其同,又辨其异。这种将同义词纳入文化史系统中辨考词义的方法是古汉语词义研究的有益尝试。书末附录专文进行理论的探讨。

《古汉语疑问范畴词典》 王海棻著,江苏教育出版社 2001 年 8 月版

《古汉语时间范畴词典》 王海棻著,安徽教育出版社 2004 年 1 月版

这两本是从语法范畴的角度来研究古汉语词汇的大型研究性工具书。作者系统梳理了这两大范畴内的相关词汇,并讨论了其语法意义。

《汉语代语词典》 张拱贵主编,江苏教育出版社 1993 年 9 月版

收录汉语代语词 6500 余条,分为旁代(借体是本体的伴随事物,以表其特征、标志、属性、工具和原料等)、对代(借体和本体是整体和部分、泛指和特指、具体和抽象等对应关系)、引典代和婉称代等四大类。

《汉语借代义词典》 韩陈其编著,广东教育出版社 1995 年 9 月版

所收并非上下文临时的借代修辞义,而是经过长期历史演化形成的固定义项,共收近 4000 条。

《现代汉语分类词典》 董大年主编,汉语大词典出版社 1998 年 12 月版

本书将约四万九千条语词按意义分类编排、释义,分为宇宙·地球、生命·生物、人体·医药卫生、人类·社会、饮食·衣服·居住·财产、感觉·情感·性格·行为、思想·语言·信息、农业、工业·科技、行动·移动·交通运输、经济·商业·职业、政治·法律·军事、教育·文化·艺术·体育、宗教·民间信仰、事情·情状(一般)、物质·物体、数量等 17 大类,下又分 143 小类,分列同义和同类关系的词群 3717 个。

《应用汉语词典》 商务印书馆辞书研究中心编,郭良夫主编,商务印书馆 2000 年 1 月版

收单字约 1 万个,词语万余条。本书注意收录新词新语新义,并列了若干逆序词,释义明白实用,对近义词列专栏辨析同时夹带介绍一些文化知识。如"三宝"条下列"三宝歌"方框,收 14 个省市的特产顺口溜,又如"三十六计,走为上计"条下列出"三十六计"的具体所指。这部词典可以成为我们"手头常用的词典"(鲁国尧语)。

《同义词词林》 梅家驹等编,上海辞书出版社 1983 年 10 月版

收录词条近 7 万,按词义分类编排,一组同义词编为一个词群。全书分 12 大类,94 中类,1428 小类,共 3925 个词群。

《汉语反义词词典》 张庆云编著,张志毅审订,齐鲁书社 1986 年 6 月版

收近 3000 组反义词,近 1 万条词语,包括少量常用语素和词组。所收反义词绝大多数是范畴和词性相同而意义相反或相对的词,亦注意选收对立词项,即具有对立联想意义的成对的词,如"丈夫—妻子"、"老师—学生"、"单轨—双轨"等。

《现代汉语疑难词词典》 李临定编著,商务印书馆 1999 年 12 月版

收词约 1150 条,以现代汉语词的特殊、疑难用法为范围,即各具特色,难以用一般的语法法则来类推,也难以用普通用法的标准类衡量,因而较难理解和掌握的词的用法。

《汉语理据词典》 王艾录编著,北京语言学院出版社 1995 年 7 月版

收录现代汉语复合词 4800 余条,主要包括:一、词的理性意义和理据都不明者,如"猫鱼"是指喂猫吃的小鱼;二、词的理性意义通俗易懂,但其理据晦涩难明者,如"马大哈"得名理据为"马:马马虎虎。大:大大咧咧。哈:嘻嘻哈哈"。

《逆序类聚古汉语词典》 安德义主编,湖北人民出版社 1994 年 8 月版

以尾字作字头,共收字头2500多个,复词22300余条,按部首编排。

《逆序现代汉语词典》 江天等主编,辽宁大学出版社1986年8月版

选收现代汉语双音节词和熟语2万条,按末字音序编排。

《倒序现代汉语词典》 中国社会科学院语言研究所词典编辑室编,商务印书馆1987年12月版

据1983年版《现代汉语词典》按多字条目末一个字的顺序排列改编而成。

3. 韵书(音表)

包括古代的韵书和现代的音表。

《声类》 〔魏〕李登撰,已佚,《玉函山房辑佚书》、《续修四库全书》辑本

《切韵》 〔隋〕陆法言等撰,原书已不传

分193韵。现有唐写本残卷,《十韵汇编》和《瀛涯敦煌韵辑》收入。

《唐韵》 〔唐〕孙愐撰,原书已不传,《十韵汇编》收唐天宝本残卷

《广韵》 〔宋〕陈彭年等撰,中国书店1982年6月影印泽存堂本

分206韵,共26194字。

【《广韵校本》(上、下) 周祖谟校,中华书局1960年10月版,1988年8月二版,2004年6月三版;

《新校互注宋本广韵》(增订本) 余迺永校注,中华书局2000年7月版;

《宋本广韵·永禄本韵镜》 江苏教育出版社2002年8月版;

《钜宋广韵》 上海古籍出版社1983年4月版。】

《集韵》 〔宋〕丁度等撰,中华书局1989年5月影印宋刻本

分206韵,收53525字,是《广韵》的一种增订本。

《五音集韵》 〔金〕韩道昭撰,中华书局1992年9月出版宁忌浮校订本

合《广韵》206韵为160韵。

《平水新刊礼部韵略》 〔金〕王文郁撰,清钞本(北京图书馆藏)

分106韵。又名《平水韵略》、《新刊韵略》。

《洪武正韵》 〔明〕乐韶凤等编,《四库全书》本

在一定程度上能反映当时官话的语音系统。有80韵本和76韵本两种。前者有抄本藏北京图书馆,后者较为常见。

《中原音韵》 〔元〕周德清撰,中华书局1978年6月影印本

分19韵部。平分阴阳,入派三声。

《现代诗韵》 秦似编,广西人民出版社1979年6月版

分13部17韵。

《新诗韵辞典》 刘飞茂等主编,学苑出版社1994年1月版

本书是为使用现代口语作诗押韵而编的韵书,分十三辙,每辙分若干韵,韵

下分四声，每个声下按声母排列辞条。十三辙为：花发、梭波、乜斜、一七、故苏、怀来、灰堆、遥条、油求、言前、人辰、江阳、中东。如油求辙阳平“流”字条下列了“河流、溪流、潮流、客流、人流、儒流、随大流、水东流、泪空流、从谏如流、细水长流、随波逐流、三教九流、名士风流”等185个辞目，供作诗押韵参考。

《韵语词典》 隗志新编，四川辞书出版社1994年8月版

依《中华新韵》（黎锦熙主编，商务印书馆1950年版）分十八韵部，收领韵单字6000多个，词语11万余条。

《中华韵典》 益国梁主编，上海古籍出版社2004年2月版

本书是为按照现代汉语规范化读音编排用韵的一部通用韵书，由今韵、古韵、诗律、词谱、曲牌等部分组成。今韵按20韵部编排，附列《佩文诗韵》、《词林正韵》、《中原音韵》韵字和诗律16式、词谱400调、曲牌50阕。

《古今字音对照手册》 丁声树编录，李荣参订，中华书局1981年10月新1版

收常用字6000个左右，以普通话韵母次序排列，先标普通话读音，再标中古音（《广韵》反切和中古音韵地位）。

《上古音手册》 唐作藩编，江苏人民出版社1982年9月版

此书依现代音（普通话音系）排列，以便查检上古音（以《诗经》为代表的周秦两汉时代语音系统）。共收8000余字。

《汉字古音手册》 郭锡良编著，北京大学出版社1986年11月版

收录《说文解字》和《说文解字》未收的秦汉以前古籍中常用的汉字（包括《诗经》的全部用字）8000多个，每个字后面列出其上古和中古的音韵地位，并加注拟音。此书古音系统和拟音采用王力先生《汉语史稿》（修订本）的意见，略作了一些补充和调整。

《汉字古今音表》 李珍华、周长楫编撰，中华书局1999年1月修订本

此书收录汉字9000个左右，包括《诗经》用字2826个和《中原音韵》收的5869个及其他。分别标出其上古音、中古音、近代音、现代音（包括普通话和吴语、湘语、赣语、客家话、粤语、闽东语、闽南语），列成表格，用国际音标标出读音或拟音，并注明字的纽、韵、调和中古音的开合、等、摄、诗韵韵部。表格依十六摄为序，摄下以声纽为序。末附《汉语语音发展史说略》、《诸家上古音声纽韵部比较表》。

【《汉字古今音汇》 周法高主编，香港中文大学出版社1974年印行，1989年第4次印刷。】

《汉语古今中外多语语音比较字典》 ［苏］金世一编著，牟萍、高文熙编译，西南师范大学出版社1997年3月版

本书将3333个汉字的中古音、现代汉语语音、广州方音、苏州方音和汉字的日本、越南、朝鲜现代读音汇集成语音比较表。末附《中国、朝鲜、日本文字中

汉字繁写简写比较表》、声母韵母表以及汉字中古音、现代汉语读音和汉字越南、朝鲜、日本现代读音声韵比较表等。

（二）十六条支流

1. 辨正字汇

这一类是正字(指出规范的写法)、正音(标明正确的读音)的书。

《干禄字书》〔唐〕颜元孙撰,《丛书集成初编》本

《佩觿》〔宋〕郭忠恕撰,《丛书集成初编》本

《字鉴》〔元〕李文仲撰,《丛书集成初编》本

《六书本义》〔明〕赵撝谦撰,《四库全书》本

《六书分毫》〔清〕李调元撰,《丛书集成初编》本

《字辨》顾雄藻编,1933 年刊行于上海,上海商务印书馆 1941 年增订第 1 版,1947 年增订第 3 版

《汉字正字小字汇》《汉语正字小字汇》编纂小组编,文字改革出版社 1966 年 5 月版

为约 4000 个汉字正字正音。

《国际标准汉字大字典》蓝德康主编,电子工业出版社 1998 年 5 月版

这是一本符合国际标准汉字的字符集 ISO－10646C. J. K 和 GBK 国家标准的汉字工具书。收录国际标准的 20902 个汉字的标准字形,每条内容包括:拼音、释义、笔画数、笔顺、部首、UCS 和 GBK 内码、郑码编码等十项。末附《我国大陆地区和台湾地区通用字部首、字形差异对照表》、《郑码编码查字法》等。

《现代汉语模范字典》许嘉璐主编,中国社会科学出版社 2000 年 12 月版

共收汉字 11340 个,分四级标示:常用字 3500 个,通用字 3500 个,《GB13000. 1 字符集》3899 个,其他 441 个。字头后依次列部首、结构类型、总笔画数、笔顺并注音、释义,最后列出其繁体和异体字形。

《标准汉语字典》张书岩主编,汉语大词典出版社 2000 年 12 月版

收录 7000 个通用字,略做调整。义项按字义发展顺序排列,后设“辨析”栏以辨正形音义,设“备考”栏以探讨字源和分析结构,对非语素字用【】标出,如【葡萄】、【嘀咕】等。

《汉字标准字典》许嘉璐主编,辽宁大学出版社 2001 年 8 月版

收录国际标准 ISO－10646,即国家标准 GB－13000 所含 20902 个汉字字形,及 ISO－10646. 1 所含 FE40－FEA4 等 101 个汉字字形,为之注音、释义。末附日本、韩国常用汉字字表,汉语拼音正词法基本规则等。

《汉语俗字丛考》张涌泉著,中华书局 2000 年 1 月版

本书以《汉语大字典》、《中华字海》为纲,对历代字典辞书中的疑难俗字进

行了系统全面的考辨，部首设置和字头排列以《中华字海》为准，据《汉语大字典》作适当调整。作者“凭藉自己在文字学、敦煌学等方面的深厚功底，根据丰富的资料，通过精密的考析，对这两部字典在俗字的楷定、辨识和注音、释义等方面的错误和缺漏，作了大量的纠正和补充，共达三千余条”。“《汉语俗字丛考》各条，几乎都是确凿有据，不容辩驳的。”（裘锡圭序言）

《简化字繁体字异体字辨析字典》 厉兵、魏励编著，四川人民出版社 1993 年 12 月版

收录规范字 1219 个和简化偏旁 14 个。大部分条目附设“辨析”栏以明字形的历史演变。

《错别字辨析字典》 苏培成主编，中信出版社 2000 年 1 月版

收录《现代汉语通用字表》7000 个通用字，注音、释义并举例，注明笔画数，专设“辨析”栏，以辨析笔顺、读音、形体、易混字、易混词和成语、典故、简化字和繁体字、正体字和异体字等。

《常见错读错写错用字词词典》 许正元主编，东方出版社 2002 年 5 月版

收词 1700 条，详举“正例”和“误例”，例证引自古今经典名作至国内百余家报刊、书籍及电台、电视台的用例。

《现代汉语规范词典》 李行健主编，外语教学与研究出版社、语文出版社 2004 年 1 月版

收录单字约 13000 个，现代汉语通用词语约 68000 条。

《标点符号词典》 袁晖主编，书海出版社 1994 年初版，2000 年 12 月修订本

修订本共收词目约 1800 条，内容包括各种新旧式标点符号和研究阐述标点符号的著作及论文等。末附《国家政府历次颁布的标点符号使用方案》、《古今名人学者论标点》、《英语主要标点符号简介》、《使用标点符号常见的错误》、《关于汉语标点符号的著作及论文要目》等。

2. 形体字典

这一类包括甲骨文、金文、籀文、小篆、隶书、草书、楷书、行书及其他文字形体的专汇及释文。

《甲骨文合集》（图版 13 巨册） 郭沫若主编，胡厚宣总编辑，中华书局 1979 ~ 1983 年版

《甲骨文字典》 徐中舒主编，四川辞书出版社 1988 年 11 月版

全书共十四卷，按《说文》编次排列字头，书末附笔画索引，每个字头下列字形、解字和释义等项。

《殷墟甲骨刻辞摹释总集》（上、下） 姚孝遂主编，中华书局 1988 年 2 月版

本书是对甲骨刻辞资料的整理和释读汇集本。所收资料包括《甲骨文合

集》(41956片)、《小屯南地甲骨》(4626片)、《英国所藏甲骨集》(2674片)、《东京大学东洋文化研究所藏甲骨文字》(1315片)、《怀特氏等所藏甲骨文集》(1915片)等。

【《殷墟甲骨刻辞摹释总集校订》 白于蓝著,福建人民出版社2004年12月版;

《新编甲骨文字形总表》 沈建华、曹锦炎编著,香港中文大学出版社2001年版。】

《甲骨文字诂林》(全4册) 于省吾主编,中华书局1996年5月版

本书在于省吾《甲骨文字释林》和李孝定《甲骨文字集释》的基础上,广泛搜集自20世纪初至1989年间有关甲骨文字考释的研究成果,并提出编者的总结性意见。书按149部首排列,末附部首、笔画拼音索引。

《甲骨文献集成》(全40册) 中国社会科学院历史研究所先秦史研究室编纂,四川大学出版社2001年6月版

分甲骨文考释(1~6册)、甲骨研究(15~19册)、专题分论(20~32册)、西周甲骨与其他(33册)、综合(34~40册)五大部分。结集自1899~1999年全世界各种语种的有关甲骨论著计2000余种,据原版影印拼切。这是迄今为止最为大型的甲骨文献资料集。

《金文编》 容庚编,张振林、马国权摹补。正编,贻安堂1925年版;续编,商务印书馆1935年版,科学出版社1959年增订三版,中华书局1985年7月新版

正编收殷周金文,续编收秦汉金文,另外图形文字之未识者、形声之未识者、偏旁难于隶定者、考释犹待商榷者为附录。书前有罗振玉、王国维、马衡序及容庚自序。上海书店出版社2000年7月影印重版容庚《金文续编》(秦汉金文部分)。

【《金文编订补》 陈汉平撰,中国社会科学出版社1993年9月版;

《〈金文编〉校补》 董莲池撰,东北师范大学出版社1995年9月版;

《四版〈金文编〉校补》 严志斌撰,吉林大学出版社2001年8月版。】

《三代吉金文存》(全3册) 罗振玉编,初印于1937年(20卷),中华书局1983年12月重印

本书乃罗振玉晚年精心编印之作,收商周青铜器铭文4800余器,鉴别精严,且全以原大拓本大小付印,可以说是我国20世纪30年代一部质量较高的金文合集。后附孙稚雏《三代吉金文存辨正》一文,逐条指出罗著的不足之处。

《金文诂林》(全15册) 周法高主编,香港中文大学1974年刊行

本书收集诸家解说、考释文字罗列于《金文编》每字之下,文末间或加以评点。附一册索引。李孝定先生有《金文诂林读后记》一书,作为台湾历史语言研究所专刊之八十种刊行。

【《金文诂林附录》 李孝定、周法高、张日昇编著，香港中文大学 1977 年版。本书是根据三订《金文编》之附录编制而成，图形文字之不可识者为上卷，形声之不可识者、考释之犹待商榷者为下卷，详引诸家考释并予以增补。后附详细索引。

《金文诂林补》（全 6 册） 周法高编撰，此书作为台湾历史语言研究所专刊之七十七种刊行。】

《金文总集》（全 10 册） 严一萍编，台湾艺文印书馆 1983 年 12 月印行

收录以三代青铜器之铭拓为主，其有摹绘之器形及前人题跋，亦一律入录，共 8000 器。按器类编排，共分 56 类。

《金文大字典》（全 3 册） 戴家祥主编，学林出版社 1995 年 4 月版

资料采自新中国成立前罗振玉《三代吉金文存》，郭沫若《两周金文辞大系图录》，于省吾《商周金文录遗》，巴纳、张光裕《中日欧美澳纽所见所拓所摹金文汇编》和新中国成立后上海博物馆青铜部专家亲临全国各地手拓本及《陕西出土商周青铜器》等。字头均据铭文拓本辑录影印，按部首笔画编排，考释收录“学界公认的、比较可从的最早的一家之说”。戴先生序言就金文资料之价值、古文字典编辑史等问题有独到的阐述。

《殷周金文集成》（全 18 册） 中国社会科学院考古研究所编，中华书局 1986 ~ 1994 年版

汇集古今中外青铜器铭文拓本约 12000 件，是迄今为止资料收集最为完备、编纂最为科学、印刷最为精美的、最有代表性的金文总集。

【《殷周金文集成引得》 张亚初编著，中华书局 2001 年 7 月版。本书据《殷周金文集成》编著而成，书分释义、单字表、引得和附录四部分。所收金文单字 4972 个，据作者《后记》所言，过去认识的大约 2500 字，由作者认出的近 1000 字，尚有 1000 多字未认出。附录收《〈金文编〉〈引得〉收字对照表》、《〈引得〉新收字一览表》、《〈殷周金文集成〉单字出现频度表》。】

《金文引得（殷商西周卷）》 华东师范大学中国文字研究与应用中心编，广西教育出版社 2001 年 10 月版

本书由“释文”、“引得”、“检字”三大部分构成。“释文”包括见于 2001 年以前专书、杂志著录的殷商和西周青铜器 9916 器 5758 篇铭文的隶定断句；“检字”标明“引得”中所有单字的页码，分“笔画检字”和“三级字符全拼编码检字”。

《秦汉金文汇编》 孙慰祖、徐谷富编著，上海书店出版社 1997 年 4 月版

收集以秦汉时期为主的简帛、刻石、铜器铭刻、玺印封泥和陶器等 585 件器铭上的金文材料。拓录器铭原件，旁附释文。书末为秦汉金文字汇，共收单字 782 个，重文 5862 个。

《战国文字字典——战国文字声系》（全 2 册） 何琳仪著，中华书局 1998 年 9 月版

本书分正编、补遗、合文、附录四部分。正编以上古韵部系字,凡二十二部(从清王念孙晚年定说),每韵下依上古声纽系字,凡十九纽(依黄侃,兼采曾运乾、钱玄同说)。书末附笔画索引。何琳仪另著《战国文字通论》(订补),江苏教育出版社2003年1月版,可参阅。

《战国文字编》 汤余惠主编,福建人民出版社2001年12月版

以收战国时期铜器、兵器、货币、陶器、玺印、封泥、刻石、金银器等各类器物铭文及竹简、帛书文字为主。分正编、合文、附录三部分。正编字目5618条,字形18288字,附录收构形不明、难以隶定的字959条1113字。本书将战国文字分成秦、楚、三晋、齐、燕五系,并于每个字形下均作出标示。本书基本上反映了战国时期的文字面貌。

《郭店楚简文字编》 张守中等撰集,文物出版社2000年5月版

本书据文物出版社《郭店楚墓竹简》选录单字1226个,重文2411个,依《说文》次序编排,另存疑字53个,合文21例,残字7个。末附索引。

《楚文字编》 李守奎编著,华东师范大学出版社2003年12月版

收入2000年之前公布的铜器、货币、简牍、缯帛、古玺等各种器物上的楚国文字,字头按《说文解字》为序。这是分国文字编中至今规模最大的一种,已纳入《包山楚简文字编》(张光裕等,台湾艺文印书馆1992)、《郭店楚简文字编》(张守中等,文物出版社2000)、《楚系简帛文字编》(滕壬生,湖北教育出版社1995)等的主要成果。

《秦文字编》 袁仲一、刘钰著,陕西人民教育出版社1993年11月版

收录战国中期至秦王朝的金文(上起西周晚期)、陶文、简牍、刻石上的文字2529个,字形5983个,刻符102个,末附所收文字的文句摘抄。

另外,"文字编"资料尚有《长沙楚帛书文字编》、《睡虎地秦简文字编》、《战国楚简文字编》、《马王堆简帛文字编》、《银雀山汉简文字编》等。

【《秦文字通假集释》 袁仲一、刘钰著,陕西人民教育出版社1999年5月版。】

《古籀汇编》(上、下) 徐文镜编,商务印书馆1934年8月第1版,武汉古籍书店1987年3月影印

本编萃集甲骨刻辞、钟鼎款识、周宣石鼓、秦汉吉金以及古玺、古陶、古币、古兵器上之籀文材料,按《说文》顺序排列。

《篆字汇》 〔清〕佟世男编,清康熙三十年(1691)年刊本,佐圣堂刻本

【《重订篆字汇》10卷 〔清〕闵齐伋撰,〔清〕毕弘进篆订,上海扫叶山房1921年石印本;

《增订篆字汇》 李铁良编著,宁夏人民出版社1996年版。】

《篆字编》(上、下) 洪钧陶、刘呈瑜编,文物出版社1988年7月版

汇集甲金、石刻、简帛、陶砖等载体上的篆文资料，计真书首文 4590 字，重文 57810 字。这是目前最为大型的篆文资料集。

《小篆疑难字字典》〔清末民初〕王同愈著，顾廷龙校，上海书画出版社 1992 年 4 月版

王同愈据黎詠椿《说文通检》卷末"检索疑难部分"，正其讹误，并大事扩充，编成《说文检疑》，今由其外侄孙顾廷龙校理审订，易名刊行出版。

《汉隶字源》〔宋〕娄机编，《四库全书》本

按 206 韵次序编排。以汉代为主，稍涉魏晋。

《隶书大字典》（上、下）〔清〕翟云升辑，江苏广陵刻印社 1988 年 5 月版，河北人民出版社 1992 年 8 月版

原名《隶篇》15 卷、《隶篇续》15 卷、《隶篇再续》15 卷，现合成一书。

《草字编》（全 3 册）洪钧陶编，文物出版社 1983 年 6 月版

真书首文 7900 余，草字重文 97800 余。按部首法编排。

《中国楷书大字典》严庆祥主编，江苏古籍出版社 1985 年 9 月版

收入自汉至清历代书法家三百余人的作品 1125 种，按字头剪贴影印。字头按《辞源》部首排列，共收楷体首文 3097 字，重文 19440 字左右，末附《历代碑碣法帖墨迹名称》与《历代书法家字号一览》。

《古玺文编》罗福颐主编，文物出版社 1981 年 10 月版

收 2773 字，其中正编 1432 字，合文 31 字，附录 1310 字。按《说文》顺序编排字头。

《古陶文汇编》高明编著，中华书局 1990 年 3 月版

本书是继台湾金祥恒《陶文编》之后的一部大型古陶文资料的结集。收录自商至秦的古陶文拓片和复制的照片，共 2500 种，2622 纸。分商代、西周、山东出土、河北出土、陕西出土、河南出土、山西出土、湖北出土、不明出土地和山东大汶口文化晚期遗址出土陶器上的图形文字等十类。末附作者《论陶符兼谈汉字的起源》一文。

《古陶字汇》徐谷甫、王延林著，上海书画出版社 1994 年 5 月版

收录上起商周下迄秦汉的古陶文字，计单字 1700 余文，重文 9000 余，依《说文》体例编排，分十四卷。所录以宋体为字头，异体列左，下列小篆，后列各种陶文字形。陶文汇录采用拓本原件及影印本剪贴法。

《中国砖铭文字徵》（全 3 册）殷荪编著，上海书画出版社 1996 年 10 月版

本书搜辑中国古代砖铭的专门字书，共收单字字头 1900 余个，包括重见、合文、重文、未能隶定者共 25000 余字例。

《古文字类编》高明编，中华书局 1980 年 11 月版

书分古文字、合体文字和徽号文字三编，分栏按时序排列字形。古文字又

分甲骨文、金文、简帛及其他刻辞文、秦篆四栏；合体文字分甲骨文、金文、盟书及其他刻辞文三栏；徽号文字分甲骨文、金文二栏。

《古文字诂林》（全12册） 古文字诂林编纂委员会编纂，李圃主编，上海世纪出版集团、上海教育出版社1999～2005年版

本书汇录上自殷商下迄秦汉的甲骨文、金文、古陶文、货币文、简牍文、帛书文、玺印文和石刻文八种古文字考释成果。参照《说文》部首排列楷书字头，字头旁加注篆书，字头下依次收录各类古文字字形和诸家考释文字。是迄今为止最为大型的古文字资料集。第12册为检字表。

《女书字典》 周硕沂编，岳麓书社2002年11月版

女书是流传于湖南江永一带在女性中使用的一种文字形体，其渊源古老、形态奇特。该书是现存惟一一部保留女书文字形体的字典，作者对每一个字形进行了注音、释义，并摘录了大量的例句。

3．古注汇编

《经典释文》30卷 〔唐〕陆德明撰，中华书局1983年9月影印通志堂本（黄焯先生断句）；上海古籍出版社1985年10月影印宋刻宋元递修本

博采汉魏六朝230余家音切及训诂，给《周易》、《古文尚书》、《毛诗》、《周礼》、《仪礼》、《礼记》、《春秋左传》、《春秋公羊传》、《春秋穀梁传》、《孝经》、《论语》、《老子》、《庄子》、《尔雅》等14部经典做音义。集六朝音注之大成。

【《经典释文汇校》 黄焯撰，中华书局1980年9月版；

《经典释文索引》 黄焯、郑仁甲编，中华书局1997年12月版；

《新校索引经典释文》 黄坤尧、邓仕樑编著，台湾学海出版社1988年版；

《经典释文序录疏证》 吴承仕著，中华书局1984年3月版。】

《一切经音义》 〔唐〕释玄应撰，《丛书集成初编》本

音义类著作"集《说文》系字书、《尔雅》系词书、《切韵》系韵书及古代典籍注疏的字词训释于一书，诠释佛经中需要解释的字词，在某种意义上可以说是对当时所用词语的一个较为全面的总结"（徐时仪语）。《玄应音义》是现存最早的一部佛经音义。是454部大小乘经律论的音义。先列经目，然后依次逐卷注释词语。

《一切经音义》 〔唐〕释慧琳撰，《续修四库全书》本

这是1300部大小乘经律论的音义。"诚小学之渊薮，艺林之鸿宝。"（杨守敬语）如"刹那"条下说：一刻为七万个刹那。

【上海古籍出版社1986年10月曾合印两部《一切经音义》，全5册，据日本狮谷白莲社翻刻本影印。书末附沈兼士等和陈作霖所编索引二种，又附丁福保《重刊正续一切经音义序》、提要以及征引书目等。】

《续一切经音义》〔辽〕释希麟撰，上海古籍出版社 1986 年 10 月版《正续一切经音义(附索引两种)》本

又名《希麟音义》，体例全仿《慧琳音义》。注释了《续开元释故录》所载全部佛经。

《经籍籑诂》106 卷 〔清〕阮元主编，成都古籍书店 1982 年 3 月版，中华书局 1982 年 4 月版(全 2 册)

以被释单字 13349 字为字头，按 106 韵分编。采书 100 多种，汇辑了唐以前(包括唐代)以及个别唐代以后的各种经籍、字书的训诂，是一部很有用的古字义字典。阮元写的 24 条“凡例”多发明古书体例，值得细读。

《十三经音略》〔清〕周春撰，《粤雅堂丛书》本，《丛书集成初编》本

专收“十三经”经传音注，分经收录，由字音以求字义。对经文的异文、音切及《说文》“读若”等考证颇详。

《故训汇纂》 宗福邦、陈世饶、萧海波主编，商务印书馆 2003 年 7 月版

收录先秦至晚清 200 余部重要典籍中的训诂资料，“注语包括本文训诂、义训、形训、声训、通假、异体、同源关系，以及具有异体、通假、同源、同义代用关系的典籍异文等”，篇幅达 1300 万字，并采用《康熙字典》214 部首排列字头，末附“单字汉语拼音索引”和“难检字笔画索引”。这样便弥补了《经籍籑诂》“资料不备”和“体例不便”的缺陷。此书“聚集了近三千年以来的中国传世典籍的解释材料”，“为我们提供的，是几千年历史文化书面典籍多层面的意义信息”(王宁语)，集传世古籍注释之大成。

4. 虚字字典

《语助》〔元〕卢以纬撰，黄山书社 1985 年 9 月点校本

又名《助语辞》，释语助词 1 百多个。

【《助语词集注》 王克仲集注，中华书局 1988 年 12 月版。】

《助字辨略》〔清〕刘淇撰，中华书局 1954 年 10 月出版章锡琛校注本

书原刊于 1711 年。博采宋元以前经传子史以及俗语中的虚字计 476 个，分为 30 类，以六种方法训释。

《虚字说》〔清〕袁仁林撰，《丛书集成初编》本

成书于 1710 年，刊于 1746 年。取经史诸子百家中虚字百余个，分组训释。

《经传释词》〔清〕王引之撰，《清经解》本，《丛书集成初编》本，江苏古籍出版社 1985 年 7 月版

刊于 1819 年。以解释经传中的虚字为主，且以周秦两汉为限，共收 160 字。按三十六字母顺序排列。

《经词衍释》〔清〕吴昌莹撰，中华书局 1956 年 10 月版

针对王书,为114个虚词作补充,为71个作推衍,另增23个。

《词诠》 杨树达撰,商务印书馆1928年初版,中华书局1954年11月版,1978年9月第2版

收469字(实际有500多)。不同用法为常为偶,一一详说。采用现代语言学的一些方法阐明古书虚词,标明词性。

《古书虚字集释》 裴学海撰,商务印书馆1934年初版,中华书局1954年10月重印

汇集虚字290个,补正刘、王、杨之书。

《古代汉语虚词通释》 何乐士等著,北京出版社1985年5月版

北京出版社1979年出版何乐士《文言虚词浅释》,收虚词209个;1985年版扩成《古代汉语虚词通释》,收549个。例句有今译,便于读者揣摩验证。

《文言复式虚词》 楚永安编,中国人民大学出版社1986年5月版

收1241条(其中主条307,副条934)。

《古汉语虚词词典》 王政白编纂,黄山书社1986年8月第1版,2002年10月增订本

增订本收虚词3150个,其中单音虚词340个,复音虚词、虚词词组2810个。条目、义项较为齐全。末附《古汉语虚词常见用法简表》、《古汉语特殊句式》。

《文言文虚词大词典》 高树藩编纂,高蕙珍助编,梁昌腾校正,湖北教育出版社1991年3月版

所收虚词单词640个,复词444个,共1084个,包括代词(限指示代词和疑问代词)、助动词、副词、介词、连词、助词、叹词等7类,每个词条下设注音、词性与释义、例句与语释、参证例句、实词意义举要等6项。

《虚词诂林》 谢纪锋编纂,俞敏监修,黑龙江人民出版社1992年1月版

本书是以下10部书的纂集:《助字辨略》、《经传释词》、《经词衍释》、《词诠》、《古书虚字集释》,《经籍籑诂》、《说文解字注》、《广雅疏证》、《尔雅义疏》、《马氏文通》(前五部全录,后五部录虚词部分)。共收单字639个,以《经籍籑诂》为首,照录各家训释,不加按语。这是一部清代以来虚词研究资料的汇编。末附笔画拼音索引。

《古汉语虚词词典》 王海棻著,北京大学出版社1996年12月版

收虚词829个,既作共时分析,又体现历时变化。

《古代汉语虚词词典》 中国社会科学院语言研究所古代汉语研究室编,商务印书馆1999年2月版

本书在《古代汉语虚词通释》的基础上编写而成,既反映虚词的用法和意义,又反映虚词的历史变化。收录词目1855条,不完全是虚词,也收不定数词等。

《甲骨文虚词词典》 张玉金著,中华书局1994年3月版

本书解释甲骨文中的虚词，前言概述了“殷商时代的虚词系统”。

《近代汉语虚词词典》 雷文治主编，河北教育出版社2002年8月版

主要收录宋金元明四代的平话、小说、戏曲和诸宫调中的副词、介词、连词、叹词、拟声词和助词，酌收衬字、词缀。

《现代汉语虚词例释》 北京大学中文系汉语专业编，1976年内部出版，商务印书馆1982年9月版

收副词、介词、连词、助词、语助词等790条。

《现代汉语八百词》 吕叔湘主编，商务印书馆1980年5月第1版，1999年1月增订本

以虚词为主，也选了一部分实词，并列举和简述了汉语以动词谓语种类为中心的近两百种句式的基本特征。这是“第一部讲汉语词的用法的词典”，“汉语词典从来没有讲过词的用法”（王还语）。

《汉语虚词辞典》 李科第主编，云南人民出版社2001年7月版

本书对约600个单音节和双音节虚词注音、解释，现代与历史源流并重。

《现代汉语虚词词典》 张斌主编，商务印书馆2001年9月版

收录虚词1013条，绝大多数为现代汉语常用虚词，释义吸收了学术界最新的研究成果，注重描述用法，详举实例，书中设列400多条细致的虚词比较条目。末附《量词与名词搭配表》和《情态副词与动词、形容词搭配表》。

5. 骈字集释

这一类是汇集（释）双音节词语的书。《尔雅·释训》已集释不少；宋人张有《复古编》则明确揭橥了联绵字。

《骈雅》7卷 〔明〕朱谋㙔撰，《丛书集成初编》本

分为13类。

《类隽》30卷 〔明〕郑若庸纂辑，上海辞书出版社1991年11月据明万历六年（1578）刊本影印

分19类。末附词目索引。

《骈字类编》（全12册） 〔清〕张廷玉等编，中国书店1984年3月版

以1604个单字为首字汇集双音节词语，共240卷。按首字的字义分为13门。此书于清康熙五十八年（1719）开始编辑，雍正四年（1726）完成，雍正六年（1728）内府刊刻。

【《骈字类编索引》（词条索引） 何冠义等编，中国书店1988年12月版。】

《叠雅》 〔清〕史梦兰撰，《止园丛书》本，《续修四库全书》本

收经史子集和诸家注疏中的重言叠字，根据同义与否类聚分组，逐条释义并加书证。

《辞通》 朱起凤撰，开明书店 1934 年版，上海古籍出版社 1982 年 5 月版

解决古书中“同词异形”问题。按尾字归韵。

《联绵字典》 符定一撰，北京京华书局 1943 年版，中华书局 1954 年 2 月第 2 版

收录六朝以前的联绵字，按首字部首编排。字头下分类辑录古书注疏之解释，作者间附按语，并详列异形。

《新编联绵字典》 高文达主编，河南人民出版社 2001 年 4 月版

收录先秦至清末古籍中的连绵词及其变体 5100 条。条目依音序编排，词头后依次为现代、中古、上古读音，释义及书证。

6. 成语词典

适当地使用成语，能够浓缩语言，还“表现出相当复杂现象的本质”。如与“心”、“口”相关的成语有：

心口如一	有口无心	口是心非
苦口婆心	佛口蛇心	心直口快

《国文成语词典》 庄适编，上海图书公司 1916 年版

对成语的辨别尚不够明确。释义较简单。

《简明成语词典》 柯槐青编著，四联出版社 1955 年 6 月新 2 版

共收常用成语 1400 余条。

《汉语成语词典》 甘肃师大中文系汉语教研室编，上海教育出版社 1978 年版

收 5500 条。溯源较好。

《中国成语大辞典》 王剑引等编，上海辞书出版社 1987 年 8 月版

收 18000 余条。

《汉语成语大辞典》 朱祖延主编，河南人民出版社 1985 年 7 月版，中华书局 2002 年 1 月修订本

收词目约 17000 条。本书体例、释义、书证等均较好。

《中华成语辞海》 刘万国、侯文富主编，吉林大学出版社 1994 年 7 月版

收词目四万余条，其中主条目 35502 条。

《现代汉语成语规范词典》 李行健主编，长春出版社 2000 年 7 月版

收录常用成语 5000 条，条目由词形、注音、释义、例句、提示等项目组成，“提示”栏就读音、字形、意义、运用等方面作了特别说明。

《汉大成语词典》 汉语大词典编纂处编，汉语大词典出版社 2000 年 8 月版

收词条 24808 条。

《新华成语词典》 商务印书馆辞书研究中心编，商务印书馆 2002 年 1 月版

收录成语 8382 条，包括少量熟语。条目由注音、释义、书证三部分组成。释义部分红色套印，十分醒目。

《中国成语通检》　刘占锋主编,河南大学出版社 2002 年 1 月版

本书为 35669 个成语作任意字通检。

7. 方言词典

方言,是一种语言的地方变体。一般来说,现代汉语方言分为七大方言区:官话方言(北方方言)、吴方言、湘方言、赣方言、客家方言、闽方言、粤方言。

《方言》〔西汉〕扬雄撰,《四部丛刊》本,《丛书集成初编》本,科学出版社 1956 年 9 月出版周祖谟《方言校笺》本

全称是《輶轩使者绝代语释别国方言》。收 675 条。如:党、晓、哲,知也。楚谓之党,或曰晓;齐宋之间谓之哲。

【《续方言》〔清〕杭世骏撰,《丛书集成初编》本;

《续方言补正》〔清〕程际盛撰,《丛书集成初编》本。】

《新方言》　章炳麟撰,《章氏丛书》本

收 800 多条,分十类。

《汉语方音字汇》　北京大学中文系语言教研室编,文字改革出版社 1962 年 9 月版

收集了 17 个方言点 2400 余字的读音。17 个方言点是:北京、济南、西安、太原、汉口、成都、扬州(以上属官话方言),苏州、温州(以上属吴方言),长沙、双峰(以上属湘方言),南昌(赣方言),梅县(客家方言),广州(粤方言),厦门、潮州、福州(以上属闽方言)。

《汉语方言词汇》　北京大学中文系语言教研室编,文字改革出版社 1964 年 5 月版

收集了 18 个方言点的 905 条词语。18 个方言点是:北京、济南、沈阳、西安、成都、昆明、合肥、扬州(以上属官话方言),苏州、温州(以上属吴方言),长沙(湘方言),南昌(赣方言),梅县(客家方言),广州、阳江(以上属粤方言),厦门、潮州、福州(以上属闽方言)。词目以普通话为准,下列各个不同方言点的说法。

《汉语方言常用词词典》　闵家骥等编,浙江教育出版社 1991 年 5 月版

所收条目包括方言字、方言词、方言俗语等,共约 11700 余条。如:

龙门阵　四川方言。闲谈;故事。《南川县志》:闲谈、故事曰龙门阵。

《现代汉语方言大词典》(全 42 卷)　李荣主编,江苏教育出版社 1993 年起出版

分为《哈尔滨方言词典》、《济南方言词典》、《牟平方言词典》、《徐州方言词典》、《扬州方言词典》、《南京方言词典》、《武汉方言词典》、《成都方言词典》、《贵阳方言词典》、《柳州方言词典》、《洛阳方言词典》、《西安方言词典》、《西宁方言词典》、《银川方言词典》、《乌鲁木齐方言词典》、《万荣方言词典》、《太原方言词典》、《忻州方言词典》、《绩溪方言词典》、《丹阳方言词典》、《崇明方言词典》、《上海方言词典》、《苏州方言词典》、《杭州方言词典》、《宁波方言词典》、

《温州方言词典》、《金华方言词典》、《长沙方言词典》、《娄底方言词典》、《南昌方言词典》、《萍乡方言词典》、《黎川方言词典》、《于都方言词典》、《梅县方言词典》、《南宁方言词典》、《广州平话词典》、《东莞方言词典》、《建瓯方言词典》、《福州方言词典》、《厦门方言词典》、《雷州方言词典》、《海口方言词典》等。

【《现代汉语方言大词典》(全6册) 由戎文敏等按42册分卷本综合编纂而成,江苏教育出版社2002年12月版。】

《中国民间方言词典》 段开琏著,南海出版公司1994年3月版

收录现代文学作品中的全国七大方言区的方言土语词,酌收具有浓厚地方特色的短语、熟语、习俗语、惯用语、隐语、黑话、行话、俏皮话和建国后出现的新词语,约13000条。

《普通话基础方言基本词汇集》(全5册) 陈章太、李行健主编,语文出版社1996年10月版

书分语音卷、词汇卷及地图说明三部分,收录了93个点的音系(包括同音字表)、2645条词语和63幅方言地图。本书是在1985年至1990年近百人对长江以北和西南广大地区的方言详细调查基础上编著而成。

《汉语方言语法类编》 黄伯荣主编,青岛出版社1996年4月版

本书汇集了29个省、市、自治区和香港地区250多个方言点的语法材料,分成2500多个条目,先按词法、句法、语法意义和形式进行分类,再按北方方言、吴方言、湘方言、赣方言、客方言、闽方言、粤方言的顺序排列。在方言语法领域"这是一件开创性的工作,又是一项系统工程"(王均序言)。

《汉语方言大词典》(全5卷) 复旦大学与京都外国语大学合作编纂,许宝华、宫田一郎主编,中华书局1999年4月版

本书收录古今文献著作和现代汉语口语中的各类方言词语计20万余条,总字数达1500余万,是迄今国内外最大的一部汉语方言辞书。本书依次标注十八种方言系属:东北官话、北京官话、冀鲁官话、胶辽官话、中原官话、晋语、兰银官话、江淮官话、西南官话、官话(福建南平等未分区的官话方言岛)、徽语、吴语、湘语、赣语、客话、粤语、闽语、平话。

《北京方言词典》 陈刚编,商务印书馆1985年9月版

这是一部以北京土话为代表的河北次方言词典,共6000多条。

《北京土语辞典》 徐世荣编,北京出版社1990年4月版

正编为常用土语,收北京当代生活日常用语;副编为旧京土语,收清末至新中国成立前用语。

《普通话闽南方言词典》 厦门大学中文研究所汉语方言研究室主编,福建人民出版社1982年10月版

本书是一部普通话和闽南方言对照词典,收录普通话词语5万多条,闽南

方言词语(以厦门话为代表)约7万条,各条目用"//"将两类隔开。

《简明吴方言词典》　闵家骥等编,上海辞书出版社1986年5月版

收5000余条。如:

百脚　蜈蚣。《重修丹阳县志》:蜈蚣曰百脚。

拆空老寿星　糟糕。今朝夜里停电,那末~哉!

【《现代吴语的研究》　赵元任著,科学出版社1956年重印本;

《当代吴语研究》　钱乃荣著,上海教育出版社1992年9月版。】

《关东方言词汇》　王博、王长元编,吉林教育出版社1991年6月版

《山西方言调查研究报告》　侯精一、温端政主编,山西高校联合出版社1993年7月版

《河北方言词汇编》　李行健主编,商务印书馆1995年10月版

《内蒙古西部汉语方言词典》　哈森、胜利著,内蒙古教育出版社1995铅排本,1999年6月电脑重排本

收录内蒙古中部与西部地区有入声的方言(一般称"内蒙古晋语")使用的词语,以呼和浩特、包头为主,兼顾临河、东胜、集宁、丰镇等方言点。共计6600多条。

《福州方言词典》　李如龙等编,福建人民出版社1996年1月修订本

《粤西十县市粤方音调查报告》　詹伯慧、张日昇主编,语文出版社1996年10月版

《山东方言词典》　董绍克、张家芝主编,语文出版社1997年1月版

将山东方言分五片:济南片、胶东片、鲁西片、鲁南片、鲁北片。词目按意义分为29类排列。

《昆明方言词典》　张华高、毛玉玲编著,云南教育出版社1997年7月版

《闽方言与古汉语同源词典》　林宝卿编,厦门大学出版社1998年10月版

本书对堪称古汉语活化石的闽南方言做了较全面、系统、深入的探源,所收对象是闽南方言、古汉语共有,而普通话已消失的单字条目、多字条目或条目中的某些义项,共计条目1500个左右。

《潮汕十八音字典》　杨扬发编,汕头大学出版社2001年7月版

这是一本以汕头市音为依据的全面反映潮州话语系的字典。收入单字8000多个,以字音求字形字义,每条均附有普通话对照。书前列方言反切声母表(18个字,合3句话)和韵母表(36个字,合5句话),使用前当熟读。

《广州话正音字典》　詹伯慧主编,广东人民出版社2002年7月版

收录8781个汉字的广州话(用国际音标表示)、普通话读音,并释义、举例。末附"广州话、普通话音序索引"、"没有普通话音读的广州方言字索引"、"广州话四种拼音系统对照表(本书、《广州话标准音字汇》、《广州话方言词典》、《粤

语拼音方案》)”。

《当代港台用语辞典》 朱广祁编著,上海辞书出版社 1994 年 1 月版

收录港台词语 5000 余条,以与大陆意义或情彩差异较大、影响理解、易生误会的词语为主,亦收少量港台古语词和方言词,少量已在大陆流行的港台词语。

《香港粤语词典》 郑定欧编纂,江苏教育出版社 1997 年 5 月版

收录香港粤语词语约 8000 条,香港粤语具有区别于一般粤语(包括广州话)的许多特殊性。

8. 名言俗语词典

俗语,包括:“富有思想意义”的谚语,如:留得青山在,不愁没柴烧;“描述性”的熟语,如:横挑鼻子竖挑眼;“说得生动”的歇后语,如:张飞拿耗子——大眼瞪小眼;等等。

《释常谈》3 卷 〔宋〕□□撰,《丛书集成初编》本

《续释常谈》3 卷 〔宋〕龚颐正撰,《丛书集成初编》本(1 卷)

《通俗编》38 卷 〔清〕翟灏撰,商务印书馆 1958 年 12 月版

此本据《无不宜斋》刻本重排。收 5000 余条,分 38 类。末附同时人梁同书撰《直语补证》1 卷及四角号码语汇索引。

《恒言录》6 卷 〔清〕钱大昕撰,《丛书集成初编》本

收 800 余条,分 19 类。

《迩言》6 卷 〔清〕钱大昭撰,《玉雨堂丛书》本

《古谣谚》100 卷 〔清〕杜文澜辑,中华书局 1958 年 1 月版

收罗 860 多种古籍中所引的从上古到明代的歌谣、谚语共 3300 多条。每条下均引述本事,注明出处,其间并夹以考辨。

《通俗常言疏证》 〔清〕孙锦标撰,邓宗禹标点,中华书局 2000 年 6 月版

采录经、史、子、集、词曲、小说之“常言”为之作疏证,“常言”即俗语、口语。所收起自元代,按内容分成 40 类。本书最早出版于 1925 年,有江苏省南通县翰墨林石印本,此据以排印点校。末附笔画索引。

《俚俗集》 〔清〕福申辑,书目文献出版社 1993 年 4 月影印

辑录经史子集丛书中的民俗材料,分 49 类,共 25000 余条,所引古籍近千种。书成于清道光二十五年(1845)以前,稿本藏于北京图书馆。

《俗语典》 胡朴安编,上海广益书局 1922 年初版,上海书店 1983 年重版,中州古籍出版社 1991 年 2 月据初版影印

书分 12 集,以 12 地支标目。

《切口大词典》 吴汉痴主编,上海文艺出版社 1989 年影印上海东陆图书公司 1924 年版本

切口即帮会或某些行业的暗语。本书作为上海文艺出版社出版“民俗、民间文学影印资料”之一种，收录商铺、行号、杂业、工匠、手艺、医药、星象、衙卒、役夫、武术、优伶、娼妓、党会、赌博、乞丐、盗贼、杂流等类，所收材料丰富。

《中华谚海》 史襄哉编，上海中华书局1927年版，台湾天一出版社1975年增补本

《中国俗语大辞典》 温端政主编，上海辞书出版社1989年6月版

收俗语（包括谚语、歇后语、惯用语）约15000条。

《古今俗语集成》（全6册） 山西教育出版社1989年7月版

本书为辑录历代文献俗语之最完备者，一二卷收经史子集中的俗语，三四卷收近代小说和戏曲中的俗语，五卷收新中国成立以后、“文革”以前小说里的俗语，六卷收现代和当代名家全集、选集、文集里的俗语。

《中华谚语志》（全11册） 朱介凡编著，台湾商务印书馆1989年8月版

分人生、社会、行业、艺文、自然五大类。所录资料详细。

《汉语谚语词典》 孟守介等编著，北京大学出版社1990年1月版

收集汉语常用谚语6465条。

《俗语词典》 徐宗才、应俊玲编著，张清常审订，商务印书馆1994年6月版，2004年12月修订本

这是在《常用俗语手册》（北京语言学院出版社1985年12月版）的基础上扩增而成，收俗语13000余条，修订本增至2万余条。

《中国秘语行话词典》 曲彦斌主编，书目文献出版社1994年3月版

收录上起唐宋，下迄近代即清末民初见诸各类文献、资料的汉语秘语、行话共计12000多条。秘语、行话即民间秘密语，是社会方言的一种，又叫隐语、行话、市语、春典（点）、切口、黑话、暗语等等。书前对征引的27种历代载录秘语行话的文献均作了简要的述评，并开列了主要参考文献21种。

《中国秘密语大辞典》 陈崎主编，汉语大词典出版社2002年12月版

收录条目31000条，包括帮会、秘密社团和犯罪集团内部通行的黑话，诸工矿业（包括江湖杂业）内部使用的带有隐秘性的行话，某些社会阶层中使用的特殊用语。书前有曲彦斌长篇序言《汉语民间秘密语语源探析》。末附《秘密语稀见文献资料会钞》、《秘密语研究论著要目》。

《俏皮话词典》 马清文、马击壤编著，中国社会出版社1999年7月版

收录1700多条俏皮话，并注明出处和词义。

《汉语戏谑语词典》 陈建文、王聚元主编，上海人民出版社2001年1月版

从多种书籍、报刊和日常口语中收录戏谑语共7500条左右。“广言之，凡出语幽默风趣，语含调侃、打趣、自嘲、亲昵或讥讽、揶揄，都属戏谑语范围”（前言）。

《中国歇后语大词典》 温端政主编,上海辞书出版社 2002 年 12 月版

此书在《歇后语词典》(北京出版社 1984 年 12 月版)的基础上增补而成。收古今歇后语约 7000 条,每条均有释义、例证。末附《古代有关歇后语的资料》、《汉语方言歇后语选注》、《歇后语研究论著目录》、《歇后语辞书目录》。

《中国古训辞典》 杜占明主编,北京燕山出版社 1992 年 3 月版

收录自《老子》至《艺概》历代旧圣先哲的古训约 3400 条。

《中国古代名言隽语大辞典》 刘兰英等主编,商务印书馆 1997 年 12 月版

收自商周至清季名言隽语 15677 条。

《群经百子名言类典》 张立华编撰,中国青年出版社 1998 年 6 月版

精选 7000 多条经书和子书中的名言,按类编排。末附 114 种古代经部、子部要籍简介。

《汉语非本义词典》 吕佩浩、陈建文主编,中国国际广播出版社 1999 年 2 月版

"汉语词语在形成和使用过程中,凡是离开原始的、基本的意义而引申、派生出来的新义,就叫'汉语非本义'。"(前言)共收 9728 个词条,既有词,又有成语、俗语、惯用语、歇后语、隐语、谑语、骂语等,范围自先秦至现代。

《事物异名分类词典》 郑恢主编,黑龙江人民出版社 2002 年 1 月版

收各类事物正名 3400 条,异名 6300 条。包括别称、代称、尊称、敬称、爱称、昵称、雅称、美称、誉称、褒称、戏称、谑称、讥称、贬称、鄙称、讳称、婉称、乳名、绰号等。分 38 部类编排。如"竹"一条即收入"玉干、龙种、妒母、青士、郁离、蛇祖、绿卿、潇碧"等 18 个异称,均有书证附后。

《誉称大辞典》 袁世全主编,汉语大词典出版社 2002 年 3 月版

凡哲学社会科学和自然科学各学科领域中有定论、公论或约定俗成的誉称古今并收。词目分学科编排。书前有序言《誉称初探》。

《数字合称词海》 常江编著,中国青年出版社 2002 年 1 月版

收 12700 余条数字合称词。本书是在 1995 年版的《数字合称百科名物辞典》(收 7600 条)的基础上扩充而成。编排按合称数目字大小顺序编排,最后为综合部。起自"建安二丁",终至"杭州西湖一中心两峰三泉四寺五山六园七洞八墓九溪十八涧"。

《现代汉语句典》 白维国主编,中国大百科全书出版社 2001 年 10 月版

本词典选收现当代作品中使用的古代诗文名句、格言、谣谚和现代口语中常用的谚语、俗句、歇后语等共 14225 条。"我们把它定名为句典,就是说我们有意识地把句子作为一级语言单位来对待,并以此为着眼点来编纂相应的工具书,堂而皇之地跟作为另一级语言单位的工具书词典分庭抗礼,而不只是具体的哪一类句子的收集和解释。"(白维国《说说我们这本句典》)

《西方引语宝典》 张致祥主编,商务印书馆 2001 年 1 月版

收集西方(英、美、法、德、奥、意、荷、爱尔兰、加拿大、挪威、古希腊、古罗马等)从古到今380余人的名言佳句4000条。条目按作者姓氏字母顺序编排,先列原文并注明详细出处,再作译文、注释。

9. 文学作品语词汇释

这一类用以解决诗、词、曲、小说、变文等作品中的口语词及方言俗语问题。

《敦煌变文字义通释》　蒋礼鸿著,中华书局1959年初版,上海古籍出版社1997年10月新3版(增补定本)

此书是敦煌文献语言研究的开端。收数百条,以探寻唐、五代口语词义。如:

周旋　漂亮、好看的意思。丑女缘起:毁谤阿罗汉果业,致令人貌不周旋。

月爱　宝珠名。维摩诘经讲经文:似萤火对于日光,泥弹同于月爱,全不相承。

《敦煌文献语言词典》　蒋礼鸿主编,杭州大学出版社1994年9月版

本书在《敦煌变文字义通释》和《敦煌变文集校议》的基础上进一步收集、推衍,收条目凡1526个,40万字。

《敦煌文献字义通释》　曾良著,厦门大学出版社2001年3月版

本书沿着蒋礼鸿《通释》的体例,以整个敦煌文献为研究对象,对其中近300条词语和俗字、讹字作了梳理、考证,内容包括释言语,释俗字、讹字,释文化词语三个方面。

《诗词曲语辞汇释》　张相著,中华书局1953年4月第1版,1955年1月第3版

作者著此书,历时八年。汇释唐宋金元明以来流行于诗词剧曲中的特殊语辞,共537条。如:

贤,第二人称之敬辞,犹云君或公。苏轼《李行中醉眠亭》诗:“君且归休我欲眠,人言此语出天然;醉中对客眠何害,须信陶潜未若贤。”未若贤,犹云不及君也。此盖借陶潜“我醉欲眠卿可去”语翻案。

底,犹何也;甚也。杜荀鹤《钓叟》诗:“渠将底物为香饵?一度抬竿一个鱼。”

《诗词曲语辞例释》　王锳著,中华书局1980年初版,1986年1月增订本

增订本收标目317项,分为词目412条,附目246条,并置存疑37条。

《全唐诗语词通释》　魏耕原著,中国社会科学出版社2001年10月版

释《全唐诗》和《全唐诗补编》中的疑难词。

《汉赋辞典》　费振刚、仇仲谦编,北京大学出版社2002年12月版

本书收各类文籍中有关汉赋的词目2万余条,计单字6170余个,词义的解释只限在汉赋中出现的意义,并按词义的演变排列义项。条目按部首笔画编排。

《唐宋笔记语辞汇释》　王锳著,中华书局1990年5月版,2001年1月修订本

修订本收词语标目288个，附目145个，分列337条。例证以唐宋笔记为主，其他体裁供参证。

《佛经词语汇释》 李维琦著，湖南师范大学出版社2004年9月版

对300余条佛经词语进行了考释。

《戏曲词语汇释》 陆澹安编著，上海古籍出版社1981年11月版

此书所收词语，以见于院本杂剧为主，诸宫调亦予收入。未收传奇中的词语。如：

问事 刑具。【例】(《勘金环》四孙荣白)张千，将问事来！

九百 痴呆、懵懂。宋陈师道《后山诗话》："世以痴为九百，谓其精神不足也。"

火不腾(火不登) 立时，即刻。

《元曲释词》(全4册) 顾学颉、王学奇著，中国社会科学出版社1983～1990年版

收录词目约3000条，连附目共约5000余条。以元代杂剧为主，元散套、小令为辅，以南戏、诸宫调、明清戏剧、话本、小说作为佐证。

《元曲熟语辞典》 刘益国著，四川大学出版社1998年8月版

本书对元曲熟语进行了全面、系统的研究整理，收录熟语1500余条。

《古典戏曲外来语考释词典》 方龄贵著，汉语大词典出版社、云南大学出版社2001年12月版

上编为元明戏曲中的蒙古语，下编为元明戏曲中的蒙古语补正和清代戏曲中的蒙古语，共计200余条。

《宋金元明清曲辞通释》 王学奇、王静竹编著，语文出版社2002年12月版

收录元明清杂剧、散曲、明清传奇兼及宋元戏文及金代诸宫调词语计1万余条。此书是近代词语考释及其汉语词汇历史发展、五朝戏曲词语三大系统交汇的大型综合类辞书，断代共时和历时溯源相结合，收罗宏富，可谓"戏曲词语的历史画卷"(李开语)。

《小说词语汇释》 陆澹安编著，中华书局1964年2月第1版，上海古籍出版社1979年10月新1版

此书汇释清末以前64部通俗小说中的词语8000多条。如：

卖嘴 夸口。例：(《西游记》八十四)八戒在旁边卖嘴道："妈妈儿莫说黑话，我们都是会飞的。"

卖头卖脚 出头露面。例：(《红楼梦》六)你又是个男人，这么个嘴脸，自然去不得。我们姑娘年轻的媳妇儿，也难卖头卖脚的，倒还是舍着我这副老脸去碰碰。

卖关节 考试官得了贿赂，与应试的士子暗通消息。……

《明清小说辞典》 张季皋主编,花山文艺出版社 1992 年 8 月版

本书分成明清主要通俗小说语词汇释和明清小说书目简介两部分。前者收词 16900 余条,后者介绍了 900 余部小说的书名、作者、成书过程、内容梗概、艺术特色及其影响、评价及版本等。

《中国古代小说俗语大词典》 翟建波编著,汉语大词典出版社 2002 年 9 月版

收三字以上(含三字条)的俗语约 2 万条,包括谚语、歇后语、惯语、套语、部分俗成语以及所谓“习而通俗者”。采自宋至清末中国古代通俗小说 520 余种。

《元明清文学方言俗语辞典》 岳国均主编,贵州人民出版社 1998 年 10 月版

主要收录元明清文学作品(小说、戏曲、诗文集以及笔记等)中的方言俗语,包括谚语、歇后语、惯用语等。

《元明清白话著作中山东方言例释》 董遵章著,山东教育出版社 1985 年 7 月版

共收词条 2622 条,按音序排列,所收词语均采自元、明、清时代山东作者所写的小说、杂剧、散曲、鼓词、俚曲、杂字等。

《金瓶梅方言俗语汇释》 李申著,北京师范大学出版社 1992 年 3 月版

收录《金瓶梅词话》中的方言俗语计 3000 余条。

《金瓶梅俚俗难词解》 张惠英著,社会科学文献出版社 1992 年 6 月版

收明万历本(大安本)和人民文学出版社 1985 年戴鸿寿校本逐回解释其间俚、俗、难词。书末有关于《金瓶梅》语言的附录 7 则。

10. 新语外来语词典

《佛学常见词汇》 竺摩法师鉴定,陈义孝编,妙音学佛视听图书馆 1995 年 3 月编印

佛学词汇是中古汉语大量吸收的外来语。本书收录佛学名词术语 5500 条左右,每条备以简明注释,对特别重要的则加以详细说明。书中亦配有图表说明。如“五重唯识”条,先下定义:“法相宗所修的观行,从浅至深,共有五重,名五重唯识观。”接着分别解释五重:“遣虚存实”、“舍滥留纯”、“摄末归本”、“隐劣显胜”、“遣相证性”。然后又解释此五重即为五种相对:“空有、心境、体用、王所、事理相对”。最后列表作解。

《汉语外来词词典》 岑麒祥编,商务印书馆 1990 年 8 月版

收录外来语 4307 条。

《汉语外来词词典》 刘正埮、高名凯等编,上海辞书出版社 1984 年 12 月版

收录外来词 1 万余条。

《党的十一届三中全会以来新名词术语辞典》 张首吉等著,济南出版社 1992

年8月版

收录党的十一届三中全会后出现的新名词、新概念、新术语共1176条，包括政治、经济、经济体制改革、思想道德、文化教育、党的建设、法制建设、国防建设和对外关系等方面。

《新词新语词典》 李行健等主编，语文出版社1988年初版，1993年5月增订本

收录1949年以后的新单词、新语词5300余条，增订本增加至约8400余条。

《新时期新名词大辞典》 马国泉等主编，中国广播电视出版社1992年10月版

收录党的十一届三中全会以来新出现的词目近6000条，涉及人文、社会、科技等三十个学科，按类编排。

《汉语新语汇词典》 郭熙主编，江苏教育出版社1993年5月版

收录1949年以后出现的汉语新语词。

《计算机科学技术名词》 计算机技术名词审定委员会编，科学出版社1994年12月第1版，2002年4月第2版

收录计算机科学技术基本名词9471条，涵盖计算机科学理论、体系结构、硬件、软件、应用技术、人工智能以及计算机网络、多媒体技术、计算机图形、安全保密等方面。每条均有汉英对照名称，少量附简明注释。

《最新日本外来语辞典》 高宝兴主编，北京出版社1996年1月第1版，2000年1月第2版

收录日本语中用片假名书写的外来语共4200余条，其中略语1800余条，以社会科学语词为主，新词占三分之一左右。本书以日语五十音图为序排列。

【《新编日语外来语辞典》 张作义主编，北京大学出版社2001年1月版。】

《近现代汉语新词语源词典》 香港中国语文学会统筹，汉语大词典出版社2001年2月版

共收词目5275条。

《现代汉语新词语词典》(1978～2000) 林伦伦等编著，花城出版社2000年4月版

收录词语约1800条，绝大部分为《现代汉语词典》(1928)所未收。书前有题为《改革开放以来新词语的特点及其产生渠道》的序言。

《港台用语与普通话新词手册》 朱广祁等编著，上海辞书出版社2000年7月版

收录内地没有的或与内地意义、色彩差异较大的港台词语和少量近年来已流传到内地的词语，另外也收录港台人士不易理解的普通话新词，按汉语拼音字母顺序排列。后附《港台词语外来语语源表》和《台湾与内地专名译名对照表》。

《大陆及港澳台常用词对比词典》 魏励、盛玉麟主编，北京工业大学出版社

2000年12月版

收录字头3500个左右,词条10万条左右。本书从字形、组词、注音、释义四个方面进行对比,并适当进行辨析。书末附录台湾与大陆注音符号、常见专名译名、计算机用语、语法术语、标点符号等对照表和台湾常用计量单位、常用书信用语表。

《新加坡闽南语词典》 周长楫、周清海编,中国社会科学出版社2002年10月版

书前引论对新加坡闽南语有详细介绍,字条按意义归为十四大类,各条注音并释义。

《字母词词典》 刘涌泉编著,上海辞书出版社2001年7月版

字母词是指汉语中带外文字母(主要是拉丁字母,如B超、卡拉OK)或完全用外文字母表达的词(如CD、UFO),是一种新形式的外来语。收录计2000余条。

《中国网络语言词典》 于根元主编,中国经济出版社2001年6月版

编者认为:"网络语言是新词新语的组成部分或延伸,是新词新语研究的重要对象。"本书收录1305条,并作释义、例证和溯源。

《语言预测词典》 郭丽君主编,中国经济出版社2005年1月版

这是国内语言预测词典的开端,共计收录预测将会使用的词语1040条。

11. 词藻典故汇辑

《佩文韵府》(全4册) 〔清〕张玉书、陈廷敬等编,上海古籍出版社1983年6月影印本

1704年开始编纂,至1711年成书。当时编纂的目的是为了文人吟诗作赋时运用词汇、查阅材料的方便。今天我们则主要用来查字面的出处和一般典故。此书分"正集"、"拾遗"两部分。收录不同单字约1万个,文章典故不下140万条,所收词语二字、三字、四字不等,以尾字归106韵。《佩文韵府索引序》云:"《佩文韵府》一书,风行全国,不仅文人词客,引为獭祭之资,即普通学者,亦藉以徵求典实。"

《古书典故辞典》 杭州大学中文系编,江西人民出版社1984年9月版

上自太古周秦,下至明清,主要收古代诗文和小说戏曲等经常引用的古代故事或有来历出处的词语共5400余条。

《常用典故词典》 于石等编,上海辞书出版社1985年9月版

此书选收古代诗文中常用的故事典故622个,实际涵盖词目5000余条。如喻世外仙境的同义词目即收有:桃花源、桃源、花源、世外桃源、仙源、秦源、武陵源、桃花洞、花洞、武陵洞、晋洞、武陵溪、武陵花。

《中外典故大词典》 周心慧等主编,科学出版社1989年7月版

兼收中外各类语典、事典共6500余条。

《掌故大辞典》 古风主编,团结出版社1990年6月版

收录中国古代文化辞语掌故、人物事物掌故及典章制度掌故,并注重收录民俗文化和宗教文化方面的掌故,共15000余条,每条均包括释文、释源和书证。

《引用语大辞典》 朱祖廷编著,武汉出版社2000年9月版

收录并解释历代经书、史书、子书和诗文、词曲、小说中的被后人引用而不注明出处的现成语句,注名出处,提示用法。

《中国文坛掌故事典》 刘衍文主编,上海辞书出版社1993年6月版

收先秦至近代文坛掌故1428条,以事主姓名为词头。

《中国古代文人掌故辞典》 韩式朋、吴国忠主编,黑龙江人民出版社1999年1月版

收录先秦至近代历史上公认的文学家、艺术家、思想家、教育家、科学家等1000余人的掌故约3500条。以人物时代先后为序编排条目,末附人物音序索引。

《上海典故辞典》 薛理勇主编,上海辞书出版社1999年12月版

选收旧上海以社会生活为主的掌故旧闻,共计词目1362条。

《二十六史典故辞典》 陈振江主编,天津人民出版社1994年5月版

收录典故2023条,按"二十六史"时代顺序及习惯排列。每条包括释义、出典、例句三部分。

《二十五史成语典故》 魏克威、李德山主编,吉林人民出版社2002年2月版

收录二十五史引用和运用的成语典故五千余条,按"以史系典"原则编排。

《诗词典故辞典》 彭庆生、曲令启编,书海出版社1990年12月版

收录诗词中引用的神话传说、历史故事、典章制度、风土民俗、成语谣谚、格言俗语等以及部分有来历出处的常用词语,共10700余条。每条均含典源、释义、例句三部分。

《全唐诗典故辞典》(上、下) 范之麟、吴庚舜主编,湖北辞书出版社1989年1~2月版

《全宋词典故辞典》(上、下) 范之麟主编,湖北辞书出版社1996年12月版

《全元曲典故辞典》 吕薇芬主编,湖北辞书出版社2001年12月版

12. 对译对照词典

《汉英法俄日六国语常用词汇》 郭景天等编,知识出版社1987年7月版

本书参照日本原书房的《六国语辞典》1975年增订版编成。

《两万汉字中日韩越英俄读音释义字典》 邓应烈编著,中国辞书出版社 2002 年 5 月版

本书将 21003 个汉字按部首音码顺序排列,列出其简体、繁体、异体以及日本、韩国汉字,用普通话、日语发音、韩国—朝鲜语发音、越南语发音及广州话、客家话、潮州话、海南话、闽南话、福州话、上海话、温州话、长沙话、南昌话、壮语分别为其注音,进而列出其在中文、英文、俄文、韩国—朝鲜文、越南文中的释义。书前有“汉字部首音码编码法”说明,末附拉丁字母、斯拉夫字母、阿拉伯字母、假名、谚文字母、注音字母、部首笔画索引。

《俄英汉词典》 周国定、王琨善主编,重庆大学出版社 1999 年 9 月版

《牛津高阶英汉双解词典》 商务印书馆 1997 年 9 月第 1 版,2002 年 1 月第 4 版增订本

《朗文当代高级英语辞典》(英英·英汉双解) 朱原等译,徐式谷、杨枕旦定稿,商务印书馆、朗文出版社中国有限公司 1998 年 8 月版

《新世纪英语新词语双解词典》 陆国强主编,上海外语教育出版社 2000 年 1 月版

《英汉双解剑桥国际英语词典》 上海外语教育出版社 2001 年 1 月版

《外研社高级英汉词典》 余士雄主编,外语教学与研究出版社 2002 年 9 月版

《现代汉语词典(汉英双语)》 中国社会科学院语言研究所词典编辑室编,外语教学与研究出版社 2002 年 11 月版(以《现代汉语词典》2002 年增补本为底本)

《外研社现代汉英词典》 外研社辞书部编,外语教学与研究出版社 2001 年 7 月版

《新世纪汉英大词典》 惠宇主编,外语教学与研究出版社 2003 年 12 月版

《汉字英释大辞典》 吴光华主编,上海交通大学出版社 2002 年 1 月版

《英汉人文社会科学词典》 苗力田、邬沧萍主编,中国人民大学出版社 2001 年 5 月版

收录哲学、美学、文学、伦理学、心理学、宗教学、史学、政治学、社会学、教育学、人类学、人口学、语言学、行政管理学、档案学、情报学、图书管理学各个领域的基本词汇,共 10 万余条。条目按英文字母顺序排列,末附汉语词条索引。

《西方哲学英汉对照辞典》 尼古拉斯·布宁、余纪元编著,人民出版社 2001 年 2 月版

《汉英日韩电脑词典》 咸钟学等编著,中华书局 2001 年 8 月版

本书收录了 3 万余条计算机软件、硬件、网络、多媒体、人工智能等方面的基本词、技术术语、缩略语、专门词及其他有关词。采用中英日韩对译,4000 余

条基本的、主要的、容易误解的词加释义。全文按汉语拼音顺序编排,末附英文、日文、韩文词条索引。

《英汉医学大词典》 金魁和主编,人民卫生出版社 1987 年 10 月版,2004 年 4 月二版

本书是我国卫生部组织编纂的汉英、汉法、汉德、汉日、汉俄五部大型医学词典之一。初版收录词条 14 万,二版参考了世界著名医学工具书 *Dorland's Illustrated Medical Dictionary* 和 *Stedman's Medical Dictionary* 的词汇,新补大量新兴学科的新词汇,余条增至 21 万。

《朗文医学大辞典》 蒋琳主译,人民卫生出版社 2000 年 10 月版

《近代中国专名翻译词典》 黄光域编,四川人民出版社 2001 年 12 月版

《20 世纪新词语词典》 [英]John Ayto 编著,外语教学与研究出版社 2002 年 7 月版

《报刊新词英译词典》 张健编著,上海科技教育出版社 2001 年 4 月版

《现代俄汉双解词典》 外语教学与研究出版社 1992 年 4 月版

《汉俄翻译词典》 张宝梁主编,商务印书馆 1995 年 10 月版

《俄汉详解大词典》(全 4 册) 黑龙江大学辞书研究所编,黑龙江大学出版社 1998 年 1 月版

《俄汉文学翻译词典》 龚人放主编,商务印书馆 2000 年 1 月版

《外研社现代汉俄词典》 范明贤等编,外语教学与研究出版社 2002 年 8 月版

《法汉大词典》(上、下) 黄新成等主编,上海译文出版社 2002 年 6 月版

《法语同义词词典》 程依荣编著,商务印书馆 2001 年 12 月版

《新德汉词典》 本书是《德汉词典》的修订本,上海译文出版社 1999 年 9 月版

《外研社现代汉德词典》 汪博、邵康文编,外语教学与研究出版社 1996 年 10 月版

《汉德大词典》 [德]富克森主编,张鸿刚、石凯民编,外文出版社 2001 年 6 月版

《日汉大辞典》 日本讲谈社 1989 年 11 月初版,1995 年 7 月第 2 版,上海译文出版社 2002 年 6 月版

《日英汉对译日本人名地名词典》 赵福堂编著,世界知识出版社 1998 年 4 月版

《日语常用词搭配词典》 苏琦主编,商务印书馆 2000 年 3 月版

《实用日汉词典》 大连外国语学院编,上海译文出版社 2000 年 6 月版

《常用中日汉字词语对照辞典》 江丽临编,北京大学出版社 2001 年 10 月版

《朝中词典》 中国民族出版社、朝鲜外国文书出版社 1992 年 3 月版

《中朝大辞典》(全 9 册) [韩]朴在渊编,中韩翻译文献研究所 2002 年 4 月版

《古希腊语汉语词典》 罗念生、水建馥编,商务印书馆 2004 年 6 月版

《外研社现代意汉汉意词典》 王焕宝等编,外语教学与研究出版社 2000 年 11 月版
《乌克兰语汉语词典》 黑龙江大学辞书研究所编,商务印书馆 1990 年 11 月版
《外研社现代越汉词典》 雷航编,外语教学与研究出版社 1998 年 4 月版
《泰汉词典》 广州外国语学院编,商务印书馆 1990 年 2 月版
《缅汉词典》 北京大学东方语言文学系缅甸语教研室编,商务印书馆 1990 年 10 月版
《汉缅大词典》 王子崇编,云南教育出版社 1987 年 5 月版
《汉挪词典》 [挪]哈拉尔德(Harald Rekkedal)等编著,文化艺术出版社 1997 年 12 月版
《葡汉词典》 陈用仪主编,商务印书馆 2001 年 12 月版
《维汉词典》 新疆人民出版社 2000 年 6 月版
《藏汉词典》(上、下) 《藏汉词典》编纂组编,民族出版社 1993 年 12 月版
《新满汉大词典》 胡增益主编,新疆人民出版社 1994 年 7 月版
《傣汉词典》 西双版纳傣族自治州人民政府编,云南民族出版社 2002 年 1 月版
《苗汉词典(黔东方言)》 张永祥主编,贵州民族出版社 1990 年 5 月版
《汉载(载瓦语)词典》 朵示拥汤等编,四川民族出版社 1992 年 2 月版
《汉瑶(布努语)词典》 蒙朝吉编著,四川民族出版社 1996 年 4 月版
《白汉词典》 赵衍荪、徐琳编著,四川民族出版社 1996 年 4 月版
《塔吉克汉词典》 高尔锵编著,四川民族出版社 1996 年 5 月版

13. 鉴赏辞典

《唐诗鉴赏辞典》 萧涤非等撰写,上海辞书出版社 1983 年 12 月版

此书开"鉴赏辞典"之先河。选收唐代 196 位诗人的名篇佳作 1105 首,著名大诗人的诗篇占有较大比重,各个不同艺术流派的作品也兼收并蓄。国内 126 位专家学者撰写赏析文章,文后均有署名。书末附有诗人小传、诗人年表、唐诗书目、名句索引、诗体诗律词语简释等。此书在编写方式上,将文学赏析读物和工具书融为一体。在此书的影响下,很快涌现了一大批鉴赏辞典。

【《唐诗鉴赏辞典补编》 周啸天主编,四川文艺出版社 1990 年 6 月版。补收沪版《唐诗鉴赏辞典》漏选的名家名篇,如司空图《诗品》为诗情哲理并茂之作,即予补入。收 112 位诗人的 400 余首作品(增补知名者 27 人)。】

《诗经鉴赏辞典》 金启华等主编,安徽文艺出版社 1990 年 2 月版

全 305 篇。附"历代《诗经》研究著作目录"(40 页)。

《诗经楚辞鉴赏辞典》 周啸天主编,四川辞书出版社1990年3月版

诗305篇,楚辞65篇。

《汉魏六朝诗歌鉴赏辞典》 吕晴飞等主编,中国和平出版社1990年10月版

收文人诗481首、民歌117首。

《乐府诗鉴赏辞典》 李春祥主编,中州古籍出版社1990年3月版

收汉—近代乐府诗604篇(民歌136首,243位诗人作品468首)。

《宋诗鉴赏辞典》 缪钺等撰写,上海辞书出版社1987年12月版

收253位诗人的作品1253首。

《清诗鉴赏辞典》 张秉戍、萧哲庵主编,重庆出版社1992年12月版

收清代312位诗人931首诗作,按诗人生年先后排列。

《唐宋词鉴赏辞典》 唐圭璋等撰写,上海辞书出版社1988年4月版

唐、五代、北宋卷,收131位799篇;南宋、辽、金卷,收196位719篇:共收词人327位,作品1518篇。

《金元明清词鉴赏辞典》 王步高主编,南京大学出版社1989年4月版

收金28家74首,元50家108首,明64家124首,清223家514首:共收词人365位,作品820首。

《元曲鉴赏辞典》 蒋星煜主编,上海辞书出版社1990年7月版

收135位元曲作家的作品,其中小令544支,套数45套(含319支曲),杂剧137折(涉及88本,含464支曲),共有篇目712篇。附录:作家小传、作家年表、元曲书目、元杂剧关目、名句索引、元曲释词简编、读曲常识、元北曲谱简编、元杂剧一览表等。

《中国古代戏曲名著鉴赏辞典》 霍松林、申士尧主编,中国广播电视出版社1992年4月版

分杂剧、传奇两编,收入明清77位杂剧作家的作品106种,77位传奇作家的作品87种。

《诗赋词曲联精鉴辞典》 李春青、桑思奋主编,中国国际广播出版社1991年1月版

选先秦至现代诗、赋、词、曲、联之最为脍炙人口者,鉴赏文字多优雅可读。

《新诗鉴赏辞典》 公木主编,上海辞书出版社1991年11月版

收五四新文化运动发生以来70年间的新诗作品530篇,其中包括港台作品。末附诗人小传和《新诗大事记》、《新诗书目》。

《中国探索诗鉴赏辞典》 陈超主编,河北人民出版社1989年8月版

收我国现、当代129位诗人的探索性诗作403篇。

第一辑 象征派诗群 李金发…… 第二辑 现代派诗群 戴望舒……

第三辑 九叶派诗群 辛笛…… 第四辑 朦胧诗诗群 北岛……

第五辑 西部诗诗群 昌耀…… 第六辑 新生代诗群 于坚……

《古文鉴赏大辞典》 徐中玉主编，浙江教育出版社 1989 年 11 月版

收先秦至晚清 213 位散文名家的 468 篇名篇佳作（包括一些散体化的赋和骈文）。

《诸子百家名篇鉴赏辞典》 上海辞书出版社统编，2003 年 9 月版

选收先秦至清中叶各派思想家的著作共 247 篇，上起《管子》，下迄洪亮吉。选篇以思想性、经典性、代表性和知名度为据，内容包括标点、注释、鉴赏三部分。

《现代散文鉴赏辞典》 王彬主编，农村读物出版社 1988 年 12 月版

收现代 124 位作家 361 篇散文精品（五四前后～1948）。

《中国当代散文鉴赏辞典》 王强主编，中国集邮出版社 1989 年 6 月版

收现当代作家 174 位 1949 年以后的散文作品 272 篇。

《中国杂文鉴赏辞典》 楼沪光、来克让主编，山西人民出版社 1991 年 1 月版

分古代、现代、当代三编，收 416 位作家 520 篇作品。

《古代小说鉴赏辞典》 该书编委会编，学苑出版社 1989 年 10 月版

收先秦至近代共 321 条（从《山海经 · 精卫填海》—近代李涵秋《广陵潮》）。

《中国现代短篇小说欣赏辞典》 王纪人主编，汉语大词典出版社 1992 年 3 月版

共收 82 位中国现代小说家，每人选收 1 篇，按作家生卒年排列。上起鲁迅《伤逝》，下至铁凝《哦，香雪》。

《中外新闻名著鉴赏大辞典》（上、下） 白庆祥主编，新华出版社 2001 年 1 月版

分新闻、通讯、广播、电视作品等类，共收作品 1800 篇，每篇配有简短点评。

《中华文物鉴赏》 罗宗真、秦浩主编，江苏教育出版社 1990 年 8 月版

共收条目 1019 条，按文物考古学通用分类法编排，即分为青铜器、瓷器、绘画、书法、金银器、玉器、陶塑、石雕、印染织绣、竹木漆器及其他等。书中配制彩图 198 幅，黑白图 895 幅。

《中国园林鉴赏辞典》 陈从周主编，华东师范大学出版社 2001 年 1 月版

上篇为名园鉴赏，分私家园林、皇家园林、纪念园林、寺庙园林、名胜园林五部分，占全书的 4/5；下篇为品园杂识，系统介绍了中国园林的文化内涵及品园的相关知识，占全书的 1/5。

《中国名画鉴赏辞典》 伍蠡甫主编，上海辞书出版社 1993 年 11 月版

收录历代名画千余幅，以卷轴画为主，亦收少量非卷轴画，配以鉴赏文章

746 篇。按中国绘画史发展顺序排列，上自新石器时代，下迄 20 世纪。释文介绍作品的形式、质地、尺寸、历代著录、现藏何处或图录于何书，并分析作品主题和艺术特征，摘引历代有关的鉴定和评论，亦间有撰稿者个人审美观点。

《中国美术名作鉴赏辞典》 潘耀昌主编，浙江文艺出版社 1999 年 8 月版

收录自史前至民国年间的美术作品 1220 多幅，均为彩色图版，涉及绘画、雕塑、工艺、书法篆刻、建筑等领域，配以鉴赏文章 1100 篇。

《世界美术名作鉴赏辞典》 朱伯雄编著，浙江文艺出版社 1991 年 7 月版

按美术史进程分成史前卷、古希腊与罗马卷、古代东方与美洲卷、欧洲中世纪与文艺复兴卷、17 ~ 18 世纪欧洲卷、近代欧洲卷、现代西方卷七个部分，各卷卷首均拟有一段概述。全书共鉴赏文 1097 篇，黑白图版约 1400 幅，彩色图版 442 幅。该书“史料确凿，能探骊得珠，帮助读者取得个中奥秘”（刘海粟序言）。

《世界名著鉴赏大辞典》（全 4 卷） [美]麦吉尔英文版主编，王志远中译主编，中国书籍出版社 1990 ~ 1993 年版

四卷分别是诗歌卷、散文卷、戏剧卷、小说卷。

《三李鉴赏辞典》 宋绪连、初旭主编，吉林文史出版社 1992 年 5 月版

选收李白、李贺、李商隐诗 528 首，末附三李评传、三李年表及三李研究资料索引。

《红楼梦鉴赏辞典》 上海市红楼梦学会、上海师范大学文学研究所编，上海古籍出版社 1988 年 5 月版

《金瓶梅鉴赏辞典》 上海市红楼梦学会、上海师范大学文学研究所编，上海古籍出版社 1990 年 1 月版

《西厢记鉴赏辞典》 贺新辉、朱捷编著，中国妇女出版社 1990 年 5 月版

14. 专科词典

《经学辞典》 黄开国主编，四川人民出版社 1993 年 5 月版

收录关于经学的辞目 4000 余条，包括经学的著作、人物、术语、学派和典故五大类，自汉武帝置五经博士至近代中国。按笔画编排，后有分类目录。本书大略反映了经学发展史的概貌。

《中国儒学辞典》 赵吉惠、郭厚安主编，辽宁人民出版社 1988 年 12 月版

收词目 2200 余条，按人物、典籍著述、学派书院、概念词语四部分排列，后附《〈史记〉至〈清史稿〉12 史〈儒林传〉简述》。选词以儒学为主线，凡是能够反映儒学的发生、发展、演变以及五四以来对儒家学派的批判继承，特别是近年来对儒学研究的新成果均收入。上起先秦，下至 1986 年。

《孔子文化大典》 孔范今等主编，中国书店 1994 年 8 月版

分生平卷、思想卷、孔学卷、裔胄卷、故里卷五个部分，全面反映孔学在中国

传统文化中的概貌。书末附《孔子生平系年》、《1912 年以来孔子研究重要著作索引》和《现代新儒家主要著述书目》。

《清代学术辞典》 赵永纪主编,学苑出版社 2004 年 10 月版

收录清代学术史上的名词术语、人物、学派、著作等词目 4600 余条。

《中国历史大辞典》 《中国历史大辞典》编纂委员会编,上海辞书出版社 1983 年 12 月版

此书依据历史朝代分编为 9 卷:先秦,秦汉,魏晋南北朝,隋唐五代,宋,辽夏金元,明,清(上、下),同时辅以 5 个专门领域的专卷:民族史,历史地理,思想史,史学史,科技史。共 14 卷,3630 条。时间下限定在 1911 年辛亥革命前夕。

《二十六史大辞典》(全 3 册) 戴逸主编,吉林人民出版社 1993 年 9 月版

"二十六史"包括《史记》至《明史》二十四史及《新元史》与《清史稿》。本书将二十六史的基本内容浓缩举要,分类整合,阐释发微,分导论、事件卷、典章制度卷、人物卷、表图索引卷五个部分。此书可以看作记述中华民族五千年文明基本史实的百科全书。

《中国文化史词典》 上海师范大学古籍整理研究所编,杨金鼎主编,浙江古籍出版社 1987 年版

分 46 个门类,立目 4000 多条。

《楚国历史文化辞典》 石泉主编,武汉大学出版社 1996 年 1 月版

收录有关楚人、楚事、楚物的条目 6480 余个,分为 13 个门类,依笔画编排。末附《楚国历史文化大事纪要》。

《考古学辞典》 中国大百科全书出版社《考古学辞典》编写组编,知识出版社 1991 年 4 月版

共收词目 1622 条,包括考古学分支学科、考古学理论和方法、遗迹和遗物类别、金石学家和考古学家、金石学和考古学著作、考古机构和刊物、文物法令、古人类化石、考古学文化、城址、宫殿址、工矿址、村落址、窖藏、墓葬、石窟寺、古建筑、铜器、石刻、简牍等。

《诸子百家大辞典》 冯克正、傅庆升主编,辽宁人民出版社 1996 年 6 月版

本书全面介绍诸子百家思想及其历史情况,分成历代人物、典籍文献、词语概念命题、学派书院及成语寓言五部分,计 6000 余词条。

《东西方艺术辞典》 戚廷贵等主编,吉林教育出版社 1992 年 4 月版

收录艺术理论、实用艺术、表情艺术、造型艺术、综合艺术、语言艺术六个方面的条目 1 万余条。

《哲学大辞典》 冯契主编,上海辞书出版社 1992 年 10 月第 1 版,2001 年 6 月修订本

第1版收词约12420条,修订本新增约2000条,更新了原版40%的条目。内容涉及马克思主义哲学、中外哲学、逻辑学、美学、伦理学、科技哲学以及宗教学、政治学、社会学、心理学等相关学科。

《逻辑学辞典》 《逻辑学辞典》编辑委员会编,吉林人民出版社1983年6月版

共收词目1937条,包括形式逻辑、数理逻辑、辩证逻辑、中外逻辑史、因明学等方面的名词术语解释、学说、学派、人物、著作的介绍等。

《伦理学大辞典》 朱贻庭主编,上海辞书出版社2002年10月版

选收伦理学方面的术语、学说、学派、人物、著作、刊物、组织、事件、会议等词目4548条。书末附录中外《伦理思想史大事年表》和《新中国成立以来伦理学著作书目概览》。

《宗教大辞典》 任继愈主编,上海辞书出版社1998年8月版

选收词目11970条,包括宗教学(比较宗教学、宗教人类学、宗教学史、宗教社会学、宗教现象学、宗教心理学),佛教(南传佛教、北传佛教、藏传佛教),基督教(天主教、东正教、新教),伊斯兰教,道教,儒教,中国少数民族宗教,中国民间宗教,犹太教,琐罗亚斯德教,摩尼教,印度教,耆那教,锡克教,神道教,巴哈教等十六类。书末附录《世界主要宗教大事年表》、《藏传佛教格鲁派达赖、班禅世系表》、《天主教罗马教皇名号一览表》、《道教张天师世系表》及词目藏文、外文译名对照表。

《佛学大辞典》 丁福保编纂,文物出版社1984年1月新1版

本书编纂于20世纪60年代,线装16册,末有补遗25条,今影印精装1册。共收辞目3万余条,包括佛教各种专门名词、术语、典故、典籍、专著、名僧、史迹等,先注词性,后释义,并征引出处。原版书末有作者《畴隐居自订年谱》、《敬告注佛经之居士》二文,新版未收。

《道教文化辞典》 张志哲主编,江苏古籍出版社1994年6月版

共收词目1万余条,包括文化一般、流派组织、道教人物、神仙传说、文献典籍、众术丹法、斋科仪、道教习俗、文学艺术和名山宫观(附仙境)10大类。

《道教大辞典》 中国道教协会、苏州道教协会编,华夏出版社1994年6月版

从道教经传中摘选道教常用名词、术语、短句作为词目,约近2万条,按词目首字笔画排列。主要征引《道藏》、《道藏辑要》、《古今隐楼藏书》、《道书十二种》、《道藏十七种》、《道藏精华录》、《平津馆丛书》、《古今图书集成》、《二十五史》等丛书。

《敦煌学大辞典》 季羡林主编,上海辞书出版社1998年12月版

选收敦煌艺术、敦煌遗书与敦煌学研究等方面60余个门类的词条,共6925条,收彩图123幅,黑白图版626幅。书末有《敦煌莫高窟大事年表》等附录十个。本书可谓有关敦煌学各类资料之总汇。

《中国文学大辞典》(全8卷) 马良春、李福田总主编,天津人民出版社1991年10月版

本书收辞目33000余条,包括古代文学、近代文学、现代文学、当代文学史上有一定地位和影响的作家、作品、思潮、流派、社团、期刊、运动等,是与整部中国文学配套的详备工具书。

《中国文学大辞典》(上、下) 钱仲联、傅璇琮等总主编,上海辞书出版社2000年9月版

共收词目18000余条,分作家、流派社团、作品、名词术语、研究著作、报纸、刊物、文学人物等大类。全书12个单元,自先秦两汉至现代文学共7单元,另加民间文学、少数民族文学、文学理论批评、文学史通论、总集及其他5单元。

《中国诗学大辞典》 傅璇琮等主编,浙江教育出版社1999年12月版

本书是一部全面反映中国古典诗学风貌及其海内外研究状况的专科工具书,分为诗学概念、诗论著述、重要诗人、诗风流派、主要诗集、诗作名篇、诗坛掌故、诗法格律、诗学研究、海外及港台研究共十大门类,上起先秦,下迄近代。

《中国词学大辞典》 马兴荣等主编,浙江教育出版社1996年10月版

收录词学条目7200余条。分概念术语、词人、风格流派、词集、论著、词乐、词韵、词谱、词调、名词本事、语辞等类编排。末附《二十世纪词学研究书目》。

《中国古代诗话词话辞典》 张葆全主编,广西师范大学出版社1992年3月版

自北宋欧阳修《六一诗话》至近代诗话词话。分诗话词话上、下两编,下各分为要籍概览、体制类别、特点风格、修养才力、流派作家、名篇佳句、轶事本事、辨正考订、学诗(词)作诗(词)等类编排。

《中国曲学大辞典》 齐森华等主编,浙江教育出版社1997年12月版

收词目9670余条,内容涵盖中国戏曲、散曲、曲艺、民间小曲等领域,词目按曲学、曲源、曲种、曲家、曲派、曲目、曲集、曲律、曲伎、曲论等分类编排。

《中国戏曲剧种大辞典》 上海辞书出版社1995年6月版

收录中国近代以来流布各地的戏曲剧种335个,释文包括源流沿革、剧目概况、艺术特点、音乐唱腔等栏目,并附其主要唱腔的曲谱,随文配插图790幅。

《中国剧目辞典》 王森然遗稿,中国剧目辞典扩编委员会扩编,河北教育出版社1997年9月版

主要收录宋元以来我国古典传统剧目、京剧及部分省市之地方戏剧目,共列剧目15855条。按笔画为序编排,释文详细。末附《宋官本杂剧段数》、《金院本名目》、《剧作家简介》。

《京剧文化词典》 黄钧、徐希博主编,汉语大词典出版社2001年12月版

共收介绍京剧及其相关文化的词目6000条,按内容分类编排成46类,另

附《京剧大事年表》及图片百余幅。

《中国昆剧大辞典》 吴新雷主编,南京大学出版社2002年5月版

本书全面科学地反映了作为被联合国教科文组织宣布为人类口头和非物质遗产代表作的中国昆曲艺术的概貌。全书分源流史论、剧目戏目、历代昆班、剧团机构、曲社堂名、昆坛人物、曲白声律、舞台艺术、歌谱选粹、赏戏示例、掌故逸闻、文献书目等十二个专栏,共5682个条目。

【《昆曲辞典》(上、下) 洪惟助主编,台湾传统艺术中心2002年版。】

《中国小说辞典》 秦亢宗主编,北京出版社1990年4月版

分小说名词术语、作家、作品、小说任务、小说名著故事梗概简介等五大部分,古今并录,共1587条。

《中国古代小说辞典》 郑云波主编,南京大学出版社1992年12月版

分为古小说、宋元话本、长篇小说、短篇小说、说唱文学、小说总集、笔记小说、小说作家、小说人物、小说术语等10类编排,共4000多条。

《中国现代文学大辞典》 陆耀东等主编,高等教育出版社1998年8月版

本书所收自五四前夕至1949年9月30日。条目分作家(693),作品(2563),报刊(282),社团、流派(132),文学运动、文学思想论争、文学事件及中国现代文学专业词语(76)。书末附《中国现代文学大事年表》。

《民间文学词典》 段宝林、祁连休主编,河北教育出版社1988年9月版

收录古今中外民间文学方面的词目5326条。按音序编排,末附类目索引及《中国民间文学运动大事记》(1913~1986)。

《新编二十世纪外国文学大词典》 王逢振主编,译林出版社1998年12月版

收录178个国家和地区的作家、批评家、文学流派、文学团体、文学报刊、文学奖等有关条目12000余条。正文按洲、国家和地区排列,并设词目首字笔画索引,末附《1901~1998年诺贝尔文学奖获得者资料》。

《中外影视大辞典》 汪流主编,中国广播电视出版社2001年1月版

分影视心理学、社会学、文化学,中外影视理论,名词术语,影视史话,艺术家和事业家(导演),演员,名片,电影节及影视评奖,影视机构及政策法规,影视报刊等14个分科,收3000余条词目。藉此可了解中外影视文化的全貌和影视艺术的发展状况。

《中华美学大词典》 林同华主编,安徽教育出版社2000年5月版

分理论概观、范畴术语、思想命题、人物、著作刊物、审美文化六大部分,收词目约4000条。

《四库全书大辞典》 杨家骆著,1932年9月初版,中国书店1987年1月重版

以《四库全书总目》著录及存目之书和著者为范围,书名人名各立一条,按四角号码排列。书名条目下列提要、版本、总目之类次三项,人名条目下列所著

书名、传记、详细传记参考书三项,简明扼要,便于查阅。后附作者《四库全书概述》,分文献之编纂、采禁、钞印、馆臣、分类表计、各部类叙、书目等项介绍,内容详赡,足资参考。

【杨家骆另有《四库全书学典》,世界书局1946年9月版。书分《四库全书通论》、《四库全书辞典》、《四库全书综览》三部分。】

《语言学和语音学基础词典》 [英]戴维·克里斯特尔主编,方立等译,北京语言学院出版社1992年2月版

这是一本较早的西方语言学词典翻译本,共收词条1000多条。最早由英国安德烈·多伊奇(Andre Deutsh)公司1980年出版。

《实用中国语言学词典》 葛本仪主编,青岛出版社1992年12月版

收录以语言学基本理论、基本知识和名词术语为多,分语言学、语音学、词汇学、语法学、修辞学、文字学、音韵学、训诂学、方言学、少数民族语言文字、中国语言学著作和中国语言家等12个门类,共收词2000余条。

《语言学百科词典》 戚雨村等编,上海辞书出版社1993年4月版

本书是一部综合性语言学词典,收录古今中外语言学术语、理论、方法、学科、流派、人物、著作、事件、团体、刊物、世界诸语言等词目共5000余条,按笔画编排。

《语言文字词典》 何立主编,学苑出版社1999年2月版

分语言学、文字学、语音学、音韵学、训诂学、语法学、词汇学、修辞学、世界诸语言、民族语言、汉语方言、侦察语言学、文字改革等13类,内容包括各领域基本知识、名词术语、相关学派、学者和学术著作等。

《语言文字常用辞典》 蔡富有、郭龙生主编,北京教育出版社2001年10月版

本辞典包括语言文字学各个领域的基本术语、学派、人物、著作、期刊、学会、会议等,侧重于现代语言学,兼顾传统语文学,词条介绍繁简各宜,突出新学科、新领域。

《修辞学词典》 王德春主编,浙江教育出版社1987年5月版

收录修辞学词目1320条。末附《辞格表》。

《多功能汉语拼音词典》 吴欣欣、管锡华主编,书海出版社2001年8月版

收录汉语拼音方案常用异读字、历代注音术语、汉字正音、研究和普及汉语拼音的论著等几个方面的词目近2000条。书末有相关附录32个。

《当代社会科学大词典》 张海鹏等主编,南京大学出版社1995年7月版

收录了二战以来国内外社会科学领域中的重要人物、学派、概念、术语、原理、新兴学科以及有影响的事件和学术机构。词目涉及社会科学各学科,计8555条,按类编排,类下按音序排列。

《新编文史地辞典》 王嘉良、张继定主编,浙江人民出版社2001年7月版

本书将人文科学中语文、历史、地理三门基础学科构成一个知识系统编撰词条,内容遍及三科各个领域。词目运用下定义、述源流、举例子、作出比较、揭示特点、介绍影响等方法,力求突出重点。

《文献学辞典》　赵国璋、潘树广主编,江西教育出版社 1991 年 1 月版

收词目 4400 余条,内容包括文献学方面的名词术语、要籍、人物、机构、事件等。

《简明中国古籍辞典》　吴枫主编,吉林文史出版社 1987 年 5 月版

收词 4900 余条,上起先秦下至辛亥革命(1911)流传至今有籍可征的古代主要典籍均在选收之列,较侧重于文史及综合参考类古籍。按词目首字笔画笔形编排。

《中国古籍版刻辞典》　瞿冕良编著,齐鲁书社 1999 年 2 月版

共收辞目 2 万余条,计有版刻名词 600 余条,刻书家、抄书家 8 千余条,刻工 1 万余条,参考工具书 300 余条。按词目笔画数为序编排,"资料丰富、考订详明","琳琅满目,堪称巨著"(杨殿珣序言)。然本书缺少一个按类编排的辞目索引,不能突显其纲目。

《中国楹联大典》　谷向阳主编,吉林教育出版社 1994 年 1 月版

本书收录历代联著,各种典籍、笔记、小说、方志、报刊、撷录以及各地考察专访所得和海内外友人寄赠等近 10 万副楹联,分类编排,容纳古今,蔚为大观。书前刘叶秋先生序言长达近两万言,对对联的渊源、流变、体制、格律等有详细的介绍。本书的缺点是未注明各联出处。

《古钱大辞典》(全 2 册)　丁福保编,中华书局 1982 年 12 月版

本书分总论、上编、下编三部分。总论是对古钱种类、古代钱制等内容的概括说明;上编是古钱图,广收上自先秦刀布、下迄清末圆钱以及压胜支钱马钱的原大拓片;下编是古钱辞典。该书于历代古钱可谓收罗宏富,材料翔实。

《中国古钱大系》(上、下)　俞伟超主编,西南财经大学出版社 1997 年 9 月版

本书主体为彩色图录,上自商代,下迄民国,凡中国本土由官方正式发行的铸币品类均在收录之列,亦收邻近国家或地区追随中国古钱体制铸造发行的代表性品种及中国历代珍贵花钱和数种曾经流通中国的古罗马、古波斯金银币,共计古钱 4819 枚,按时代先后排列,书前有蒋荣昌先生导论《钱的意义》,书末附录《中国古钱及古钱学名词术语》、《中国古代铸钱工艺简史》、《中国历代铜铸币合金成分》。

《中国翻译词典》　林煌天主编,湖北教育出版社 1997 年 11 月版

收词目 3700 余条,分两大部分。第一部分包括翻译理论、翻译技巧、翻译术语、翻译人物、翻译史话、译事知识、翻译与文化交流、翻译论著、翻译社团、学校及出版机构,第二部分为百家论翻译,介绍了 200 多位中外翻译家的翻译观。

书末附录《中外翻译大事记》、《中外文学作品书名对照目录》、《中国当代翻译论文索引》等。

《法学词典》 《法学词典》编辑委员会编，上海辞书出版社 1980 年 6 月初版，1984 年 12 月增订版

此书是一部中型的法学专科词典。包括法的基础理论、法律思想史、法律制度史、宪法、行政法、刑法、民法、经济法、婚姻法、劳动法、诉讼法、司法组织、国际法、国际私法、刑事侦查学、法医学、司法精神病学等门类中的术语、法规、学说、学派、人物、著作等。初版 3238 条，增订版 4243 条，内容截止于 1983 年底。

《法律辞海》 王启富、陶髦主编，吉林人民出版社 1998 年 12 月版

本书是我国迄今为止规模最大的一部综合性法律工具书。全书共收近两万个词条，分 20 个分支学科：法学理论、中国法律史、外国法律史、宪法学、行政法学、刑法学、民法学、诉讼法学、经济法学、商法学、环境保护与自然资源法、劳动法学、军事法学、国际法、犯罪法和监狱法、司法鉴定学、律师公证仲裁、法学家与法律人物、司法文书、法学著作。资料截止于 1998 年 9 月底。

《新闻学简明词典》 余家宏等编写，浙江人民出版社 1984 年 3 月第 1 版

共收词条 1600 多。分论著、文献、理论、技术、人物、学术、历史、事业、专著等类别。

《写作学辞典》 刘锡庆主编，河北教育出版社 1989 年 10 月版

收录写作学基础理论、文体流派、专论专著、成语典故名事逸事等四个方面的词目 7809 条。条目按音序编排，下包括定义、特点、来源、举例、运用要求、辨异等内容，末附类目索引。

《中国读书大辞典》 王余光、徐雁主编，南京大学出版社 1993 年 5 月版

本书以阅读为经，图书为纬，并贯穿了古今中外人物的读书事迹和心得，共收录有关词条 3700 余条。分名人读书录，读书知识录，读书环境录，读书门径录，读书品评录，读书解疑录，中国古典名著、中国近现代名著、汉译世界名著导读等类编排，后附音序索引。潘景郑先生于扉页题签“赠君书香一片”正反映了此书的独特价值。

15. 专书词典

专书词典有以下几个方面的作用：(1) 它是使该书得以普及的一种强有力的武器；(2) 它是进一步深入研究该书时的一个得用的阶梯；(3) 它是汉语词汇史研究中的一种重要的素材。常见的专书词典有：

《十三经大辞典》 吴枫主编，中国社会出版社、吉林人民出版社 2002 年 2 月版

本书辞目出自“十三经”，分典籍、天文、地理、田地、邦国、种族、政制、礼仪、

刑罚、职官、教育、食货、兵战、乐舞、方术、动物、植物、宫室、器物、食物、称谓、度量衡及其他共24类,15000余条。后附《古今注释、研究〈十三经〉著作目录》及笔画检字索引。

《十三经辞典》 刘学林、迟铎主编,陕西人民出版社2002年起分册出版
《周易辞典》 吕绍纲主编,吉林大学出版社1992年4月版
《周易辞典》 张善文主编,上海古籍出版社1992年12月版
《尚书词典》 周民编,四川人民出版社1993年3月版
《诗经词典》 向熹编,四川人民出版社1986年8月版,1997年7月二版
《诗经词典》 董治安主编,山东教育出版社1989年4月版
《三礼辞典》 钱玄、钱兴奇编著,江苏古籍出版社1998年3月版
《春秋左传词典》 杨伯峻、徐提编,中华书局1985年10月版
《左传详解词典》 陈克炯编著,中州古籍出版社2004年9月版
《论语词典》(附于《论语译注》后) 杨伯峻编,中华书局1980年12月版
《论语辞典》 安作璋主编,上海古籍出版社2004年7月版
《孟子词典》(附于《孟子译注》后) 杨伯峻编,中华书局1960年1月版
《四书辞典》 吴量恺主编,湖北人民出版社1998年3月版
《老庄词典》 王世舜、韩慕君编著,山东教育出版社1992年9月版
《楚辞词典》 袁梅编著,山东教育出版社2000年5月版
《孙子兵法辞典》 吴如嵩主编,白山出版社1993年3月版
《黄帝内经词典》 郭霭春主编,天津科学技术出版社2000年10月版
《战国策词典》 王延栋编,南开大学出版社2001年7月版
《吕氏春秋词典》 张双棣、殷国光、陈涛编著,山东教育出版社1993年版
《鬼谷子辞典》 阎崇东编著,湖北人民出版社1998年8月版
《史记辞典》 仓修良主编,山东教育出版社1991年6月版
《汉书辞典》 仓修良主编,山东教育出版社1991年11月版
《后汉书辞典》 张舜徽主编,山东教育出版社1994年8月版
《三国志辞典》 张舜徽主编,山东教育出版社1992年4月版
《北朝五史辞典》(上、下) 简修炜主编,山东教育出版社2000年3月版
《世说新语辞典》 张永言主编,四川人民出版社1992年7月版
《世说新语词典》 张万起编,商务印书馆1993年5月版
《文心雕龙语词通释》 冯春田编著,明天出版社1990年10月版
《文心雕龙辞典》 贾锦福主编,济南出版社1993年6月版
《文心雕龙辞典》 周振甫主编,中华书局1996年8月版
《实用全唐诗词典》 江蓝生、陆尊梧主编,刘坚审稿,山东教育出版社1994年3月版(收录《全唐诗》及《全唐诗外编》)

《资治通鉴辞典》　张泽咸主编，中国旅游出版社 1993 年 12 月版
《金瓶梅词典》　白维国编，中华书局 1991 年 3 月版
《金瓶梅大辞典》　黄霖主编，巴蜀书社 1991 年 10 月版
《三国演义辞典》　沈伯俊、谭良啸编著，巴蜀书社 1989 年 6 月版
《水浒词典》　胡竹安编著，汉语大词典出版社 1989 年 4 月版
《西游记大辞典》　曾上炎著，河南人民出版社 1994 年 11 月版
《儒林外史辞典》　陈美林主编，南京大学出版社 1994 年 10 月版
《聊斋志异辞典》　朱一玄等编著，天津古籍出版社 1991 年 1 月版
《红楼梦辞典》　周汝昌主编，广东人民出版社 1987 年 12 月版
《红楼梦语言词典》　周定一主编，商务印书馆 1995 年 11 月版

16. 专人词典

《孔子大辞典》　张岱年主编，上海辞书出版社 1993 年 12 月版

收录以孔子为中心的词目 3172 条，兼顾孔学、儒学及中国历史、文化的有关内容。分生平事迹、历史背景、思想体系、典籍文献、弟子后学、先秦评孔、汉唐评孔、宋清评孔、近代以来评孔、台港海外评孔等十大类编排，内容涉及名词术语、学说、人物、著作、学派及组织报刊、事件运动、器物典章、地名故里等方面。末附《孔子年谱》、《孔子周游列国示意图》、《孔子世系表》、《评孔大事年表》。

《郑玄辞典》　唐文编著，语文出版社 2004 年 9 月版

郑玄乃汉代经学大师，郑氏遍注群经，集今古文之大成。此书裒集郑著 68 种（含辑本、敦煌残卷），汇集其中词语训释，凡 5000 余条，循张舜徽《郑雅》之途而“集郑学之大成”（徐复序言）。

《王力语言学词典》　冯春田等撰，山东教育出版社 1995 年 3 月版

收录王力语言学著述中所用或涉及的古今中外语言学名词术语、人物和著作和王力的语言学论著及跟语言学有关的其他著述三大类，共 3000 余条，以《王力文集》（山东教育出版社 1984 ~ 1992 年版，共 20 卷）为依据。

另有《李白大辞典》、《柳宗元大辞典》、《曹雪芹词典》、《鲁迅词典》、《茅盾语言词典》、《巴金词典》、《简明老舍词典》、《列宁词典》、《毛泽东言语词典》、《莎士比亚大辞典》……

【附录四】

诗词曲格律类工具书简介

阅读和欣赏古典诗词曲，并进而学习作诗填词谱曲，都会用到诗词曲格律类工具书。我们这里择要做些介绍。

《汉语诗律学》 王力著，上海教育出版社1979年11月版，2005年4月二版

这是全面研究汉语诗律的奠基之作。书分古体诗、近体诗、词、曲、白话诗和欧化诗五章。每章均详论其格律特征。

《诗词格律》 王力著，中华书局1977年12月第2版

第一章“关于诗词格律的一些概念（韵、四声、平仄、对仗）”，第二章“诗律（诗的种类，律诗的韵、平仄、对仗，绝句，古体诗）”，第三章“词律（词的种类，词谱，词韵、词的平仄和对仗）”，第四章“诗词的节奏及其语法特点”。末附《诗韵举要》和《词谱举要》。

《诗词曲格律纲要》 涂宗涛著，天津人民出版社1982年初版，2000年9月修订本

上编为“诗律纲要”、“词律纲要”、“曲律纲要”，下编为“词谱撮要”（95调）、“曲谱举隅”（98调），末附《诗韵源流及改革刍议》、《词韵备要》、《曲韵简编》、《〈元词斠律〉（上编）对仗初探》。

《词律辞典》 潘慎主编，山西人民出版社1991年9月版

汇录调数1242则，体数3412则，大曲50则，比《钦定词谱》多出三分之一左右。各调、体均有词调介绍、调略、例词、词谱和“说明”等项。全书按首字音序编排。

《诗词韵律》 徐志刚编著，济南出版社1992年12月版

本书分三部分。第一部分“诗的格律”，对五言、七言、绝句、律诗、平起、仄起八种体式讲明其平仄声韵格律，采《佩文诗韵》106韵部；第二部分“词的格律”，选常用词调60个，包括单调、双调、平韵、仄韵、平仄交互用韵等各类，从《十六字令》至《六州歌头》（143字）按字数多少排列，采《词林正韵》19韵部；第三部分“汉字平仄声韵检索”，共收7738个单字。

《实用诗词曲格律词典》 李新魁编著，花城出版社1999年11月版

收取词目约1500条。诗律包括旧体诗的体裁、制作、格律（结构、节奏、用韵、平仄、对仗等）；词律包括词的名称、体裁、制作、格律（结构、用韵、平仄、宫调及词牌约300个）；曲律包括曲的名称、体裁、制作、格律（结构、用韵、平仄、对

仗、宫调及曲牌约 180 个）。

《诗律》 郭芹纳著，商务印书馆 2004 年 9 月版

分设近体诗的字韵与平仄、“拗”与“救”，平仄格律的例外情况，近体诗的用韵，格律诗的对仗，入声识辨，平仄异读等章节。本书重点难点突出，行文简明精当，例作丰富典型。

另外，关于韵字的查阅和选用还可以参阅诗词韵书［详见第三讲“二/（一）/3”］。

如果需要对诗词格律有一个简明的了解，可以参阅古代汉语教材的相关部分即可，如：

王力主编《古代汉语》第四册“古汉语通论”第二十九、三十“诗律”和第三十一、三十二“词律”、“曲律”部分以及附录二“诗韵常用字表”，附录三“词谱”，附录四“曲谱”，附录五“曲韵常用字表”，中华书局 1964 年第 1 版，1998 年校订重排本。

高小方主编《古代汉语》“通论 30：诗律”、“通论 31：词律”和附录“诗韵常用字表”等部分，江苏教育出版社 2003 年 1 月版。

第四讲　查诗文句子的出处

查阅历代诗、词、文句的出处，可以借助于哪些工具书？

一、利用索引

查诗文句子的出处，主要借助于下列两种索引：

（一）单字索引

美国哈佛大学和中国燕京大学合作建立的哈佛燕京学社引得编纂处于1931年至1950年间所编单字引得计64种81册，其中正刊41种(50册)，如：

《周礼引得》、《仪礼引得》、《礼记引得》、《崔东壁遗书引得》、《史记及注释综合引得》、《后汉书及注释综合引得》、《三国志及裴注综合引得》、《水经注引得》、《说苑引得》、《白虎通引得》、《（李涪）刊误引得》、《考古质疑引得》、《苏氏演义引得》、《太平御览引得》、《世说新语引得》等。

特刊23种(31册)，如：

《周易引得》、《毛诗引得》、《春秋经传引得》、《论语引得》、《孟子引得》、《孝经引得》、《尔雅引得》、《荀子引得》、《庄子引得》、《墨子引得》、《杜诗引得》等。

中法合作的中法汉学研究所通检组(后改称巴黎大学北平汉学研究所)于1943年至1952年间所编单字通检计15种，如：

《战国策通检》、《大金国志通检》、《契丹国志通检》、《新序通检》、《申鉴通检》、《论衡通检》、《潜夫论通检》、《吕氏春秋通检》、《淮南子通检》、《风俗通义通检》、《山海经通检》、《辍耕录通检》等。

另外还有一些常用的单字索引：

《十三经注疏经文索引》　李迺扬、中津滨涉编，台湾大化书局1987年10月版

本索引以阮刻本《十三经注疏》为底本，并列中文出版社影印八册本页码，字头按《康熙字典》笔画部首排列，后附笔画、四角号码索引。

《十三经新索引》　李波、李晓光、富金壁主编，中国广播电视出版社1997年4

月版 2003 年 11 月修订版

书分单字、人名、地名、职官、引书、其他专名索引六部分，以中华书局 1980 年影印阮刻“十三经”为底本编纂而成。本书采用分经索引的方式，按从《易经》到《孟子》的顺序，先标出各条目在每经中的出现次数，再列出含有该条目的所有文句。

《周易索引》 北京大学图书馆索引编纂研究部编，北京大学出版社 1997 年 6 月版

《诗经索引》 陈宏天、吕岚合编，书目文献出版社 1984 年版

《广雅索引》 周法高主编，香港中文大学出版社 1977 年 5 月版

《韩非子索引》 周锺灵、施孝适、许惟贤主编，中华书局 1982 年 5 月版

《吕氏春秋索引》 张双棣、张万彬、殷国光、陈涛编，山东教育出版社 2002 年 3 月版

《史记索引》 李晓光、李波主编，中国广播电视出版社 1989 年 10 月版

书分单字、人名、地名、援引著作、专有名词、补遗、衍文索引等部分，以中华书局标点本为底本编纂而成。

《论衡索引》 程湘清等编，中华书局 1994 年 4 月版

《汉书索引》 李波、李晓光、赵惜微主编，中国广播电视出版社 2001 年 9 月版

《后汉书索引》 李波、赵惜微、李晓光主编，中国广播电视出版社 2002 年 6 月版

《三国志索引》 李波、宋培学、李晓光主编，中国广播电视出版社 2002 年 7 月版

《谢灵运集逐字索引》 刘殿爵等主编，香港中文大学出版社 1999 年印行

此书系香港中文大学《魏晋南北朝古籍逐字索引丛刊》集部第一种。

《文选索引》（全 3 册） ［日］斯波六郎编，李庆译，上海古籍出版社 1997 年 2 月版

此书是《文选》约 6800 余字的逐字索引。前收斯波六郎《文选诸本研究》一文。

《全唐诗索引》 现代出版社 1991 年起出版

第一批出版：王勃、杨炯、卢照邻、骆宾王卷，张九龄卷，陈子昂、张说卷，沈佺期、宋之问卷，王维卷，王昌龄卷，刘长卿卷，孟浩然卷，李白卷，韦应物卷，岑参卷，高适卷，杜甫卷，钱起卷，李益、卢纶卷，王建卷，韩愈卷，柳宗元卷，刘禹锡卷，孟郊卷，张籍卷，李贺卷，元稹卷，白居易卷，杜牧卷。

《李白歌诗索引》 ［日］花房英树编，上海古籍出版社 1991 年 1 月版

这是平冈武夫主编《唐代研究指南》之一种。

《辛弃疾全词索引及校勘》 林淑华编著，北京图书馆出版社 1998 年 11 月版

《中国名诗句通检》 刘占锋主编，河南大学出版社 2002 年 1 月版

《中国辞赋词曲名句通检》 刘占锋主编,河南大学出版社 2002 年 1 月版

《中国名言通检》 刘占锋主编,河南大学出版社 2002 年 1 月版

本书为 18236 条名言隽语作任意字通检。

《现代汉语语言资料索引》 四川辞书出版社 1983 年起出版

分 23 辑:1. 老舍《骆驼祥子》,2. 叶圣陶《倪焕之》,3. 曹禺《雷雨》、《日出》、《北京人》,4. 茅盾《子夜》,5. 赵树理《三里湾》,6. 巴金《家》,7. 夏衍《心防》、《法西斯细菌》,8. 鲁迅《朝花夕拾》,9. 郭沫若《棠棣之花》、《屈原》、《虎符》、《蔡文姬》,10. 老舍《龙须沟》、《茶馆》,11. 老舍《老张的哲学》,12. 老舍《四世同堂》,13. 老舍《离婚》,14. 茅盾《腐蚀》,15. 茅盾《蚀》,16. 巴金《春》,17. 巴金《秋》,18. 巴金《寒夜》,19. 巴金《爱情三部曲》,20. 赵树理《小二黑结婚》、《李有才板话》、《李家庄的变迁》、《登记》,21. 鲁迅《故事新编》,22. 鲁迅《呐喊》,23. 鲁迅《彷徨》。

《花园大学一字索引丛书》 日本花园大学国际禅学研究所编,1993 ~ 1996 年印行

分册为下列 20 多种佛藏编制了单字索引:《临济录》、《金刚三昧经》、《传心法要 · 宛陵录》、《六祖坛经》、《楞伽师资记》、《绝观论 · 宝藏论》、《无门关》、《禅诗集》、《马祖语录》、《南泉语要》、《赵州录》、《禅源诸诠集都序》、《禅关策进》、《洞山录》、《曹山录》、《云门广录》、《历代法宝记》、《大慧书》、《雪峰语录》、《玄沙广录》、《庞居士语录》。另有一册综合索引。

(二)句子索引

《十三经索引》 叶绍钧编,上海开明书店 1934 年 8 月版,台湾开明书店 1955 年 6 月影印,中华书局 1983 年 8 月重订本

如:二人同心,其利断金;同心之言,其臭如兰。(《易系上 6 · 七九下》)

《唐宋名诗索引》 孙公望编,湖南人民出版社 1985 年 2 月版

此书收唐诗 635 首,宋诗 200 首,共 835 首名诗。

《汉诗大观索引》 [日]佐久节编,日本井田书店 1936 年版,1943 年再版,有凤出版社 1974 年版(全 8 册),岳麓书社 1991 年 6 月版(正文 6 册,索引 2 册)

为下列 15 种重要的诗歌总集和别集(反映先秦到唐宋的诗歌面貌)编制诗句索引:1.〔清〕沈德潜编《古诗源》,2.〔清〕张玉穀编《古诗赏析》,3.〔清〕《陶渊明诗集》,4.〔南朝陈〕徐陵编《玉台新咏》,5.〔明〕李攀龙编《唐诗选》,6.〔宋〕周弼编《三体诗》,7.《李太白诗集》,8.《杜少陵诗集》,9.《王右丞诗集》,10.《韩昌黎诗集》,11.《白乐天诗集》,12.《苏东坡集》,13.《黄山谷诗集》,14.〔清〕周雪苍编《陆放翁诗钞》,15.〔清〕张景星等编《宋诗别裁集》。

《黄帝内经章句索引》 任应秋主编,人民卫生出版社 1986 年 12 月版

《中国旧诗佳句韵编》　王芸孙编，岳麓书社 1985 年 4 月版

本书分花、开、安、前、江、遥、科、波、飞、知、西、人、耶、中、由、姑 16 韵部，共收佳句 1 万余句，按句尾韵编排，韵下按四声排列。

《万首唐人绝句索引》　武秀珍、阎莉等编，书目文献出版社 1984 年 12 月版

《唐五代词索引》　胡昭著，罗淑珍主编，当代中国出版社 1996 年 5 月版

《资治通鉴索引》　［日］佐伯富编，日本株式会社同朋舍 1974 年印行(《东洋史研究资料丛刊》之一)

二、利用字典词典

详参第三讲。

(一) 普通字典词典

如：《辞源》、《汉语大字典》、《汉语大词典》……

(二) 名言辞典

如：《中国古代名言隽语大辞典》、《西方引语宝典》……

(三) 专书词典

如：《诗经词典》、《论语词典》、《孟子词典》、《老庄词典》……

三、利用骈字集释

详参第三讲“二/(二)/5”。例如：

《骈字类编》　〔清〕张廷玉等编。此书专收双音节词语，以首字(1604 个)义类归门编排。全书分天地(天、日、月、星……)、时令、山水、居处、珍宝、数目、方隅、彩色、器物、草木、鸟兽、虫鱼、人事(补遗)，共十三门。引书注篇名，引诗文注题目，遇有一题而数首者，注明第几首，便于核对原文。利用此书查找诗文句子的出处，极为方便。如：

元轻白俗郊寒岛瘦。(苏轼《祭柳子玉文》)　天地门，郊(“郊寒”是关键词)，卷十七第 3 页。

杨柳岸、晓风残月。(柳永《雨霖铃》词)　时令门，晓(“晓风”是关键词)，卷三十一第 1 页。

屈平词赋悬日月，楚王台榭空山丘。(李白《江上吟》)　山水门，山(“山丘”是关键词)，卷三十六第 4 页。

四、利用词藻典故汇辑

详参第三讲“二/(二)/11”。例如：

《佩文韵府》〔清〕张玉书、张廷敬等编。

按韵查也罢，据四角号码索引查也罢，第一步工作是要找准诗文句子中的关键词。这关键词如何认定呢？下面举例说明：

拂面蜘蛛占喜事，入帘蝴蝶报家人。——喜事

喜事何曾梦？灯花诳杀侬。——喜事

春潮带雨晚来急，野渡无人舟自横。——带雨

山中一夜雨，树杪百重泉。——夜雨

山花招客笑，山鸟唤人鸣。——花招

如何舞干戚，一使有苗平。——有苗

蓝桥便是神仙窟，何必崎岖上玉京？——蓝桥

二十四桥明月夜，玉人何处教吹箫？——二十四桥

春近寒虽转，梅舒雪尚飘。——雪飘

李贺有太白之语而无太白之韵，而白以意为主失于少文，贺以词为主而失于少理。——太白语

长袖善舞，多钱善贾。——长袖舞

举实为秋，摛藻为春。——摛藻为春

关键词，一般来说，是搭配能力较强的词语，是能够表现鲜明的形象、或显示出某种特色、或表达某个确定的概念，因而较易为众人道及的熟词语，是往往在句子中体现信息焦点的那种多音节（二字、三字、四字）词语。

五、利用文学作品语词汇释

详参第三讲“二/(二)/9”。

如：《诗词曲语辞汇释》、《敦煌变文字义通释》……

六、利用类书

详参第五讲“四”。

如：《艺文类聚》、《渊鉴类函》……

七、利用历代诗文总集

详参第十三讲。

如：《全唐诗》、《全宋词》……

【附录五】

索引说略

一、什么是索引

根据一定的需要，把一定范围内的文献资料中的有关款目摘录出来，每条下标注出处页码，按一定方式编排起来，供人查考以追踪原始文献的检索工具便是索引。它只向读者提供查找资料的线索，而不提供资料本身。

索引必须具备以下四个要素：

1. 有一定的检索范围。如：是一书还是群书？以多少种报刊为限？
2. 有规定的检索对象。如：是人名、篇名还是句子？
3. 条目后要注明出处。
4. 有一定的编排方式。

利用索引，可大大提高治学效率，使查找资料由“大海捞针”变为“探囊取物”。汪辟疆先生在《目录学研究·丛书之源流类别及其编索引法》中指出：索引是“治学者不可少之要籍”。还有人说：“一本好书，如果没有索引，它的价值就要减少一半。”

二、索引的分类

1. 从索引的范围来分

(1) 书籍索引（专书，群书，书名）

(2) 报刊索引（期刊，报纸，报刊合编）

2. 从款目的类型来分

(1) 单字索引　如：《毛诗引得》、《杜诗引得》

(2) 词条索引

① 单一性关键词语（如：人名；地名；书名；物名……）

② 综合性关键词语（包括人名、地名、书名、典章制度名、术语、事项等），洪业《引得说》称之为“重要字眼”。如：《十通索引》

(3) 句子索引　如：叶绍钧《十三经索引》

(4) 篇目或书名索引　如：

① 报刊索引；群书篇目分类索引

② 从书子目书名索引;引书索引

(5) 主题索引　以问题为纲,列出有关资料。如:《马克思恩格斯全集主题索引》

三、索引的源流

我国最早的完整意义上的索引,当推南宋初年黄邦先所撰《群史姓纂韵谱》。[南宋陈振孙《直斋书录解题》著录:"《群史姓纂韵谱》六卷,永福黄邦先宋显撰。凡史传所有姓氏,皆有韵,类聚而著其所出。建炎元年(1127),其兄邦俊宋英为之序。"]

索引的编纂与研究,可称得上是一门重要的应用科学,它在我国是一门既古老而又年轻的学问。

潘树广先生在《古典文学文献及其检索》下编《检索工具与检索方法》第二节"五十年来我国文史索引的编纂与研究简况"中列出:

1. 20 世纪 20 年代的"索引运动"(万国鼎 1928 年发表《索引与序列》一文)

(1) 各类索引相继问世(杜定友"书后索引",《时报索引》)

(2) 理论研究的活跃(陈乃乾,王重民)

(3) 有关组织的建立与索引课程的开设(万国鼎)

2. 30~40 年代的索引工作(钱亚新 1930 年发表《索引和索引法》,洪业 1932 年发表《引得说》)

3. 新中国成立后的索引编纂与研究

50~60 年代前期:

(1)《汉语拼音方案》推动了索引的改革;

(2) 高校"工具书使用法"课程的开设,促进了索引的研究与推广。

新时期以来:

(1) 研究工作在深入;

(2) 出版了一批传授文献检索知识的书籍;

(3) 索引的数量和质量有所提高。

我们认为,当前的索引编纂与研究工作急需总结提高,以便更上一层楼。继往开来的历史重任已落在青年一代的肩上:

(1) 理论研究必须深入;

(2) 编纂方法必须现代化;

(3) 前辈学者踏实苦干的精神必须发扬光大;

(4) 应用语言学专业必须开出"索引与序列"之类的新课。

四、索引的编制

索引的排列法有两种:分类法,字序法。以字序法为主。

关于索引的编制，应注意下面三个问题：

（1）底本和正文

书籍索引总是根据某一种本子编制的，词条下面注明的卷页数，就是这种本子的卷页数；要查书，也应该查这一种本子。不同的本子不但卷页数不相同，有时文字上也有出入。底本应选精校过的而又较为通行的本子。为了读者找书的方便，也可以把书的正文合印出来。

（2）目和注

“目”就是款目，也就是索引所索取的对象。款目的种类有单字、词条、句子、篇名书名、主题等。“例言”中要说明款目的性质。“注”是“目”下所附的文字，一般是原文的句子。有了“注”，可以使读者知词条所在的句子或上下文，免得再查原文。单字索引、词条索引常常有注。

（3）出处和略语

索引的词条下面要注明出处。最简单的是只注明页数，也有注明卷数、页数的，也有注明页数、段数、句数的，这些在“例言”中都要说明。出处中标明书名或篇名，可以使用略语。要附一个略语表。

五、专书字词索引的作用、编纂程序

作用：为追踪、检索原文提供方便；便于作多方面的定量分析；为编写专书词典铺平道路。因此，它是文学和语言研究者、编辑们都用得着的得力助手。

编纂程序：选定底本，确定款目；录出正文，正文编号；录出周遍性的款目并注明出处；以易检的方式编排并写出例言。模式见《尚书通检》、《孟郊诗索引》等。

参考资料：

《古典文学文献及其检索》 潘树广编著，陕西人民出版社版1984年版；

《古籍索引概论》 潘树广编著，书目文献出版社1984年6月版。

第五讲　利用类书查精彩文段

前一讲谈的是有了句子怎样查出处；这一讲要谈的是有了主题怎样找成句。找成句，一是为了引用；二是为了借鉴。毛泽东同志说过："我们必须继承一切优秀的文学艺术遗产，批判地吸收其中一切有益的东西，作为我们从此时此地的人民生活中的文学艺术原料创造作品时候的借鉴。有这个借鉴和没有这个借鉴是不同的，这里有文野之分，粗细之分，高低之分，快慢之分。所以我们决不可拒绝继承和借鉴古人和外国人，那怕是封建阶级和资产阶级的东西。"(《在延安文艺座谈会上的讲话》)在很多话题上，前人都有不少精辟的论述可供我们学习和借鉴。我们在查找前人这些精彩文段的时候，可以借助于很多工具书。我们这里主要介绍利用类书查找前人的精彩文段。

一　什么是类书

类书，是各种书上相关的片段材料的分类汇编。

类书，采用的是汇集资料、述而不作的编制方法。它既不同于现代那种系统地论述事物发展源流的"百科全书"，也不同于古代那种专门记载典章制度的、已对材料加以熔铸的"政书"。它也不同于"丛书"：丛书的成员是"子目"，是一种一种未加剪辑的独立著作；而类书的成员是"部类"，是一个一个包含着若干种已施剪辑的片段材料的类编。

二　类书的源流类别

类书的起源很早。1700 多年前，魏文帝曹丕(220～226 年在位)命王象、刘劭等采集五经群书作《皇览》，这便是我国类书之始。(《魏志》卷二十三《杨俊传》注引《魏略》称其书撰集数载始成，"合四十余部，部有数十篇，通合八百余万字"，可见其规模之宏大。)其后推衍于六朝，澎湃于唐、宋，而集大成于明、清。

自六朝至清末，据历代艺文志、经籍志著录，总计历代官修的和私人编制的类书,约有600余种,大部分已经散佚,今存者约有200种。其中以隋代之《北堂书钞》(成于隋炀帝大业中),唐代之《艺文类聚》(成于唐高祖时)、《初学记》(成于唐玄宗时),宋代之《太平御览》(成于宋太宗太平兴国中)、《册府元龟》(成于宋真宗大中祥符中)、《玉海》(成于宋末),明代之《永乐大典》(成于明永乐时),清代之《古今图书集成》(成于康雍之世)等最有名。

类书的种类:

若按内容分,可分为百科性的(如《太平御览》等)和专科性的(如关于植物的《全芳备祖》等)两类。

若按编制方法分,则可分为按事物门类编的(如《艺文类聚》等)和按韵编的(如按《洪武正韵》统字的《永乐大典》)两类。

按事物门类编制的百科性类书,其所包含的基本概念不外乎以下五种:

1. 天——天文、气象、灾异等;
2. 地——地理、山川、古迹等;
3. 人——帝王、大臣、名人等;
4. 事——政治、经济、文化等;
5. 物——自然物如动物、植物,人造物如工艺、器物,及有关的科学如农艺、医药等。

三 类书的功用和弊病

类书的功用:

是史料汇编,可借以考求事物的源流;
是词语类编,可用来查找书证和出典;
是佚书的渊海,可据以辑佚;
是引文的总汇,可用于校勘。

类书的弊病:

部类分合欠妥,引文任意删改,
摘录、转述杂糅,出处笼统交代,
讹误脱落不少,有时张冠李戴。

尽管类书有些弊病,但仍是一个不可忽视的资料库。只要我们注意用其长,避其短,就能较好地发挥其应有的功用。

四 常用类书一览

《北堂书钞》160卷 〔隋末唐初〕虞世南编,以清光绪十四年(1888)南海孔氏刊

本为最善,中国书店 1989 年据以影印

分 19 部,852 个子目。

《艺文类聚》100 卷 〔唐〕欧阳询等编,中华书局 1959 年影印宋刊本,1965 年 11 月排印本,上海古籍出版社 1982 年 1 月据中华书局排印本新版

分 46 部,727 个子目。采书 1300 多种。100 万字。

《初学记》30 卷 〔唐〕徐坚等编,中华书局 1962 年 1 月点校本

分 23 部,313 个子目。

《唐宋白孔六帖》100 卷 明刊本

包括:唐代白居易编《白氏六帖事类集》30 卷和宋代孔传续编《六帖新书》30 卷,至明代,人合二书为一,并析为 100 卷。

【《唐代四大类书》 董治安主编,清华大学出版社 2003 年 11 月合印本。】

《太平御览》1000 卷 〔宋〕李昉等奉敕编,以 1960 年中华书局影印《四部丛刊三编》本为最善(精装 4 巨册)

分 55 部,4558 个子目。采书 1600 多种。480 万字。

《册府元龟》1000 卷 〔宋〕王钦若、杨亿等奉敕编,中华书局 1960 年 6 月影印明黄国琦刊本(全 12 册),1982 年重印

分 31 部。限采六经、子、史。最初拟名为《历代君臣事迹》。计 940 万字。

《山堂考索》212 卷 〔宋〕章如愚编,中国书店 1989 年 7 月版,中华书局 1992 年 10 月版(共 4 集)

共分 50 门。又名《群书考索》。此书资料丰富,尤其关于政治制度,叙述源流,比较详备。

《玉海》200 卷 〔宋〕王应麟编,清光绪九年(1883)浙江书局重刊本,江苏古籍出版社、上海书店 1987 年 12 月影印

1986 年影印本精装六册。书分 21 类,《元刊玉海指挥》评之曰:“其门类之详密,则上至天文律历,下至礼乐器用,凡二百四十余类,其所纪历代则始于伏羲尧舜,终于宋之末年,其摭集之书籍则自六经、众史、百家子集、注疏、传记、谱牒、艺术、隐赜之书靡有孑遗,纂次详备,博而有要,真足为名世之奇书。”

《永乐大典》22877 卷(今残存) 〔明〕解缙、姚广孝等编,中华书局 1960 年 9 月影印本,1986 年 6 月再次影印

1960 年影印本共 730 卷,共 202 册;1986 年影印本共 797 卷,精装 10 册。按《洪武正韵》的韵部(平、上、去各 22,入 10:共 76 韵)编排,“用韵以统字,用字以系事”(凡例)。成书于 1408 年,共 3.7 亿字。上海古籍出版社 2003 年又出版《海外发现永乐大典》17 卷。

《渊鉴类函》450 卷 〔清〕张英等奉敕编,上海点石斋 1883 年石印本,中国书店 1985 年 8 月影印(全 18 册)

书分45部。是《唐类函》的扩编本。

《古今图书集成》10000卷 〔清〕陈梦雷原编，蒋廷锡等奉敕重编，1934年上海中华书局有殿版缩印本

分六汇编、三十二典、6109部。共1.6亿字。

《古今图书集成》的总体结构：

六汇编 三十二典 (6109部)	历象汇编：乾象、岁功、历法、庶征四典（共120部）	——→天
	方舆汇编：坤舆、职方、山川、边裔四典（共1187部）	——→地
	明伦汇编：皇极、宫闱、官常、家范、交谊、氏族、人事、闺媛八典（共2987部）	——→人
	博物汇编：艺术、神异、禽虫、草木四典（共1130部）	——→物
	理学汇编：经籍、学行、文学、字学四典（共235部） 经济汇编：选举、铨衡、食货、礼仪、乐律、戎政、祥刑、考工八典（共450部）	——→事

其每一部的内容大致包括：

汇考　纪大事；考原委。

总论　辑录经史子集中有关的重要议论。

艺文　采辑有关诗文。

选句　摘抄俪句、对偶。

纪事　集录不宜入“汇考”的琐细之事。

杂录　收不宜入“汇考”、“总论”、“艺文”的资料。

外编　收有关的神话传说之类。

有些部目中还有“图”、“表”、“列传”等内容：

图、表　以插图、表格形式予以说明。

列传　辑录有关人物的传记。（《古今图书集成》的宫闱、官常、氏族、闺媛、艺术、神异、学行、文学、字学等九典中都有“列传”一项。如《字学典·书家部》卷95～126法书名家列传，收录自上古仓颉至明代杨叔卿等众多书家的生平事迹。）

《子史精华》160卷 〔清〕张廷玉等奉敕编，1889年蜚英馆石印本，北京古籍出版社1991年7月影印本（上、下）

分30部280类。主要摘引诸子、史传中的“名言隽句”。

五　类书索引

《北堂书钞引书索引》 〔日〕山田英雄编，日本采华书林1973年版，台湾文海出版社1975年版

《艺文类聚索引》 李剑雄等编,上海古籍出版社1982年版《艺文类聚》附

包括“人名索引”和“书名篇名索引”。

《初学记索引》 许逸民编,中华书局1980年1月版

包括“事对索引”和“引书索引”。

《太平御览索引》 钱亚新编,商务印书馆1934年版

《太平御览引得》(燕大引得23号) 洪业等编,哈佛燕京学社引得编纂处1935年版

《太平御览太平广记篇目及引书引得》 分别由聂崇歧等、邓嗣禹编纂,上海古籍出版社1990年12月版

《册府元龟引得》 陈鸿飞编,载《文华图书馆学专科学校季刊》第5卷第1期(1933年3月)

《册府元龟索引》 于震寰、吕绍虞编,载《中华图书馆协会会报》第8卷第6期(1933年6月)

以上两种,都是类目索引。都另有单行本。

《玉海项目索引》 [日]吉田寅等编,日本东京教育大学亚洲史研究室1957年版

《永乐大典索引》 栾贵明编著,作家出版社1997年10月版

《古今图书集成分类索引》 [日]泷沢俊亮编,大连右文阁1933年发行

《古今图书集成类目索引》 复旦大学图书馆编,复旦大学图书馆1982年印行

《古今图书集成索引》 广西大学中文系、图书馆合编,巴蜀书社1985年版

参考资料:

《类书流别》 张涤华著,商务印书馆1985年9月修订本;

《类书简说》 刘叶秋著,上海古籍出版社1985年9月版;

《中国的类书、政书和丛书》 戚志芬著,商务印书馆1996年12月版。

查找前人的精彩文段,除利用类书之外,还可以利用写作词典、名言分类辞典、专题资料汇编、文摘和主题索引等工具书,可参考相关章节,此处从略。

第六讲　查篇名

一、利用书刊卷首(或卷尾)目录

如:《十三经注疏》卷首总目录。该目录详细列出各经篇名及对应卷数。

二、利用篇名索引

(一)学科论文目录索引

《经学研究论著目录》(1912～1987)(1988～1992)(1993～1997)　林庆彰主编,台湾汉学研究中心 1989 年 12 月、1995 年 6 月、2002 年 4 月版

《中国语言学论文索引》(甲编,1949 年以前)　中国科学院语言研究所编,科学出版社 1965 年 6 月版,三联书店香港分店 1979 年 9 月版

《中国语言学论文索引》(乙编,1950～1980 年)　中国科学院语言研究所编,商务印书馆 1983 年 3 月增订本

《语文教学篇目索引》(1950～1980)　中国语文编辑部编,上海教育出版社 1982 年 12 月版

《古汉语语法研究论文索引》(1900～2000)　孙力平编,商务印书馆 2003 年 12 月版

《外国语言研究论文索引》(1990～1994)　路成式、魏杰主编,上海外语教育出版社 1996 年 10 月版

《外国语言研究论文索引》(1995～1999)　路成式、魏杰等主编,上海外语教育出版社 2001 年 4 月版

《二十世纪中国辞书学论文索引》　广东外语外贸大学词典学研究中心等单位合编,上海辞书出版社 2003 年 11 月版

《两汉诸子研究论著目录》(1912～1996)　陈丽桂主编,台湾汉学研究中心 1998 年 4 月版

《中国哲学史论文索引》(全5册,1900~1984) 方克立等编,中华书局1986~1994年版

《外国哲学史论文索引》(1949~1983) 复旦大学、四川大学哲学系资料室合编,商务印书馆1985年版

《逻辑学资料索引》 辽宁大学哲学系资料室1980年编印

《伦理学资料索引》 辽宁大学哲学系资料室1981年编印

《全国伦理学论文、著作目录索引》(1976~1999) 温克勤主编,天津社会科学伦理学研究所1991年12月印行

《中国史学论文索引》(1900~1937) 中国科学院历史研究所第一、二所和北京大学历史系合编,三联书店香港分店1980年1月版

《中国史学论文索引》(1937~1949) 中国社会科学院历史研究所编,三联书店香港分店1980年5月版

《史学论文索引》(全2册,1979~1981) 北京师范大学历史系资料室1983年6月编印

《五十二种文史资料篇目分类索引》(创刊号~1981) 复旦大学历史系资料室编,复旦大学出版社1982年12月版

《(1522种学术论文集)史学论文分类索引》 周迅、李凡、李小文编,书目文献出版社1990年2月版

《战国秦汉史论著索引》(1900~1980) 张传玺等主编,北京大学出版社1983年3月版

《战国秦汉史论著索引续编》(论文1981~1990,专著1900~1990) 张传玺主编,北京大学出版社1992年11月版

《战国秦汉史论著索引三编》(1991~2000) 张传玺主编,北京大学出版社2002年10月版

《隋唐五代史论著目录》 中国社会科学院历史研究所魏晋隋唐史研究室编,江苏古籍出版社1985年4月版

《宋辽夏金史研究论著索引》(1900~1982) 杭州大学古籍研究所宋史研究室1985年6月编印

《清史论文索引》 中国社会科学院历史研究所清史研究室、中国人民大学清史研究所合编,中华书局1984年6月版

《乾嘉学术研究论著目录》(1900~1993) 林庆彰主编,台湾"中国文哲研究所"筹备处1995年5月发行

收录20世纪大陆、台湾,及日本、欧美等地研究"乾嘉学术"的重要专著和论文,为之编目,分"清代学术通论"、"乾嘉学术通论"、"四库学"、"乾嘉学者分论"四大部分。

《中国近代史论文资料索引》(1949～1979) 徐立亭、熊炜编,中华书局1983年5月版

《辛亥革命研究史料目录》(1899～1999) 赵慧、涂文学主编,武汉出版社2002年4月版

《中国现代史论文著作目录索引》(1949～1981) 荣天琳主编,北京大学出版社1986年10月版

《中国现代史论文著作目录索引》(1982～1987) 成汉昌主编,北京大学出版社1990年5月版

《中国近现代史论著目录总汇》(1980～1990) 徐舸主编,南京大学出版社1992年10月版

《中华人民共和国国史论著目录索引》(1949～1992) 王美秀主编,当代中国出版社2000年11月版

《中国历史地理学论著索引》(1900～1980) 杜瑜、朱玲玲编,书目文献出版社1986年4月版

《青铜器论文索引》(1982年以前) 孙稚雏编著,中华书局1986年6月版

《敦煌遗书总目索引新编》 敦煌研究院编,施萍婷主撰稿,中华书局2000年7月版

《中国古代科技史论文索引》(1900～1982) 严敦杰主编,江苏科学技术出版社1986年版

《中国少数民族史论文资料索引》(全3册) 中央民族学院历史系78级、图书馆合编,中央民族学院社科处1982年11月编印

《中国古典文学研究论文索引》(1905～1979) 北京师范大学中文系1981年编印

《中国古典文学研究论文索引》(1949～1966) 河北师范学院中文系资料室、中国社会科学院文学研究所资料室合编,中华书局1979年11月增订本

《中国古典文学研究论文索引》(1966～1979) 中国社会科学院文学研究所资料室编,中华书局1982年5月版

《中国古典文学研究论文索引》(1980～1981) 中国社会科学院文学研究所资料室编,中华书局1985年10月版

《中国古典文学研究论文索引》(1982～1983) 中国社会科学院文学研究所资料室编,中华书局1988年9月版

《1949～1980中国古典文学研究论文索引》 中山大学中文系资料室编,广西人民大学1984年6月版

《中国古籍整理研究论文索引》(清末～1983) 东北师范大学古籍整理研究所辞书编辑室编著,江苏古籍出版社1990年11月版

《图书馆学、情报学、档案学、出版发行学论文索引》(1949～1985) 武汉大学图书情报学院编,科学技术文献出版社1991年12月版

《图书馆情报学论文索引》(1990～1994) 南京图书馆编,北京图书馆出版社2002年2月版

《新中国40年文艺理论研究资料目录大全》 北京市社会科学院文学研究所编,中国和平出版社1992年11月版

《中国民间文学论文索引》(1949～1980) 中国社会科学院文学研究所民间文学室、图书资料室和少数民族文学研究所1981年编印

《民间文学论文目录索引》(1980～1983) 李建中编,西南师范学院中文系1984年10月刊印

《中外学者文选学论著索引》(1911～1993) 郑州大学古籍所编,中华书局1998年12月版

《唐代文学论著集目》 罗联添编,台湾学生书局1979年7月版

《唐诗研究专著论文目录索引》(1949～1981) 陕西师范大学中文系资料室1982年编印

《意境说论文索引》(1949～1991) 武凤兰编,延安大学中文系1992年11月刊印

《中国近代戏曲论著总目》 傅晓航、张秀莲主编,文化艺术出版社1994年4月版

《外国文学论文索引》 卢永茂编,河南师范大学中文系1979年9月刊印

《中国比较文学论文索引》(1980～2000) 王向远主编,江西教育出版社2002年2月版

《全国报刊电影文章目录索引》(1949～1979) 北京图书馆社会科学参考组、中国电影家协会电影史研究部合编,中国电影出版社1983年11月版

《中国古建筑文献指南》(1900～1990) 陈春生等编著,科学出版社2000年10月版

《中国少数民族论著索引》(1949～1989) 陈延琪、王庭恺主编,新疆人民出版社1992年6月版

《中国藏学论文资料索引》(1872～1995) 刘洪记、孙雨志合编,中国藏学出版社1999年12月版

这一部分工具书近年来出版得很多,有一些附在某部书中,这里不便一一列举。另亦可与专题类书目互参。

(二)报刊索引

《全国报刊索引》 这是国内出版的报道国内报纸、期刊的大型综合性检索刊

物，分自然科学版和哲学社会科学版两种，由上海图书馆上海科学技术情报研究所主办，创刊于1955年，两版每月各1期，初名为《全国主要期刊资料索引》。每期后附作者索引、引用期刊一览表，1998年以后增设题中人名索引。

《申报索引》 上海书店1987年11月起出版。《申报》创刊于1882年4月30日，至1949年5月27日停刊，是我国最早的报纸之一，也是旧中国发行时间最长的报纸，是我们认识旧中国的重要工具，是研究近现代史的"百科全书"，上海书店影印《申报》八开直式400册。全套《申报索引》拟分30册。1919·1920年卷是正式出版的第一本，以后续有出版。

《民报索引》（上、下） ［日］小野川秀美编，京都大学人文科学研究所昭和45年（1970）3月发行

《人民日报索引》 人民日报图书馆编，人民日报出版社1951年起至今每月出一期。后补编1948年本、1949年本、1950年本

《中文期刊论文分类索引》 台湾大学图书馆编印，1960年12月起出版

收录以台湾刊行的期刊为主，分辑出版，第一辑收1957年以前的30种期刊篇名。

《中华民国期刊论文索引》 台湾图书馆目录中心编制，1970年起每月一期，1984年起改为季刊，1996年起改为网络联机查询

《国外社会科学论文索引》 中国社会科学院文献情报中心编，中国社会科学出版社1979年起出版，双月刊

《全国报刊文学论文索引》 中国科学院文学研究所图书资料室编，人民文学出版社出版（1960～1961年部分），中国人民大学书报资料室印行（1977～1979年部分）

《全国主要报刊哲学资料索引》（1949～1979） 山东大学哲学系资料室1981年编印

《解放前全国主要报刊有关哲学类论文索引》（1901～1949） 四川大学哲学系资料室1977年编印

《解放以来全国主要报刊哲学论文索引》（全3册，1949.10～1980.12） 复旦大学哲学系资料室1981年编印

《全国报刊美学论文索引》（1949～1982） 孙力平编，江西大学中文系资料室1983年印行

《〈中国社会科学〉总目提要》（第一、二辑） 中国社会科学出版社1993年12月、2000年5月出版

《〈中国语文〉索引》（1952～2002） 《中国语文》编辑部编，商务印书馆2004年7月版

《〈文学遗产〉索引》　高宇蛮编，中华书局1981年2月版

《文物三五〇期总目索引》(1950.1～1985.7)　文物编辑委员会编，文物出版社1986年7月版

（三）总集、专代文集篇目索引

《全上古三代秦汉三国六朝文篇名目录及作者索引》　中华书局1965年12月版

《先秦汉魏晋南北朝诗作者篇目索引》　常振国、绛云编，中华书局1988年11月版

《全唐诗索引》(作者索引、篇名索引)　史成编，上海古籍出版社1990年3月版

《唐五代人交往诗索引》　吴汝煜主编，上海古籍出版社1993年5月版

《全唐文篇名目录及作者索引》　马绪传编，中华书局1985年5月版

《全唐文篇目分类索引》　冯秉文主编，中华书局2001年5月版

《四库全书文集篇目分类索引》(全3册)　昌彼得总编，台湾商务印书馆1989年1月版

《宋代文集索引》　［日］佐伯富编，日本京都大学文学部东洋史研究会1970年3月版

《元人文集篇目分类索引》　陆峻岭编，中华书局1979年12月版

《清代文集篇目分类索引》　王重民、杨殿珣编，北平图书馆1935年11月版，中华书局1965年2月新1版

（四）专书篇名索引

《马克思恩格斯全集篇名字顺索引》　上海师范大学图书馆1973年编印

《杜诗五种索引》　锺夫、陶钧编，上海古籍出版社1992年12月版

《鲁迅全集篇目索引》　《鲁迅全集》第16卷附录，人民文学出版社1981年版

三、利用专题资料汇编

参见第十一讲“十一”。

第七讲　查书名

经常听到一些青年朋友讲："自己已读过不少书，但仍不免茫茫然有蹉跎之感。请问这是为什么？"

其实，有蹉跎之感，对自己不满意，这并非是坏事，而正说明这些同学确实是有抱负的，是想有所建树的。

而欲有所建树，就必须定向，就必须系统读书，这就必须学一点目录学。

清代史学家王鸣盛说："目录之学，学中第一紧要事。必从此问途，方能得其门而入。"（《十七史商榷》卷一）又说："凡读书最切要者，目录之学。目录明，方可读书；不明，终是乱读。"（同上，卷七）

一、目录是什么

目录是前人精神产品仓库的账本；是茫茫书海中导航的灯塔；是图书和读者之间的桥梁。

★目录＝名目＋著录＋门类系统

著录，是对书籍的内部、外部特征所作的全面记载。它包括六项：

（1）书名项　正副标题（与"名目"重叠）

（2）著者项　××著、××编、××注……

（3）出版项　出版地、出版者、出版年月、版次、版刻等

（4）稽核项　卷数、册数、页数、图表、开本、装订、定价等

（5）附注项　"内部发行"、"与《××》合刊"、对本书的书评

（6）提要项　叙录体　如：汉刘向《别录》

传录体　如：南朝齐王俭《七志》40卷（佚）

辑录体　如：元初马端临《文献通考·经籍考》

提要项（解题）写作注意事项：突出重点——某一论点，某几句话，某一方面特征；评介结合——指出优劣；形式多样——可评介内容，可著录作者，可记载版本，可与同类著作对比，等等。

门类系统，即个体的定性及其在群体中的位置，犹如元素符号在元素周期

表中的位置。古人谓之“类例”。南宋学者郑樵说：“学之不专者，为书之不明也。书之不明者，为类例之不分也。”可见此事关系重大。

比如：

——《山海经》是地理书，还是小说书？

——《钢铁是怎样炼成的》是冶金类的书吗？

——《药地炮庄》是什么性质的书？

……

此类问题不弄清楚，又怎么读它们？

关于图书的部类，西汉刘歆《七略》依据其父刘向的《别录》，首用七分法。“歆于是总群书而奏其《七略》，故有《辑略》，有《六艺略》，有《诸子略》，有《诗赋略》，有《兵书略》，有《术数略》，有《方技略》。”（《汉书·艺文志》）

东汉班固作《艺文志》，盖以刘歆的《七略》为蓝本。此志为包括六艺百家文献的总目录，将图书分为：

六艺：易、书、诗、礼、乐、春秋、论语、孝经、小学

诸子：儒、道、阴阳、法、名、墨、从横、杂、农、小说

诗赋：赋（三）、杂赋、歌诗

兵书：兵权谋、兵形势、（兵）阴阳、兵技巧

数术：天文、历谱、五行、蓍龟、杂占、形法

方技：医经、经方、房中、神仙

“大凡书，六略三十八种，五百九十六家，万三千二百六十九卷。”每种之后有《小序》，每《略》之后有《总序》，对先秦学术思想的源流、演变，都作了简明的叙述。

至晋，荀勖著《中经新簿》，始改为四部分类：甲部（六艺、小学）、乙部（古诸子、近世子家、兵书、兵家、术数）、丙部（史记、杂事、皇览簿、旧事）、丁部（诗赋、图赞、汲冢书），亦即经、子、史、集四类。李充《四部书目》更换子、史次序，乙部为史，丙部为子。唐朝魏徵等的《隋书·经籍志》，径去甲、乙、丙、丁之号，代以经、史、子、集之名。后代沿用《隋志》所确定的四部名称和顺序，每部下面类目名称、顺序、详略各有不同。清代所编《四库全书总目》，是四部分类法中影响最大的一种，它在四部下面立了44个类目：

经部：	1. 易类	2. 书类	3. 诗类
	4. 礼类	5. 春秋类	6. 孝经类
	7. 五经总义类	8. 四书类	9. 乐类
	10. 小学类		
史部：	1. 正史类	2. 编年类	3. 纪事本末类
	4. 别史类	5. 杂史类	6. 诏令奏议类

7. 传记类　8. 史钞类　9. 载记类
10. 时令类　11. 地理类　12. 职官类
13. 政书类　14. 目录类　15. 史评类

子部：1. 儒家类　2. 兵家类　3. 法家类
4. 农家类　5. 医家类　6. 天文算法类
7. 术数类　8. 艺术类　9. 谱录类
10. 杂家类　11. 类书类　12. 小说家类
13. 释家类　14. 道家类

集部：1. 楚辞类　2. 别集类　3. 总集类
4. 诗文评类　5. 词曲类

新中国成立后，对图书进行重新分类，把图书分类表的全部类目分为5大基本部类，内分22类：

（一）马克思主义、列宁主义、毛泽东思想

A　马克思主义、列宁主义、毛泽东思想

（二）哲学

B　哲学

（三）社会科学

C　社会科学总论　D　政治、法律
E　军事　F　经济
G　文化、科学、教育、体育　H　语言、文字
I　文学　J　艺术
K　历史、地理

（四）自然科学

N　自然科学总论　O　数理科学和化学
P　天文学、地球科学　Q　生物科学
R　医药、卫生　S　农业、林业
T　工业技术　U　交通运输
V　航空、航天　X　环境科学

（五）综合性图书

Z　综合性图书

我们只有弄清了图书的门类系统，读起书来才能事半功倍。

二、读书门径二十一条

书海无边，得法是岸。

最要紧的是：读书要认真选择。俄国文学批评家别林斯基说："阅读一本不适合自己阅读的书，比不阅读还要坏。我们必须学会这样一种本领，选择最有价值、最适合自己需要的读物。"

书籍可分为四类：（一）值得精读的：我们要理解，吃透。（二）可供参考的：我们要浏览，了解。（三）不值一读的：我们不妨随便翻翻，一涉猎辄弃去。（四）误人子弟的：我们该弃置不顾。所以，"开卷有益"这一说法显然是过于笼统了。

列夫·托尔斯泰说："重要的不是知识的数量，而是知识的质量。有些人知道很多很多，但却不知道最有用的东西。"所以，我们得首先处理好精读与泛读的关系。

读书过程中有三大问题：

1. 该读哪些书？
2. 从哪儿找到这些书？
3. 怎样读好这些书？

读书有低、中、高三个等级：消遣的读书；欣赏的读书；研究的读书。

为了分清书籍的四个类别、解决好读书的三大问题、达到高的等级，我们必须通过两条基本途径：（一）通过书目；（二）通过其他途径。

（一）通过"书目"（11 种）

1. 基础书目

选定基础书目，是十分必要的。而基础书目的选定，必须围绕经典训练、人格培养和学问根柢的奠定这三大目标。

朱自清在《经典常谈·序》中说："经典训练的价值不在实用，而在文化。"

英国哲学家培根说："读书在于造成完全的人格。"

程千帆先生在《詹詹录》中说："要精读几部书，打下根柢。黄季刚老师主要在八部书上下工夫：《说文》、《尔雅》、《广韵》、《诗经》、《周礼》、《汉书》、《文选》、《文心雕龙》。每部书都非常精熟。触类旁通，就成为一代大师。"

下面介绍几份著名的书单：

（1）鲁迅《开给许世瑛的书单》(1930 年)：

计有功　宋人　《唐诗纪事》　四部丛刊本　又有单行本

辛文房　元人　《唐才子传》　今有木活字单行本

严可均　《全上古……隋文》　今有石印本，其中零碎不全之文甚多，可不看。

丁福保　《全上古……隋诗》　排印本

吴荣光　《历代名人年谱》　可知名人一生中之社会大事，因其书为表格之式也。可惜的是作者所认为历史上的大事者，未必真是"大事"，最好是参考日本三省堂出版之《模范最新世界年表》。

胡应麟　明人　《少室山房笔丛》　广雅书局本　亦有石印本

《四库全书简明目录》　其实是现有的较好的书籍之批评,但须注意其批评是"钦定"的。

《世说新语》　刘义庆　晋人清谈之状

《唐摭言》　五代王定保　《雅雨堂丛书》　中有唐文人取科名之状态

《抱朴子外篇》　葛洪　有单行本　内论及晋末社会状态

《论衡》　王充　内可见汉末之风俗迷信等

《今世说》　王晫　明末清初之名士习气

（见《鲁迅全集》,人民文学出版社 1982 年版,第 8 卷第 441 页）

（2）汪辟疆《读常见书斋小记·专书选读》:

余谓专书宜缕列子目,以示准则,不可以概括语注明。但子目选定,其去取亦綦难,今日与友人谈及此,余举屈赋、《文选》、杜诗、韩文、《文心雕龙》、《史通》为文学正脉。易、书、诗、礼、左氏传为文学根本。太史公、《汉书》、《通鉴》、《水经注》为叙记文学伟业。庄、荀、管、韩为议论文学高诣。《说文》为识字大楱,即昌黎所谓"凡为文章,宜略识字"也。惟《说文》不可选读,但必授以籀读之法。不明制字科条,何以为文,更何有文学。《周易》蕴义精微,方面广博,非得专门名家,不可开讲,此宜知也。专书取文翰四,平品二,经五,史四,子四,字书一,凡二十部。以之摘文,则择言尤雅,以之治学,则本源备具,可谓卢牟万有矣。至《论语》、《孟子》、《战国策》,此三书宜在高中授读。《国语》附《左传》,《诗品》附《文心雕龙》,《尔雅》附《说文》,非漏也。通才闳识,恐无以易之。

（3）程千帆先生指导古典文学博士生练习书目:

《诗经》　汉学与宋学的异同

《楚辞》

《左传》

《史记》

《论语》(附《孟子》)

《庄子》

《文选》　编选原则

《文心雕龙》　作家评语分类

（4）蔡尚思所开《中国文化基础书目》:

〔一〕古代(1840 年以前)

一、先秦

史墨、周易、论语、孟子、许行、墨子、老子、庄子、惠施、公孙龙子、商君书、荀子、韩非子；

尚书、左传、战国策；

诗经、楚辞。

二、秦汉到唐五代

礼记、春秋繁露、论衡、大人先生传、列子、神灭论、金刚经、华严经、中论、成唯识论、六祖坛经、华严经略策、华严原人论、柳宗元文集、化书；

史记、汉书、史通；

乐府诗集、昭明文选、魏徵奏议、李白诗、杜甫诗、白居易诗，韩愈文、陆宣公奏议、唐代传奇；

说文解字、郑玄经学；

内经、华佗、张衡。

三、宋到清中叶

王安石文集、议国是、钟相、朱熹著作选读、陈亮集、正气歌、传习录、焚书续焚书、明夷待访录、潜书、思问录、四存编、平书、孟子字义疏证、小仓山房尺牍、镜花缘、农病、平均篇；

资治通鉴、文献通考、明史、二十二史札记、文史通义；

徐霞客游记、读史方舆纪要；

苏轼诗词文、陆游诗、辛弃疾词、关汉卿曲、水浒传、红楼梦、李柏诗；

段玉裁小学、王念孙 王引之 经学小学、经籍籑诂；

梦溪笔谈、物理小识、梅文鼎历算。

〔二〕近现代(1840 年以后)

太平天国文选、资政新篇、曾国藩著作选读、汪悔翁乙丙日记、天演论、大同书、仁学、梁启超著作选读、翼教丛编、女界钟、孙诒让著作选读、章太炎著作选读、刘师培著作选读、革命军、孙中山选集、朱执信集、师复文存、蔡元培选集、独秀文存、胡适文选、李大钊选集、吴虞文录、帝王春秋、鲁迅著作选读、五四运动文选、王国维著作选读、蔡和森著作选读、瞿秋白著作选读、李达著作选读、郭沫若著作选读、邓演达遗稿、陶行知著作选读、戴季陶著作选读、吴稚晖著作选读、梁漱溟著作选读、冯友兰著作选读、钱穆著作选读、王亚南著作选读、实践是检验真理的惟一标准。

茅盾　田汉　巴金　格萨尔

唐代佛教

中国共产党三十年

辞海、中国大百科全书。

（见《中国文化史要论》七，湖南教育出版社 1980 年 5 月版）

2. 学科书目

(1) 南京大学中文系汉语言文学专业导读书目:

古代汉语:

1)《说文解字》 许慎著,中华书局1983年版

2)《文字蒙求》 王筠著,中华书局1962年版

3)《中国文字学》 唐兰著,上海古籍出版社1979年版

4)《文字学概要》 裘锡圭著,商务印书馆1988年版

5)《中国历代语言文字学文选》 洪诚选注,江苏人民出版社1982年版

6)《广韵》〔北宋〕陈彭年、邱雍等著,中华书局1960年版

7)《中原音韵》〔元〕周德清著,中华书局1978年版

8)《汉语音韵学常识》 唐作藩著,新知识出版社1958年版

9)《诗词格律》 王力著,中华书局1977年版

10)《经典释文》〔唐〕陆德明著,中华书局1983年版

11)《尔雅义疏》〔清〕郝懿行著,上海古籍出版社1983年版

12)《方言笺疏》〔清〕钱绎撰,上海古籍出版社1984年版

13)《释名疏证补》〔清〕王先谦著,上海古籍出版社1984年版

14)《训诂学》 洪诚著,江苏古籍出版社1984年版

15)《马氏文通》〔清〕马建忠撰,商务印书馆1983年版

16)《词诠》 杨树达著,中华书局1965年版

17)《文言语法》 杨伯峻著,北京出版社1956年版

18)《古书虚字集释》 裴学海著,中华书局1954年版

19)《古汉语语法学资料汇编》 郑奠、麦梅翘编,中华书局1964年版

20)《中国语言学史》 王力著,山西人民出版社1981年版

语言学理论:

21)《语言论》[美]布龙菲尔德著,袁家骅等译,商务印书馆1980年版

22)《普通语言学教程》[瑞士]索绪尔著,高名凯译,商务印书馆1980年版

23)《句法结构》[美]乔姆斯基著,邢公畹等译,中国社会科学出版社1979年版

24)《语言学史概要》 岑麒祥著,北京大学出版社1958年版

25)《方光焘语言学论文集》 江苏教育出版社1986年版

26)《语言与文化》 罗常培著,语文出版社1989年版

27)《语言问题》 赵元任著,商务印书馆1980年版

28)《普通语音学纲要》 罗常培、王均著,商务印书馆1981年版

现代汉语:

29)《现代汉语语法讲话》 丁声树著,商务印书馆 1961 年版
30)《语法论稿》 方光焘著,江苏教育出版社 1990 年版
31)《汉语语法分析问题》 吕叔湘著,商务印书馆 1979 年版
32)《语法讲义》 朱德熙著,商务印书馆 1982 年版
33)《语法答问》 朱德熙著,商务印书馆 1986 年版
34)《汉语口语语法》 赵元任著,商务印书馆 1979 年版
35)《修辞学通论》 王希杰著,南京大学出版社 1996 年版
36)《汉语方言概要》 袁家骅著,文字改革出版社 1983 年版
37)《现代汉语参考资料》 胡裕树主编,上海教育出版社 1982 年版

文艺学:

38)《马克思恩格斯论文学与艺术》(一、二册) 陆海林辑注,人民文学出版社 1982 年版

39)《列宁论文学与艺术》 中国社会科学院文学研究所文艺理论研究室编,人民文学出版社 1983 年版

40)《毛泽东论文艺》 人民文学出版社编辑部编,人民文学出版社 1964 年版

41)《鲁迅论文学与艺术》 吴子敏等编,人民文学出版社 1980 年版

42)《西方文论选》 伍蠡甫主编,上海译文出版社 1979 年版

43)《西方二十世纪文论选》 胡经之、张首映主编,中国社会科学出版社 1991 年版

44)《中国美学史资料选编》 北京大学哲学系美学研究室编,中华书局 1982 年版

45)《西方美学家论美和美感》 北京大学哲学系美学研究室编,商务印书馆 1980 年版

46)《西方美学史》 朱光潜著,人民文学出版社 1979 年版

47)《文艺心理学》 朱光潜著,上海文艺出版社 1982 年版

48)《美的历程》 李泽厚著,文物出版社 1981、1989 年版

49)《柏拉图文艺对话集》 [古希腊]柏拉图著,朱光潜译,人民文学出版社 1959、1983 年版

50)《诗学·诗艺》 [古希腊]亚里士多德著,罗念生译 [古罗马]贺拉斯著,杨周翰译,人民文学出版社合订本 1962、1982 年版

51)《美学》 [德]黑格尔著,朱光潜译,商务印书馆 1979 年版

52)《歌德谈话录》 [德]爱克曼辑,朱光潜译,人民文学出版社 1978 年版

53)《文学理论》 [美]韦勒克·沃伦著,刘象愚等译,三联书店 1985 年版

54)《二十世纪文学理论》［荷兰］佛克玛·易布斯著，三联书店 1988 年版

中国古代文学：

55)《中国古代神话》　袁珂著，中华书局 1960 年版

56)《诗经选》　余冠英选注，人民文学出版社 1979 年版

57)《论语译注》　杨伯峻译注，中华书局 1980 年版

58)《孟子译注》　杨伯峻译注，中华书局 1960 年版

59)《庄子集释》〔清〕郭庆藩著，中华书局 1961 年版

60)《春秋左传注》　杨伯峻译注，中华书局 1981 年版

61)《楚辞选》　马茂元选注，人民文学出版社 1959 年版

62)《史记选》　王伯祥选注，人民文学出版社 1982 年版

63)《汉魏六朝诗选》　余冠英选注，人民文学出版社 1957、1978 年版

64)《汉魏六朝赋选》　瞿蜕园选注，中华书局 1964 年版，上海古籍出版社 1979 年版

65)《乐府诗选》　余冠英选注，人民文学出版社 1957 年版

66)《古诗十九首初探》　马茂元著，陕西人民出版社 1981 年版

67)《三曹诗选》　余冠英选注，人民文学出版社 1956、1977 年版

68)《陶渊明集》　逯钦立校注，中华书局 1979 年版

69)《搜神记》〔晋〕干宝著，汪绍楹校注，中华书局 1979 年版

70)《世说新语笺疏》〔南朝·宋〕刘义庆著，刘孝标注，余嘉锡笺注，上海古籍出版社 1993 年版

71)《玉台新咏》〔南朝·陈〕徐陵编，文学古籍刊行社 1955 年版，中华书局 1985 年版

72)《唐诗选》　中国社会科学院文学研究所选注，人民文学出版社 1978 年版

73)《唐人小说》　汪辟疆校录，上海古籍出版社 1978 年版

74)《李太白全集》〔清〕王琦注，中华书局 1979 年版

75)《杜诗详注》〔清〕仇兆鳌注，中华书局 1979 年版

76)《白居易集》　顾学颉校点，中华书局 1979 年版

77)《敦煌变文集》　王重民等编，人民文学出版社 1957 年版

78)《唐文选》　孙望、郁贤皓主编，江苏古籍出版社 1994 年版

79)《花间集》〔后蜀〕赵崇祚编，文学古籍刊行社 1955 年版

80)《南唐二主词校订》　王仲闻校，人民文学出版社 1958 年版

81)《宋词三百首笺注》　唐圭璋选注，上海古籍出版社 1979 年版

82)《唐宋词选释》　俞平伯选注，人民文学出版社 1979 年版

83)《苏轼词选》 陈迩东选注,人民文学出版社 1959 年版

84)《李清照集校注》 王学初校注,人民文学出版社 1979 年版

85)《稼轩词编年笺注》 邓广铭笺注,上海古籍出版社 1978 年版

86)《宋诗选注》 钱锺书选注,人民文学出版社 1959 年版

87)《宋文选》 四川大学中文系古代文学教研室选注,人民文学出版社 1980 年版

88)《元杂剧选注》 王季思选注,北京出版社 1985 年版

89)《元散曲选注》 王季思选注,北京出版社 1981 年版

90)《西厢记》〔元〕王实甫著,上海古籍出版社 1980 年版

91)《元本琵琶记校注》〔元〕高明著,钱南扬校注,上海古籍出版社 1980 年版

92)《三国演义》〔明〕罗贯中著,人民文学出版社 1978 年版

93)《水浒传》〔明〕施耐庵著,人民文学出版社 1975 年版

94)《西游记》〔明〕吴承恩著,人民文学出版社 1955 年版

95)《金瓶梅词话》〔明〕兰陵笑笑生著,文学古籍刊行社 1955 年版

96)《古今小说》(即《喻世明言》)〔明〕冯梦龙编,人民文学出版社 1958 年版

97)《警世通言》〔明〕冯梦龙编,人民文学出版社 1956 年版

98)《醒世恒言》〔明〕冯梦龙编,人民文学出版社 1958 年版

99)《拍案惊奇》〔明〕凌濛初编,上海古籍出版社 1982 年版

100)《牡丹亭》〔明〕汤显祖著,人民文学出版社 1991 年版

101)《聊斋志异》〔清〕蒲松龄著,上海古籍出版社 1962 年版

102)《儒林外史》〔清〕吴敬梓著,人民文学出版社 1977 年版

103)《红楼梦》〔清〕曹雪芹著,人民文学出版社 1959 年版

104)《官场现形记》〔清〕李宝嘉著,人民文学出版社 1957 年版

105)《长生殿》〔清〕洪升著,人民文学出版社 1983 年版

106)《桃花扇》〔清〕孔尚任著,人民文学出版社 1984 年版

中国文学批评史:

107)《中国历代文论选》(一卷本) 郭绍虞主编,上海古籍出版社 1979 ~ 1980 年版

108)《文心雕龙注》〔南朝梁〕刘勰著,范文澜注,人民文学出版社 1958 年版

109)《诗品》〔南朝梁〕锺嵘著,陈延杰注,人民文学出版社 1980 年版

110)《沧浪诗话校释》〔宋〕严羽著,郭绍虞校释,人民文学出版社 1983 年版

111)《原诗》〔清〕叶燮著,霍松林校注,人民文学出版社 1979 年版

112)《艺概》〔清〕刘熙载著,上海古籍出版社 1978 年版
113)《人间词话新注》 王国维著,滕咸惠校注,齐鲁书社 1982 年版
114)《谈艺录》 钱锺书著,中华书局 1984 年版

中国现代文学:

115)《呐喊》 鲁迅著,人民文学出版社 1979 年版
116)《彷徨》 鲁迅著,人民文学出版社 1979 年版
117)《家》 巴金著,人民文学出版社 1953、1977 年版
118)《子夜》 巴金著,人民文学出版社 1977 年版
119)《边城》 沈从文著,花城出版社 1983 年版《沈从文文集》本
120)《骆驼祥子》 老舍著,人民文学出版社 1955、1979 年版
121)《围城》 钱锺书著,人民文学出版社 1980 年版
122)《小二黑结婚·李有才板话》 赵树理著,人民文学出版社 1958 年版《赵树理选集》本
123)《暴风骤雨》 周立波著,人民文学出版社 1952 年版
124)《新儿女英雄传》 袁静、孔厥著,人民文学出版社 1978 年版
125)《女神》 郭沫若著,人民文学出版社 1958 年版
126)《艾青诗选》 艾青著,人民文学出版社 1979 年版
127)《给战斗者》 田间著,人民文学出版社 1978 年版
128)《志摩的诗》 人民文学出版社 1983 年版
129)《王贵与李香香》 李季著,人民文学出版社 1961 年版
130)《雷雨》 曹禺著,人民文学出版社 1961 年版《曹禺选集》本
131)《屈原》 郭沫若著,人民文学出版社 1982 年版《沫若剧作选》本
132)《升官图》 陈白尘著,群益书店 1949 年版
133)《鲁迅选集》 人民文学出版社 1983 年版

中国当代文学:

134)《保卫延安》 杜鹏程著,人民文学出版社 1954、1979 年版
135)《三里湾》 赵树理著,人民文学出版社 1955 年版
136)《红日》 吴强著,中国青年出版社 1957 年版
137)《林海雪原》 曲波著,人民文学出版社 1957 年版
138)《红旗谱》 梁斌著,中国青年出版社 1958、1977 年版
139)《青春之歌》 杨沫著,人民文学出版社 1958 年版
140)《芙蓉镇》 古华著,人民文学出版社 1981 年版
141)《沉重的翅膀》 张洁著,人民文学出版社 1981 年版
142)《白鹿原》 陈忠实著,人民文学出版社 1992 年版
143)《天山牧歌》 闻捷著,作家出版社 1956 年版

144)《郭小川诗选》 人民文学出版社 1979 年版

145)《朦胧诗选》 阎月君等选编,春风文艺出版社 1985 年版

146)《茶馆》 老舍著,中国戏剧出版社 1958 年版

147)《关汉卿》 田汉著,中国戏剧出版社 1958 年版

148)《林家铺子》 夏衍改编,中国电影出版社 1961 年版

149)《陈毅市长》 沙叶新著,上海文艺出版社 1980 年版

外国文学:

150)《伊利亚特》 [古希腊]荷马著,傅东华译,人民文学出版社 1958 年版

151)《俄狄浦斯王》 [古希腊]索福克勒斯著,罗念生译,人民文学出版社 1961 年版《索福克勒斯悲剧二种》本

152)《神曲》[意]但丁著,王维克译,人民文学出版社 1980 年版

153)《十日谈》 [意]卜伽丘著,方平、王科一译,上海译文出版社 1980 年版

154)《堂吉诃德》 [西]塞万提斯著,杨绛译,人民文学出版社 1978 年版

155)《哈姆雷特》 [英]莎士比亚著,朱生豪译,上海译文出版社 1978 年版

156)《吝啬鬼》 [法]莫里哀著,李健吾译,上海译文出版社 1978 年版《莫里哀喜剧六种》本

157)《忏悔录》 [法]卢梭著,黎星、范希衡译,人民文学出版社 1980、1982 年版

158)《浮士德》 [德]歌德著,郭沫若译,人民文学出版社 1955 年版

159)《高老头》 [法]巴尔扎克著,傅雷译,人民文学出版社 1954、1978 年版

160)《傲慢与偏见》 [英]简·奥斯汀著,王科一译,上海译文出版社 1980 年版

161)《名利场》 [英]萨克雷著,杨必译,人民文学出版社 1978 年版

162)《大卫·科波菲尔》 [英]狄更斯著,董秋斯译,人民文学出版社 1958、1978 年版

163)《红与黑》 [法]司汤达著,罗玉君译,上海译文出版社 1978 年版

164)《包法利夫人》 [法]福楼拜著,李健吾译,人民文学出版社 1984 年版

165)《父与子》 [俄]屠格涅夫著,丽尼、巴金译,人民文学出版社 1962 年版

166)《安娜·卡列尼娜》 [俄]列夫·托尔斯泰著,周扬、谢素台译,人民

文学出版社 1962 年版

167)《罪与罚》 [俄]陀斯妥耶夫斯基著,岳麟译,上海译文出版社 1979 年版

168)《契诃夫小说选》 [俄]契诃夫著,汝龙译,人民文学出版社 1979 年版

169)《变形记》 [奥]卡夫卡著,李文俊译,武汉大学出版社 1995 年版《卡夫卡文集》(Ⅰ)

170)《尤利西斯》 [爱尔兰]乔伊斯著,金堤译,人民文学出版社 1994 年版

171)《喧哗与骚动》 [美]福克纳著,李文俊译,上海译文出版社 1984 年版

172)《等待戈多》 [爱尔兰]贝克特著,施咸荣译,上海译文出版社 1980 年版《荒诞派戏剧集》本

(2)语言学参考书目:

1)《马恩列斯论语言》(北京大学编)

2)《语言政策学习资料》(南京大学编)

3)高名凯等编《语言学概论》

4)高名凯《普通语言学》

5)岑麒祥《语言学史概要》

6)王力《中国语言学史》

7)王立达编译《汉语研究小史》

8)北京大学编《现代汉语》

9)胡裕树主编《现代汉语》

10)罗常培、王均《普通语音学纲要》

11)张志公主编《汉语知识》

12)周有光《汉字改革概论》

13)周祖谟《汉语词汇讲话》

14)黎锦熙《新著国语文法》

15)王了一《汉语语法纲要》

16)吕叔湘《中国文法要略》

17)龙果夫《现代汉语语法研究》

18)胡附、文炼《现代汉语语法探索》

19)丁声树等《现代汉语语法讲话》

20)《语法和语法教学》(人民教育出版社)

21）吕叔湘、朱德熙《语法修辞讲话》
22）陈望道等《中国文法革新论丛》
23）张弓《现代汉语修辞学》
24）袁家骅《汉语方言概要》
25）《现代汉语规范问题学术会议文件汇编》
26）《全国文字改革会议文件汇编》
27）北京大学《语言学名词解释》
28）郭沫若《卜辞通纂》 29）《两周金文辞大系并考释》
30）王力《汉语史稿》
31）段玉裁《说文解字注》
32）朱骏声《说文通训定声》
33）《广韵》（周祖谟校本）
34）《韵镜》
35）《切韵指掌图》
36）周德清《中原音韵》
37）段玉裁《六书音均表》
38）章炳麟《国故论衡》（上卷）
39）邵晋涵《尔雅正义》
40）王念孙《广雅疏证》
41）钱绎《方言笺疏》
42）《方言校笺》（周祖谟校笺，吴晓铃通检）
43）俞樾《古书疑义举例》
44）张相《诗词曲语辞汇释》
45）刘淇《助字辨略》
46）王引之《经传释词》
47）杨树达《词诠》
48）马建忠《马氏文通》
49）王力《古代汉语》
50）杨伯峻《文言语法》
51）吕叔湘《文言虚字》
52）朱星《古代汉语概论》
53）陆宗达《训诂浅谈》
54）陈望道《修辞学发凡》

3. 版本书目

张之洞《书目答问略例》说：“读书不知要领，劳而无功；知某书宜读而不得精校精注本,事倍功半。”

《遂初堂书目》1 卷　〔宋〕尤袤撰,收入《说郛》(宛委山堂本)卷十、《四库全书·史部·目录类》、《常州先哲遗书第一集·史类》、《丛书集成初编·总类》。著录亲见之书,多是手抄本、监本、蜀本、杭本等善本书。按四部分类(经 9 类,史 18 类,子 12 类,集 5 类)。其史部著录书 900 多部,多于《崇文总目》及《郡斋读书志》;版本也较齐全,如《前汉书》有“川本”、“吉州本”、“越州本”、“湖州本”……后世目录沿例,每书都载其不同版本,实由此书目创例为之。

《读书敏求记》4 卷　〔清〕钱曾撰,清乾隆十年(1745)嘉兴沈尚杰双桂草堂刻本、《丛书集成初编》本、《文选楼丛书》本(另有补遗 1 卷)、书目文献出版社 1984 年 6 月点校本。钱曾在《述古堂书目》后,列出《述古堂宋版书目》,又从藏书中选出精品 634 种,亲加题识,作《读书敏求记》,考订宋元精刻善本的篇目完、缺,授受源流,刻工同异。在图书版本鉴定方法上,找出了一定的规律,提出了从版式、行款、字体、刻工及纸墨的颜色判定其雕印的年代;从祖本、子本、原版、修版来定版本的优劣,从而开扩了目录学的研究领域,奠定了古籍版本学的初步基础。

【《钱遵王读书敏求记校证》4 卷　〔清〕管庭芬辑、章钰补辑,长洲章氏 1926 年刊本。钱曾(字遵王)《读书敏求记》撰成后,谬误之处,未经校对。管、章二氏遂广征博引,一一为之校证而成此书。】

《增订四库简明目录标注》20 卷　〔清〕邵懿辰撰、邵章续录,清缪荃孙批校传抄本(题“标注稿”,不分卷)、清宣统三年(1911)仁和邵章刻《半岩庐所著书》本,中华书局上海编辑所 1959 年 12 月第 1 版,1963 年第 2 版,上海古籍出版社 1979 年 7 月新 1 版。这是一部版本目录。以《四库全书简明目录》为基础,把各书版本分注于各书之下。增订本补充了一些为《简目》所未收的书和不同版本。附录有:一、善本书跋及其他;二、四库未传本书目;三、东国(朝鲜、日本)书目。卷末附四角号码综合索引。

《郘亭知见传本书目》16 卷　〔清〕莫友芝辑、莫绳孙编,清宣统元年(1909)日本田中氏北京铅印本、西泠印社铅印本(有李慈铭批注)、江安傅增湘铅印本、上海扫叶山房 1923 年石印本(附有扫叶山房发行石印精本书籍目录)。此书与邵目相似,但所收的书并不限于《四库简目》。它收录《简目》所未收的古籍近 700 种,均注明版本。可与邵目互相参阅。

《贩书偶记》20 卷　孙殿起编,冀县孙氏借闲居 1936 年铅印本,中华书局 1959 年重印本(附有按四角号码编排的《书名、著者名综合索引》),上海古籍出版社 1982 年 11 月新 1 版。孙氏在北京开设通学斋书店,专售古旧书籍。收购时,每书随笔记录,经多年积累,约 1 万余条,汇编成为此目。收书以《四库全书总目》没有著录的清代以来的著述为主，也有少数明代人的著述。每书著录书名、卷数、著者、版本等项。只录单刻本；有些后来收入丛书者，则只录初刊本或抽印本。按四库分类编次。可作为《四库全书总目》的续编来用。

《贩书偶记续编》 孙殿起辑、雷梦水编，上海古籍出版社1980年9月版。上海古籍出版社《贩书偶记》于1936年出版后，孙殿起又积累了不少资料。雷梦水根据孙殿起所目睹手经的近6000种清代著作，整理成《续编》。

《书目答问》 〔清〕张之洞撰，清光绪二年（1876）四川初刊本、清光绪五年贵阳重刊本；另有石印本多种。这是一部举要性质的目录书。为指示初学者治学之途径，张氏分别条贯，慎择约举，列书籍2200余种，经、史、子、集之外，尚有“丛书目”。附录有：一、别录目；二、清代著述诸家姓名略总目。汉、宋兼收；学术价值和实用价值并重。所著录的每种书注明卷数、著者、版本，间或附以简短按语，指明何种书便于使用，何种版本为最善。

《书目答问补正》 范希曾补正，国学图书馆1935年印本，中华书局1963年2月重印本，上海古籍出版社1983年4月出版瞿凤起校点本。《补正》纠正了《答问》不少错误，增补了漏记和后刊的版本和人名；还补收了约1200种书（直至1930年止），一部分属《答问》漏收，大部分是光绪二年（1876）以后几十年来整理和研究古籍的学术著作。还注意收录对某一种或某一类要籍做过辑补校注的本子。这是一部综合性、学术性的古代要籍目录。

《中国善本书提要》 王重民撰，上海古籍出版社1983年8月版。王氏在1939～1949年的十年间，写成宋、元、明刻本及校抄等善本书提要约5000篇，计有北京图书馆所藏2700余篇，北京大学图书馆所藏600余篇，美国国会图书馆所藏1600余篇。经他夫人刘修业暨好友傅振伦、杨殿珣整理，去其重复，得4200余种（另补遗100余种），大体上按四部分类编排，成此《提要》。可据以考知古籍的刊刻经过、流传情况和原本、翻刻本、抄本、影抄本之优劣。

《中国丛书综录》 上海图书馆编，中华书局1959～1962年版，上海古籍出版社1986年2月缩印本。分为三册：第一册是《总目分类目录》，汇集全国41个图书馆所藏的历代丛书2797种（不包括属于“新学”的丛书和“释藏”），共含38891种古典文献。每种丛书详列书名、编撰者的时代和姓名、刻印年月及处所，而以子目附于后。每一子目也注明卷数和撰者的时代、姓名。附《全国主要图书馆收藏情况表》。第二册《子目分类目录》，按经、史、子、集四部所属各类排列。第三册《子目书名索引》、《子目著者索引》，按四角号码编排。

【《中国丛书综录补正》 阳海清编撰、蒋孝达校订，1984年8月江苏广陵

古籍刻印社排印本。订正《综录》的错误并补其版本。卷末附按四角号码编排的《中国丛书综录丛书异名索引》。】

《中国近代现代丛书目录》 上海图书馆编印,1979年9月第1次印刷、1980年9月第2次印刷。收录上海图书馆藏1902~1949年各地出版的中文丛书(线装古籍除外)5549种,包括各类图书30940种。按丛书书名首字笔画数为序。著录项目有:丛书书名、主编者、出版起讫年月、出版者,子目书名、著者、出版年月、页数。书前有《丛书书名首字索引》;书末附有《丛书出版系年表》(1902~1949)。此书与《中国丛书综录》互补。

【上海图书馆于1982年编印了《中国近代现代丛书目录》的索引,共两册:一、《子目书名索引》;二、《子目著者索引》,后附有《中国著者名、字、号、笔名录》、《外国著者中文译名异名表》。】

《古籍目录》(1949.10~1976.12) 国家出版局版本图书馆编,中华书局1980年8月第1版。收入从中华人民共和国成立起至1976年出版的各类古籍。它们包括:1. 五四以前的著作;2. 五四以后对古籍整理加工的著作,以及从古籍中摘录或选编的资料书;3. 古籍的今译、新注和选本。

《古籍整理编目》(1949.10~1981.10) 古籍整理出版规划小组编,中华书局1981年内部印行。此编只收文、史、哲古籍,包括:1. 辛亥革命以前的著作;2. 辛亥革命以后对古籍整理加工的著作(包括点校注译);3. 今人对古籍所作的系统专著;4. 有关古籍的工具书。按年编排,一年之内的排列顺序大致是:文学(诗文总集、别集、词曲、小说、戏剧、文学评论、工具书),语言文字,历史(各体史书、史料笔记、史学评论、地理、工具书),哲学以及综合参考(类书、丛书、版本校勘、藏书题跋、读书笔记)等。

《中国古籍善本书目》 《中国古籍善本书目》编辑委员会编,从1986年起,由上海古籍出版社陆续出版。所谓"善本",是指"具有历史文物性,学术资料性,艺术代表性三方面之一者"。此目是在全国范围进行善本书籍普查工作的基础上,根据全国各图书馆、博物馆等单位所藏的古籍善本书而编成的一部大型联合目录。共收录全国782处藏书机构所珍藏的中国历代古籍善本书6万余种,13万部。全书分为经、史、子、集、丛五部。各部类所录,以著者时代先后为序,同一书有多种版本时,按时代先后,先列刻本,次抄本;有稿本者,排在各本之前。每书著录书名、卷数、编者注释者、版本、批校题跋者。每书有编号,根据后附"藏书单位代号表"和"藏书单位检索表",可查出某书所在单位。

《古籍版本题记索引》 罗伟国、胡平编,上海书店1991年6月版。本书为有关古籍版本的书目、题跋记、读书志、书影等类图书102种编制了索引,按四角号码法编排。所采书目详列版本情况,以便核实。如宋司马光《孝经指解》

一书，据此可查得其著录于宋代《郡斋读书志》、《直斋书录解题》和清代《持静斋书目》、《抱经楼藏书志》，版本有宋刊本、通志堂刊本和旧抄本一种。

《清人别集总目》（全2册） 李灵年、杨忠主编，安徽教育出版社2000年7月版。本书是第一部全面反映现存清代诗文别集著述、馆藏及其作者传记资料的大型工具书，共收作家19500余人，诗文集约4万部。本书以人系书，每条均注明所知的现存各种版本，并附作者传记资料于后。

4. 提要目录

《崇文总目》〔宋〕王尧臣等编次。原本66卷，分为四部四十五类，佛经、道经不再作为附录，而正式列入子部，共著录书30669卷。元朝初年已残缺。明、清时代，只有简目流传。《四库全书》著录"十二卷"。清嘉庆四年（1799），钱侗等从《欧阳文忠公集》、《玉海》、《文献通考》等书中，辑出5卷、补遗1卷、附录1卷。有《粤雅堂丛书》本、《丛书集成初编》本。《总目》每书有解题，每类有小序。小序见于《欧阳文忠公集》者有经类、史类及子类之半。它总括了宋以前的图书概况，"百世而下，藉以验存佚，辨真赝，核同异"（《四库全书总目》语）。

《郡斋读书志》4卷 后志2卷 考异1卷 附志1卷 〔宋〕晁公武撰，考异附志 〔宋〕赵希弁撰，宋淳祐十年（1250）袁州刊本（故宫博物院藏）；上海商务印书馆1936年照原式影印宋袁州刊本，收入《续古逸丛书》；上海商务印书馆1937年缩印袁州本，收入《四部丛刊三编·史部》，又收入《万有文库》二集。此为著录之书，分四部四十二类，共有1468部。全部加以校勘，每完成一种，即写出读书心得，还附入了不少遗闻轶事，可以作为考证资料。另有衢州本，收录1461部，分为20卷。后收入《宛委别藏》。

《直斋书录解题》22卷 〔宋〕陈振孙撰，〔元〕程棨批注，清乾隆三十八年（1773）武英殿聚珍版印本、上海商务印书馆印《万有文库》本、《丛书集成初编》本。仿《晁志》例，每种书著录其卷数和著者姓名，并写成提要，评论得失，考证较详。收书共3039种。虽未标经、史、子、集四部之名，但实际是按四部序列：前十类属于经部，次十六类属于史部，再次二十类属于子部，后七类属于集部，共有五十三类。现在的传本，系清乾隆间修《四库全书》时，从《永乐大典》中辑出，分为22卷，已非原书之旧。

《文献通考·经籍考》76卷 〔元〕马端临撰，元刊《文献通考》本、明弘治九年（1496）南昌府单刊本，华东师范大学出版社1985年6月出版华东师大古籍研究所标校本。著录自古迄宋"存于近世而可考"的图书约5000种，按经史子集四部分类（经13类，史14类，子23类，集6类，共56类），部类有小序，各书有解题，是一部收罗宏富、体制完备、有代表性的辑录体提要书目。虽多引自成文，无甚新见，但各说俱备，有利于考证文献。

《百川书志》20卷 〔明〕高儒撰，1915年长沙叶德辉刊本，1919年长沙叶氏重编刊印《观古堂书目丛刻》本，上海古典文学出版社1957年铅印本。高儒字子醇，号百川子，明涿州人，嘉靖时武官。好藏书，曾说："书无目，犹兵无统驭，政无教令，聚散无稽矣。"用六年多的时间，就家藏之书编书志20卷，分经、史、子、集四志，下分子目九十三门，收书2119种，每一书有扼要的题解，是一部重要的提要目录。其分类与传统有异，如史志于习见的十四类之外，增"御记"于"故事"之后，增"姓谱"于"目录"之后，新创"史咏"、"文史"、"野史"、"外史"、"小史"等类，对小说、戏曲能兼收并蓄。

《四库全书总目》200卷 首4卷 〔清〕纪昀等编纂，清乾隆间武英殿聚珍版印本，清浙江湖州沈氏刊本，上海商务印书馆1933年铅印本（附《未收书目提要》）；中华书局1965年6月用浙本作底本影印，由王伯祥断句（全2册），附录有：四库撤毁书提要；四库未收书提要（阮元）；四库全书总目校记；四库全书总目书名及著者姓名索引。收入《四库全书》的有3461种，79309卷；存目中的有6793种，93551卷。这些书籍，基本上包括了乾隆以前中国古代的重要著作（尤以元代以前的书籍收辑更为完备）。这1万余种书籍，每一种都有内容提要，并按经史子集四部44类作了系统的编排。

【《四库提要辨证》24卷 余嘉锡撰，武陵余氏1937年7月铅印本（此系未定稿，仅印史部4卷、子部8卷），科学出版社1958年10月印行（此系定稿24卷，1952），中华书局1980年5月标点重排本（全4册）。此书计有490篇，按《四库提要》编次。辨明考证的内容，先摘原文，然后详征博引指出它的错误，汇编成为此书。共80万字，是著者"一生精力所萃"，对于研究文史哲及版本目录等学，都极有参考价值。

《四库全书总目提要补正》60卷 补遗1卷 未收书目补正2卷 胡玉缙撰、王欣夫辑，1964年1月中华书局印行。此书博采藏书志、读书记、笔记、日记、文集中的一些关于《四库提要》著录书籍的匡谬补阙的文章，不论长短，按提要的原来次序，分别辑录，附加个人的意见和评述，汇为一编。又对清阮元的《四库未收书目提要》也作了同样的处理。便于查阅需要的资料。共补正2300余种。

余、胡二书，对于《四库提要》的考订正误，各有优点，可以参观。】

《四库全书简明目录》20卷 〔清〕于敏中等编，清乾隆五十九年（1794）赵怀玉杭州刊本、清同治七年（1868）广东书局刊本、1924年上海扫叶山房石印本、1957年9月上海古典文学出版社铅印本（附书名、著者索引），中华书局1964年新1版，1985年重印。乾隆因为《总目》卷帙过繁，不便查检，乃命四库馆另编《简明目录》。除"存目"中的书籍一概不收外，其余全据文渊阁所藏《四库全书》著录书名、卷数和撰著人的时代、姓名等。删减“提要”原文，略述作书大意。全按《总目》次序编排。计20卷（经4、史4、子6、集6）。鲁迅对此简目的评价是：“其实是现有的较好的书籍之批评，但须注意其批评是‘钦定’的。”（《开给许世瑛的书单》）

《续修四库全书提要》 台湾“商务印书馆”1972年据日本油印本排印出版（全13册）。台版仅及原《提要稿》种数33000余篇的三分之一。此书是继《四库全书总目》之后于1931～1945年间由我国各学科专家共同撰写的又一部大型提要书目。但由于整理仓猝，又无原稿校对，故讹谬甚多。《续修四库全书提要》原稿，现藏中国科学院图书馆。按撰稿人分册装订，共219函。1980年，科学院图书馆开始整理、分类。1993年由中华书局出版了《经部》二册，1996年由齐鲁书社出版正文共37册，另索引1册。齐鲁书社1999年又出版《续修四库全书总目》（1册）。

《续四库提要三种》 胡玉缙撰，吴格整理，上海书店出版社2002年8月版。收入胡氏《四库未收书目提要续编》四卷、《许庼经籍题跋》四卷、《续修四库全书总目提要礼类稿》一卷，合计著录古籍1200余种，均为胡氏续《四库全书总目》而作。

《郑堂读书记》71卷 附补遗 〔清〕周中孚撰，吴兴刘氏嘉业堂1921年刊本，上海商务印书馆1940年8月铅印《国学基本丛书》本（附补遗），商务印书馆1959年6月铅印本（附补遗，增附书名、著者索引）（全3册）。周中孚，字信之，号郑堂，浙江乌程人。曾代上海李筠嘉编《慈云楼藏书志》，书成后，别录副本为《郑堂读书记》。后稿本为吴兴刘承干所得，仅存71卷。商务印书馆在重印时，又从《慈云楼藏书志》残本中辑出佚文若干，作为补遗。李笠《三订国学用书撰要》说此书“体例仿《四库提要》，评论书籍，不斤斤于版本字句间，必畅言著述之得失，与书之本身价值。考订古书之真伪，尤多邃密之论”。所收之书共4000余种，或有四库未收或以后新出的，可作《四库全书总目》的续编读。

《千顷堂书目》32卷 〔清〕黄虞稷撰，上海古籍出版社2001年7月出版由瞿凤起、潘景郑整理本，末附索引。所录以有明一代著作为主，兼附宋、辽、金、元艺文。按经史子集四部排列，集部又按科第序次排列。每一条目后附作者爵里、字号、科第，资料较宝贵。此目长期以钞本流传，1913年张钧衡《适园丛书》第二集刻入，1920年出增订本。瞿、潘二先生在此基础上作了全面的校勘整理。

《中国学术名著提要》 周谷城主编，复旦大学出版社1992年起出版。收录商周至现代（1949年以前）的著名学术著作（篇）约3000种，分为文学、艺术、语言文字、历史、哲学、宗教、经学、经济、政治法律、教育、科技等卷。提要内容包括：书名、正文、版本、写作经过及成书年代、内容大意、学术影响、研究情况等。编者在出版说明中说："待各卷出齐以后，还将做合成增补工作，使之成为一部类似于《四库全书总目提要》的大型工具书。"以《语言文字卷》为例，收入著作191部（篇），上起《尔雅》，下至吕叔湘《汉语语法论文集》，分为音韵、训诂、文字、语法、修辞、方言和少数民族语言七大类，以简洁精当的表述对它们作了评介。

《中国古籍书名考释辞典》 张林川等编著，河南人民出版社1993年6月版。收录古籍书名1500余条，上起春秋，下止于清，凡撰者1100余人，分经史子集四部编排。各条由撰者生平、书籍内容、优劣得失、书名释义四部分组成。本书"将书名考释与学术评介相结合，既解释了书名，也研究了学术，也使读者能从此书中获得多方面借鉴作出了很大的努力"（朱祖廷序言）。

《中国大书典》 黄卓越、桑思奋等主编，中国书店1994年2月版。辑选先秦至民国期间中国文化史上2000余部图书，详加评介。分哲学、历史、政事、地志、教育、文学、艺术、语言文字、金石考古、宗教、科技、医学、类书丛书书目索引等13大类。

《中国拍卖古籍文献目录》（1993～2000） 姜寻编，上海书店出版社2001年12月版。收录中国嘉德国际拍卖有限公司、北京海王村拍卖有限公司（中国书店）、上海朵云轩艺术品拍卖公司、上海国际商品拍卖有限公司（博古斋）、中鸿信拍卖有限公司、盘龙企业拍卖股份有限公司、北京万隆拍卖有限公司等7家拍卖公司自1993年秋至2000年秋历次上市拍卖的所有古籍善本及各类文献。条目分公司按时间为序编排，著录项有编号、拍卖品名称、作者、版本、钤印、提要、形制、起拍参考价、成交价和成交时期等十项。书末附书名文献和著作者索引。

《中国文学专史书目提要》（上、下） 陈飞主编，大象出版社2004年7月版。收录2000年底以前出版的中国文学专史类著作2885部，其中正编710部撰有提要，介绍其基本情况、著者、内容并对其略作评价。书分作者文学史（如《中国妇女文学史》）、读者文学史（如《中国儿童文学史》）、主题文学史（如《中国抗战文艺史》）、体法文学史（如《中国戏曲现代戏史》）、民族文学史（如《蒙古族文学简史》）、地域文学史（如《河北当代文学史》）、比较文学史（如《中日古代文学关系史稿》）等类。本书目纳入了陈玉堂《中国文学史旧版书目提要》（上海社科院文学研究所1985年）、吉平平、黄晓静《中国文学史著版本概览》（辽宁大学出版社1992年）、邓敏文《中国多民族文学史论》（社科文献出版社1995年）、黄文吉《台湾出版中国文学史书目提要》（台湾万卷楼图书有限公司1996年）的各项资料。

5. 辨伪书目

郭沫若说："无论作任何研究，材料的鉴别是最必要的基础阶段。材料不够固然大成问题，而材料的真伪或时代性如未规定清楚，那比缺乏材料还要更加危险。因为材料缺乏，顶多得不出结论而已，而材料不正确便会得出错误的结论。这样的结论比没有更要有害。"(《十批判书》)

《诸子辨》1卷 〔明〕宋濂撰，商务印书馆《四部丛刊》影印明正德年间刊《宋学士全集》本、1955年中华书局《古籍考辨丛刊》第一集本(顾颉刚校点)。这是考辨周、秦至宋代诸子书的目录，是考辨伪书的开端。共44条。然不甚确切。

《四部正讹》3卷 〔明〕胡应麟撰，明刊《少室山房笔丛》本，中华书局1955年《古籍考辨丛刊》第一集本。此书比宋濂《诸子辨》前进了一大步。宋书专论诸子，此书扩充到经、史、子、集四部，所辨之书达104种。旨在辨伪求真，做分析和综合的研究。胡氏把伪书按性质分成20类，卷末还提出审核伪书的具体方法8条。两者虽不尽适用，却仍可作为参考。

《古今伪书考》1卷 〔清〕姚际恒撰，清乾隆至道光间《知不足斋丛书》第23集本，北平朴社1929年铅印本(顾颉刚校点)，北平景山书社1933年再版《辨伪丛刊》本，中华书局1955年《古籍考辨丛刊》第一集本。此书是考辨伪书的工具书，收书91种。多采前人成说以证；或折中其说，甚至以文辞的工拙来定真伪；叙述不够详博。姚名达列《宋、胡、姚所论列古书对照表》，附于顾颉刚校点本《古今伪书考》之后。

《重考古今伪书考》 顾实撰，上海大东书局1926年印行，1928年再版。此书辨姚际恒《古今伪书考》的辨伪，以正其失。其所说亦有得有失。

《古今伪书考补证》 黄云眉著，金陵大学中国文化研究所1932年印行，山东人民出版社1959年铅印本，齐鲁书社1980年6月据山东人民出版社1964年版重排本。姚书辨伪，而顾实又辨姚书的辨伪；由于考证不足，或真或伪，各是其说，还无确论。黄氏乃详征博引各书中有关的论述予以补证。列各家论证于前，个人之说附后。凡不待补、不必补的皆不补。编次仍依姚书，也有与姚说参差者，另编《原著、补证异同对照表》附后。表分"书名"、"原著考语"、"补证考语"等三栏。如《小尔雅》，原著考语为："伪。"补证考语为："或即《汉志》之《小雅》，然必为王肃所变乱。"两相对照，异同立见。

《伪书通考》 张心澂编撰，上海商务印书馆1939年初版本，1954年新版印本，1957年三版修订本，上海书店1998年1月据1939年版影印。先集合宋、胡、姚三书之说，然后征引其他各书中有关的材料，汇编而成。引文一一注明出处，或注明转引自某书。编者意见则作为按语，列于各说之末。每书题下所注的"伪"、"疑伪"、"非伪"或其他字样，是为结论。全书按经、史、子、集、道藏、佛藏六部排列。初版辨书 1059 部；修订本增加了 45 部，共 1104 部。考证丰富，是辨伪书目的集大成之作。末附按四角号码编排的《伪书通考书名及著者索引》。

《续伪书通考》（全 3 册）　郑良树编著，台湾学生书局 1984 年 6 月版。仿《伪书通考》体例，收录自宋代至作者本人考辨古籍的主要成果。资料包括了大陆和港台，分为全部采录、提取主要观点和存目三类。书末附“伪书通考正续编”考订古籍索引和征引古籍索引。书前有作者题为《论古籍辨伪学的新趋势》的长篇序言。

【郑良树另著《诸子著作年代考》，北京图书馆出版社 2001 年 9 月版。】

《中国伪书综考》　邓瑞全、王冠英主编，黄山书社 1998 年 7 月版。“本书是一部全面介绍、考证我国历史上作伪书籍的专门著作，收录古代包括近代有伪作疑问的书籍一千二百种，是目前收录伪书最多的目录专著。”（编纂说明）书分经、史、子、集、道、佛、近代七部分，类下分细目，各条均详收材料，力求纳入最新的学术成果。

6. 全国新书目

《全国总书目》　1949 ~ 1954 年一册，1955 年一册（这两册由新华书店编辑印行）。1956 ~ 1964 年每年各一册（由文化部出版事业管理局版本图书馆编）。1970 年一册（由北京图书馆版本书库编）。1972 年以后每年各一册（由国家出版事业管理局版本图书馆编）。从 1956 年起，由中华书局出版。这是反映 1949 年以来中国图书出版情况的大型书目，比较全面系统地揭示了我国（未含台湾）出版的各种文献。

《全国新书目》　此书目创刊于 1950 年，先后由中央人民政府出版总署、文化部出版事业管理局、北京图书馆、国家出版事业管理局编辑。初为季刊，后改为双月刊，1954 年改为月刊，出至 1966 年 7 月停刊，至 1972 年 6 月复刊，1973 年起定为月刊，以后每月按期出版。供查考全国出版的新书。

《中国出版年鉴》　中国出版工作者协会编，从 1980 年起，每年编印一册（由商务印书馆出版）。其精装本包括 11 部分，含“新书简目”。

《古籍整理图书目录》（1949 ~ 1991）　国务院古籍整理出版规划小组办公室编，中华书局 1992 年 5 月版。收录辛亥革命以前的著作和辛亥革命以后对古籍整理加工的著作（包括点校注释）及有关古籍的工具书，不收古籍研究专著。按年编排，每年之内按文学、语言文字、历史、哲学、书画艺术、综合参考、医农科技等排列。本书基本上反映了新中国成立以来四十余年古籍整理出版的概况。

《中国国家书目》　北京图书馆编辑出版，现已出 1985 ~ 1987 和 1991 ~ 1994 年本,另有光盘版。分年反映我国(含港、澳、台)出版物,国家图书馆入藏的各语种、各类型、各载体的出版物(包括内部发行或限地区发行的出版物,还包括我国著者在国外发表的著作和海外华侨、外籍华人的著述,以及外国的中文出版物)。

7. 馆藏目录

《国立北平图书馆善本书目》 赵万里编,北平图书馆1933年版。收录1933年前入藏的善本3796种,多为宋元明精本。

《国立北平图书馆善本书目》乙编、乙编续目 赵孝孟编,北平图书馆1937年版。此书系上书之续(不含上书所收),续录1937年前入藏的善本3907种,附116种。

《丛书子目书名索引》 施廷镛编,清华大学图书馆1936年3月发行。收录清华大学图书馆1936年1月以前入藏之书,凡1275种,全书按笔画顺序编排,分子至亥12集。

《上海图书馆善本书目》 上海图书馆编,1957年上海图书馆印。收录1956年9月以前入藏的善本2470种,以明刻本为主。

《南京大学图书馆中文旧籍分类目录初稿》 南京大学图书馆编,南京大学图书馆1958年铅印精装本(内部参考)。线装书(不含方志)全部入录,总计约有16万余册。依刘国钧原编北京图书馆修订的《中国图书分类法》分类编排。【南京大学图书馆1980年还编印了《古籍善本图书目录》,著录善本1400余种2万余册,主要是明及明以前刻本、稿本、抄本、批校本;清流传较少的刻本、稿本、抄本、批校本;辛亥革命后至新中国成立前有学术参考价值的稿本、抄本及流传很少的印本。】

《北京图书馆善本书目》 北京图书馆善本部编,中华书局1959年版。主要收录新中国成立后10年新入藏的善本书,兼收1937~1948年入藏的善本,总计11348种,按经史子集四部编排,着重记录版本情况。

《青海省古籍善本书目》 青海省古籍善本书目编委会编。书前有顾廷龙先生1981年题签。每种均著录青海省馆藏单位。

《山西省古籍善本书目》 刘纬毅主编,山西省图书馆1981年编印。

《中国中医研究院图书馆馆藏中医线装书目》 中国中医研究院编,中医古籍出版社1986年12月版。收录1985年底中国中医研究院中医善本库与中医线装书库的全部藏书,共4203种。书末附书名、人名索引。

《北京图书馆藏墓誌拓片目录》 徐自烈主编,冀亚平、王巽文编辑,中华书局1990年3月版。北京图书馆收藏的墓誌,以王连生南北朝墓誌,张钫的“千唐誌斋”墓誌,清王懿荣、岳琪藏唐墓誌,原河南博物馆藏唐墓誌,于右任藏墓誌拓片等为主，兼及其他专藏中部分墓誌拓片。本书共收墓誌 4638 种。

《中国人民大学图书馆古籍善本书目》 中国人民大学图书馆古籍整理研究所编，中国人民大学出版社 1991 年 2 月版。收录 1988 年以前入藏的中文古籍善本书 2430 种，2800 余部，按经史子集丛五部编排。

《四川大学图书馆古籍善本书目》 陈力编纂，四川大学出版社 1992 年 12 月版。

《四川省高校图书馆古籍善本联合目录》 四川省高等学校图书馆情报工作委员会编，四川大学出版社 1994 年 11 月版。

《中国社会科学院藏中文古籍善本书目》 中国社会科学院图书馆编，科学出版社 1994 年 3 月版。中国社会科学院图书馆所藏小学、史传、目录、金石、中医药、明清诗文集、丛书、地方志均较系统丰富。本书收录 8496 条，按经史子集丛志六部排列。

《湖南省古籍善本书目》 常书智、李龙如主编，岳麓书社 1998 年 6 月版。收录湖南省各地市、县公共图书馆、档案馆、博物馆、社科院、学校等所藏古籍善本。经史子集丛分类，每条均列书名、卷数、作者、版本及馆藏诸项，末附《湖南省藏和刻本汉籍书目》、《湖南省藏朝鲜刻本汉籍书目》等。

《中南、西南地区省、市图书馆馆藏古籍稿本提要》 阳海清主编，华中理工大学出版社 1998 年 11 月版。

《北京大学图书馆藏古籍善本书目》 北京大学图书馆编，北京大学出版社 1999 年 6 月版。北京大学馆藏古籍 150 万册，其中善本书 16 万余册，15000 余种，珍本超过 5000 种。北京大学图书馆曾编印过《北京大学图书馆藏善本书目》（上、下）和《北京大学馆藏李氏书目》（全 3 册），前者收录所藏清乾隆以前善本 7800 种，后者收录江西藏书家李盛铎所藏清以前各种善本 9087 种。本书在这两部书目的基础上编制而成，增入新编善本 2000 余种，刻本下限为 1795 年，钞本、稿本、手稿题跋等不受此限。

《上海图书馆馆藏家谱提要》 王鹤鸣等主编，上海古籍出版社 2000 年 5 月版。上海图书馆现有 1949 年前编印的旧家谱 11700 种，近 10 万册，藏量几乎是全国各公共藏书机构所藏中国家谱的总和。本书收录上海图书馆藏线装家谱，兼及部分其他装订形式的旧修家谱。条目按书名、纂修者、版本、载体形态、附注、装订形式、内容提要、馆藏信息等的顺序著录。末附《分省地名索引》、《堂号索引》、《常见古今地名对照表》等。

《中国社会科学院图书馆新方志总目》 中国社会科学图书馆地方志收藏中心编，吉林文史出版社 2002 年 3 月版。收录中国社会科学院图书馆藏 1949.10～2000.12 出版的新地方志。先列综合性专业志、部门志和山水志等，次为省、自治区、市、县志书。

《中国历史博物馆藏普通古籍目录》 中国历史博物馆图书资料信息中心编,北京图书馆出版社2002年6月版。

《北京师范大学图书馆古籍善本书目》 北京师范大学图书馆古籍部编,北京图书馆出版社2002年7月版。

《香港所藏古籍书目》 贾晋华主编,上海古籍出版社2003年12月版。收录香港中文大学、香港大学、香港浸会大学、香港新亚研究所图书馆等11家图书馆所藏中文古籍7386种及丛书子目18718种。

《"中央图书馆"善本书目》(全4册) 台湾图书馆特藏组1967年12月增订初版,1986年12月增订2版。

【《"中央图书馆"善本序跋集录》(全16册) 台湾图书馆1992~1994年版。书分经(1册,506部,935篇)、史(4册,1197部,2701篇)、子(4册,1438部,3977篇)、集(7册,2359部,6361篇)。】

《"国家图书馆"善本书志初稿》 台湾图书馆特藏组编,台湾图书馆1996年4月~2000年5月版。分经(1册,1128部)、史(2册,2774部)、子(3册,3414部)、集(4册,4867部)、丛(1册,186部)。

《早稻田大学图书馆所藏汉籍分类目录》 日本早稻田大学图书馆编印,日本综合印刷株式会社平成3年(1991)12月版。

《京都大学人文科学研究所汉籍分类目录》(上、下) 日本京都大学人文科学研究所昭和54年(1979)3月发行。

《东京大学东洋文化研究所汉籍分类目录》 日本东京大学东洋文化研究所平成8年(1996)1月发行。

《美国哈佛大学燕京图书馆中文善本书志》 沈津著,上海辞书出版社1999年2月版。本书乃该馆所藏宋元明刻本之目录,凡1433种,按经史子集丛部编排,举各书书名卷册,版式行款,全书要旨,著者生平,特点源流,题跋牌记,刻工书铺,递藏钤印以及海内外收藏馆名等。

《美国国会图书馆藏中国方志目录》 朱士嘉编著,台湾新文丰出版公司1985年2月印行,中华书局1989年9月版。著录美国国会图书馆藏中国地方志2939种,56989卷,排列依《清一统志》,各条著录书名、卷数、编修人、版本、册数诸项。

《法兰西学院汉学研究所藏汉籍善本书目提要》 田涛主编,[法]魏丕信监修,中华书局2002年1月版。收集140余部善本,多有国内未见古籍秘本。每书均详列书名、卷数、作者、函册、版本介绍及提要,并附书影若干。

《中国馆藏和刻本汉籍书目》 王宝平主编,杭州大学出版社1995年2月版。收录大陆68家图书馆所藏日本明治年间及以前刻印、钞写的中国著者之书和日本著者的注校、研究中国古籍之书。书前有《和刻本汉籍初探》的长篇序言。

《日本见藏中国丛书目初编》 李锐清编著,杭州大学出版社1999年1月版。收入日本16所图书馆、文库的丛书共2400余目。

8. 历代艺文志

(1)《汉书》、《隋书》、《旧唐书》、《新唐书》、《宋史》、《明史》、《清史稿》中的《艺文志》、《经籍志》;

(2)《二十五史补编》中的补各史《艺文志》、《经籍志》;

(3)《民国时期总书目》(1919~1949)17卷21册;

(4)《中国图书大辞典》(1949~1992)19卷。

《中国历代艺文总志》 台湾图书馆特藏组编,台湾图书馆1984年11月版

9. 各地艺文志

《中国古方志考》 张国淦撰,中华书局1962年8月版。初稿成于1930年,本按朝代顺序排列;新中国成立后重订,改为按省区分编,以便检阅。此书著录我国自秦汉至元末的各代方志2271种,存佚皆录。佚书详引各家考证及片段引文,以见其一斑;于现存之书,则编录各家序跋,以见其梗概。编者间抒己见,则附在按语之中。是一部相当完备详尽的元以前的方志存佚总书录。不过,此书在采录资料时,也偶有疏漏。如四川大学彭静中曾指出:所录罗願《新安志序》,就漏了很重要的一段。

《中国地方志综录》 朱士嘉编,上海商务印书馆1935年初版,1958年增订本。本书是地方志目的汇编。初版著录5832种,用表格形式详列其书名、卷数、纂修者姓名、纂修年份及版本、藏者等栏。增订版共著录各图书馆现存方志7413种,109143卷,著录形式和编排如前;附有"参考书目"、"书名索引"、"人名索引"。所录方志,绝大部分是清朝编印的;也有元、明两代的珍本,但是少数。大致可与张书衔接。

《中国地方志联合目录》 中国科学院北京天文台主编,中华书局1985年9月版。这是目前我国最完备的综合和记实方志目录。依据192个单位的藏书,共收录中外所藏地方志书8264种(90多部藏于国外的,其中50多部国内有胶卷)。按朝代分,这8264种方志为:宋之前3部;宋28部;元9部;明942部;清4889部;民国2393部。依1977年《中华人民共和国行政区划简册》次序排列。

【《中国地方志总目提要》(全3册) 金恩晖、胡述兆主编,台湾汉美图书有限公司1996年版。】

《稀见地方志提要》(上、下) 陈光贻编著,齐鲁书社 1987 年 8 月版。提要 1100 多种,共 15 卷,按地编排,首列一卷总志。末附《古今图书集成方志辑目》。

《中国地方志综览》(1949~1987) 来新夏主编,黄山书社 1988 年 10 月版。这是一部资料信息书。76 万多字。较全面地记述了 1949~1987 年有关方志研究和编纂的情况。与《中国地方志联合目录》配套使用。

《中国新方志目录》 全国地方志资料协作组编,书目文献出版社 1993 年 8 月版。本书拟分三册出版,第 1 册收录 1949 年 10 月至 1992 年 12 月间的新方志,以省级、县级方志为主,兼收区志、街道志、乡志、镇志、村志、山水名胜等专志和部门志。据凡例后二册所收资料将从 1993 年 1 月至该届修志结束。

《中国新编地方志目录》 中国地方志指导小组办公室编,方志出版社 1999 年 10 月版。收录 70 年代末至 1999 年 9 月出版的全国各地新方志。分省编排。港澳台、西藏部分暂缺。

《蜀中著作记》10 卷 〔明〕曹学佺撰,明刊本,清华大学图书馆藏,有傅增湘题跋。曹学佺,字能始,号石仓,明福建侯官人,万历进士。他任四川巡按使时,采辑川人著述编为此目。书名下介绍内容及作者生平;确见原书的,并录其序跋。按四部分类编排。

《温州经籍志》33 卷 外编 2 卷 辨误 1 卷 〔清〕孙诒让编,浙江图书馆 1921 年刊本。此志以本籍人著述为限;外籍人著的,别为外编。以书名序次,每书著录其书名、卷数、著者姓名、籍贯、出身、经历等项。下注"存"、"佚"、"阙"、"未见"。并仿马氏《经籍考》和朱氏《经义考》例,全录书的序跋。有时还加按语考证。

《金华经籍志》24 卷 外编 1 卷 存疑 1 卷 辨误 1 卷 胡宗楙编撰,永康胡氏梦选楼 1925 年刊本。此志辑金华一郡所辖金华、兰溪、东阳、义乌、永康、武义、浦江、汤溪八县人士所著的书,依《四库全书总目》类例编排。每书首列书名、卷数,次著者时代、姓名、籍贯、简历。然后分注"存"、"佚"、"未见"。辑录收藏家的有关论述,并录序跋。每一作者籍贯,以本身为准;凡属寄居的,概不收录。其非本郡人而撰述有关金华郡掌故者,则列为外编。此志义例精审,条理完密,足资参考。

《安徽文献书目》 安徽省图书馆编,安徽人民出版社 1961 年印行。著录历代安徽人著作近 4000 种(仅限于安徽省图书馆、安徽省博物馆、安庆图书馆、桐城图书馆、歙县图书馆等五馆所藏),著者有 1700 多人。按著者时代排列。其中有些传抄本比较可贵。

《中州艺文录》42 卷 经川图书馆 1935 年刊本。此书辑录河南各县明、清两代人士著作,按人分县编排。首人名,记其字号、籍贯、出身和简历;次列所著书的书名、卷数、刊本。全书共有1874人,取材丰富。

《江苏地区期刊与方志综录》(上、下) 戴国林编著,江苏教育出版社1990年4月版。收录1949年以前自然与社会学科的中文期刊4960余种(江苏省1635种,上海市3327种),各类重要方志970余种(江苏省807种,上海市164种)。

《江苏艺文志》(全11卷) 江苏人民出版社1994~1996年版。书分南京(上、下)、扬州(上、下)、苏州(四册)、无锡(上、下)、常州、南通、盐城淮阴(合一册)、徐州连云港(合一册)等卷。著录上古至清末及部分生于晚清而于1949年9月30日之前去世的江苏籍作者著作,酌收外省流寓并定居于江苏的作者著作。本书采用以年系人、以人系书的编纂方法,每一条目包括人物小传与所著书目两部分。著录各书依经史子集丛的次序排列,书名下注明卷数、四部类目、存佚,存书注明版本,佚书注明出处。每卷后附人名索引。该志搜罗宏富,著录精审,堪称当代地方志出版之典范。

《江西古今书目》 张德意、李洪主编,江西人民出版社1996年3月版。收录上起汉代下迄1990年底的书目共23990种,按时代分大类,古代9670种,中华民国2404种,中华人民共和国19833种。大类下按种类分别编排。

《山西文献总目提要》 刘纬毅主编,山西人民出版社1998年3月版。著录山西文献5075种,其中佚书590余种,全面系统展示山西文献的历史面貌。全书分七部分,即地方史(1070种)、地方志(822种)、晋人著述(1467种)、晋人批校(86种)、山西刻书(92种)、晋藏珍稀善本(235种)、碑刻拓片(1066种),另补遗237种。

《孔子故里著述考》 周洪才著,齐鲁书社2004年5月版。本书是一部全面著录曲阜人士著述情况的工具书。收录先秦至建国前490位作者的1700余种著述,每种均撰有考述文字。书末有著者、书名索引,另附《孔子故里学者校抄题跋著述考》、《孔子承袭嫡裔年岁、婚嗣、爵秩、封赠考录》。

河北、辽宁、陕西、山东、安徽、浙江、福建、河南、湖北、湖南、江西、广东、广西、四川、贵州、云南等省都有《艺文志》,这里从略。

10. 专题类书目

《易学群书平议》 黄寿祺著,张善文点校,北京师范大学出版社1988年6月版。本书补《四库全书总目》易类之所未备,收入历代注《易》之书134种,每篇皆注明书名、卷数、版本、著者生平,接着评述全书内容,论其是非得失。

《易庐易学书目》 庐松安编,山东省图书馆整理,齐鲁书社1999年12月版。庐松安先生收藏古今中外易类图书1300余种,且多珍稀版本,为海内外藏易第一名家。其书现收藏在山东省图书馆。本书目是庐先生独创的表格式解题目录,详录书名、卷册函数、版本、著者略历、成书时代、序跋、目录项,并与分类和提要等项阐发作者的研易心得。

《二十世纪诗经研究文献目录》 寇淑慧编,学苑出版社2001年7月版。本书著录1901~2000年间大陆及香港地区正式出版及发表的有关《诗经》研究之专著及论文5729条。分上下两编,上编为诗经通论,下编为分类分篇研究。

《三礼研究论著提要》 王锷编著,甘肃教育出版社2001年12月版。收录从汉代至1999年三礼(《周礼》、《仪礼》、《礼记》)之学的经、注、疏以及论文、专著、译介、工具书等,计4806种。上编共收专著2583部,民国以前的专著撰有提要,内容包括书名、卷数、作者、主要内容、价值、版本、存佚及藏书单位;下编收录1900~1999年间海内外研究三礼的论文2123篇,每篇著录书名、作者、刊名、卷(期)号、页码、发表时间等。"这是迄今为止内容最为齐备的礼学工具书"(彭林语)。

《十三经论著目录》(全8册) 周何等编,台湾洪业文化事业公司2000年6月版。收录先秦至1994年间十三经研究的著述和单篇论文。

《甲骨学与商史论著目录》 濮茅左编,上海古籍出版社1991年12月版。收集自1898年甲骨文发现至1987年国内外学者所著的甲骨学与商史论著目录。书分甲骨学、商代经济、文化、思想、科技、考古、其他等八类,每一类下再分小目。每一条均列书名(或文章名)、作者、出版单位(期刊名)、期刊期号及出版年月等项。末附《甲骨学商史综合研究专著细目》、《周原甲骨文有关西周早期主要论著目》、《甲骨学商史研究学者名》等。

《百年甲骨学论著目》 宋镇豪主编,语文出版社1999年7月版。本书收录自1899年殷墟甲骨文发现至1999年6月100年间海内外正式发表的关于甲骨学与商代史的论文专书计10946种,承继胡厚宣等《五十年甲骨学论著目》而成,可谓"甲骨学一百年"成果之总汇。

《周秦汉魏诸子知见书目》(全6卷) 严灵峰编著,台湾正中书局原版,中华书局1993年4月版。本书是对唐以前62种子书的中外历代各种版本、著述的汇集,收录汉籍诸子4400余种,日本及东方各国文字1100余种,欧美各国310余种,附目140余种,共6000余条。

《中国文字学书目考录》 刘志成撰,巴蜀书社1997年8月版。收录自先秦至1995年有关汉字的古今研究著述。"它有精当的历代文字学家小传,有翔实的历代文字学著作的内容提要,还有版本流传、国内图书馆善本存藏情况的著录。……有此书在手,即可对中国文字学的历史和现状瞭然于胸。可以说,它是研究中国文字学的指南和津梁。"(严修序言)

《汉语语言学书目》(1980~1997) 徐烈炯、王志洁主编,外语教学与研究出版社2001年1月版。书收此18年间海内外以汉语为对象或者以汉语语料为主的语言学著作5036种,分语音学、音系学、词法学、句法学、语义学、语用学、社会语言学、心理语言学、计算语言学及其他共十项,各条目均将作品及作者以中英文双语著录。本书是香港城市大学战略研究项目成果之一。

《文字音韵训诂知见书目》 阳海清等编,湖北人民出版社2002年10月版。本书主要收录文字、音韵、训诂方面的典籍,酌收金石、群书文字音义等著述,1911年前全部采入,1911年以后择要揭示,共4813种12067部。条目包括书名、著者、版本、附注等项。书末附藏书单位名称表及书名、著者索引。

《二十世纪现代汉语语音论著索引和指要》 王理嘉主编,商务印书馆2003年6月版。收录论文2600多篇,著作188部。对其中136篇论文和18部著作作了提要。

《二十世纪汉语词汇学著作提要·论文索引》 苏新春主编,上海辞书出版社2004年8月版。收录论文索引11000余条,著作提要350余种。

《闽方言研究专题文献辑目索引》(1403~2003) 张嘉星辑著,社会科学文献出版社2004年10月版。收录有关闽方言的各类资料、研究、评介等书刊文献目录8399种,集闽方言文献目录之大成。

《敦煌古籍叙录》 王重民著,中华书局1979年9月新1版。著录北京图书馆、巴黎国立图书馆、伦敦不列颠博物院和私人收藏的敦煌古籍199种(包括成卷、散篇),分经史子集四部。每种先录书名、著本、馆藏,后录题记和有关论文及“重民按”语,资料博浩,考证精详。

《敦煌遗书总目索引新编》 敦煌研究院编,施萍婷主撰稿,中华书局2000年7月版。本书在商务印书馆1962年5月初版、中华书局1983年6月再版的《敦煌遗书总目索引》和1986年黄永武《敦煌遗书最新目录》的基础上编制而成,按斯坦因劫经录、伯希和劫经录和北京图书馆藏敦煌遗书简目的顺序编排,收录序号、名称、题记、本文(部分)、说明等项目。这是目前使用价值最高的一本敦煌书目录。

【《敦煌学研究论著目录》(1908~1997) 郑阿财、朱凤五主编,台湾汉学研究中心2000年4月印行。】

《国家图书馆藏敦煌遗书研究论著目录索引》 中国美编,北京图书馆出版社2001年9月版。本书是在方广锠《中国国家图书馆藏敦煌遗书》的基础上,将有关研究论著编制成目录,收录1910~2001年国内外发表的论文、专著8576条,以千字文号编排,书末附著者拼音、笔画索引。

《中国考古学文献目录》(1983~1990) 中国社会科学院考古研究所资料信息中心编,文物出版社2001年3月版。本书分大陆考古学书目、报刊所载考古学论文索引、论文集所载考古学论文索引,以及港台考古学书目、报刊和论文集所载考古学论文索引五部分。就大陆考古学书目一类即收录论著和译著共1884种,著录项涉及编著者、出版单位、年月,页数、图版、开本及评介文章等。

《中国家谱综合目录》 国家档案局、南开大学历史系、中国社会科学院历史所图书馆合编,中华书局1997年9月版。收录中国大陆及港澳台地区1949年之前编纂的家谱14719条。各条列顺序号,书名卷数,纂修时代及纂修人,纂修时间、出版时间、版本和册数,藏书单位等。书前有冯尔康先生题为《宗族制度、谱牒学和家谱的学术价值》的长篇序言。书末附“地区索引”和“报送目录单位名单”。

《齐鲁文化研究论著目录》(上、下) 山东师范大学齐鲁文化研究中心编,张成水主编,中国社会科学出版社2003年12月版。收录1901~2000年间有关齐鲁文化研究的论文、专著以及文献整理方面的著作篇目,并附录海外相关研究的篇目。

《二十世纪辽金史论著目录》 刘浦江编,上海辞书出版社2003年10月版。著录用汉、日、俄、朝、蒙、英、法、德等八国文字出版的辽金史论著9216条。

《中国服饰文化参考文献目录》 李之檀编,中国纺织出版社2001年3月版。书分上下编。上编为“民族服饰文化参考文献目录”,涉及综合论述、专题研究、理论分析等方面,收文献2563条,自清初迄20世纪末。下篇为“古代服饰文化参考文献目录”,分古代文献举要、综合论述、断代论述、专题论述、麻毛棉丝、织染绣、丝绸之路与服饰文化交流七大类,下分84目,收文献6501条,自先秦迄20世纪末。

《书画书录解题》 余绍宋撰,国立北平图书馆1932年排印,浙江人民出版社1982年11月据此影印。本书为自东汉至民国年间860种书画类著作一一著录并作提要,分史传、作法、论述、品藻、题赞、著录、杂识、丛辑、伪托、散佚十类。这是“我国目录学史上第一部书画专科目录,它不仅开书画书专门著录之先河,而且又创书画典籍文献系统分类和忠实考据之始”(彭砺志语)。

《中国科学技术史·论著索引卷》 卢嘉锡总主编,姜丽蓉编著,科学出版社2002年7月版。本书是《中国科学技术史》30卷本中的一卷,全面收录1900~1997年间有关中国古代科技史研究的文献,分中文与日文两部分。由中国科学院自然科学史研究所主办的《中国科学技术史》拟分通史类5卷、专史类19卷和工具书类6卷,工具书类的《词典卷》,《典籍概要卷》(一)、(二),《图录卷》,《年表卷》均待出。

《中国医学书目》 [日]黑田源次编,台湾文海出版社影印1930年版本。分内经、金匮、伤寒、中藏、难经、经脉、针灸、巢氏病源、本草、方书、养生、内景明堂、病总、幼科、女科、外科、眼科、喉科、法医、兽医、医史、博物、丛书、医学辞汇等部分,末附作者及书名索引。

【《中国医籍考》 [日]丹波元胤编,人民卫生出版社1956年8月版。此书成于清道光六年(1826),全书共82卷,收录秦汉至道光初年历代医籍达2600种。辑录相关原始资料十分丰富。】

《中国医籍大辞典》(上、下) 《中国医籍大辞典》编纂委员会编,裘沛然主编,上海科学技术出版社2002年8月版。收录著录存世或公开出版的中医各学科历代医药书籍共词目17600余条。亡佚医籍词目4700余条。分内难经类、基础理论、伤寒金匮、诊法类、本草类、方书类、临床综合类、温病类、内科类、妇科类、儿科类、外科类、伤科类、眼科类、耳鼻咽喉口齿类、针灸类、推拿类、养生类、医案医话类、医史类、综合性著作、其他、亡佚等23类。末附书名、作者索引。

《全国中医图书联合目录》 薛清录主编,中医古籍出版社1991年1月版。收录全国113个图书馆馆藏1980年以前的中医药图书12124种。分医经、基础理论、伤寒金匮、诊法、针灸按摩、本草、方书、临证各科、养生、医案医话医论、医史、综合性著作12大类编排。著录项包括类名、总序号、著作年号、书名、著者、版本、馆藏、丛书子目、注释等。末附索引多种。

《中国兵书总目》 刘申宁编,国防大学出版社1990年6月版。收录自上古至1911年间的兵书4221种,范围包括历代兵法、兵谋、阵法、军制、训练、用间、兵器、辎重、饷章、战守、战史、马政、军医、军占、边防、江海防和名将事略、兵要地志以及晚期以来翻译的西方军事著作。著录项包括书名、卷数、著者、版本、行款和馆藏,有些附有按语。

《中国兵书通览》 许保林著,解放军出版社2002年1月第2版。书分通论、分论、现存兵书简目三编。"通论"叙述历代兵书的源流、作用、种类、数量、内容、价值、发展分期、特点、厄运、影响以及研究的现状及展望等。"分论"分十三类介绍了近百部有代表性的兵书要籍,"简目"是按时代编纂的现存兵书简明目录,每部列卷篇数、作者、版本及藏书地点或出处。

【《孙子学文献提要》 于汝波主编,军事科学出版社1994年10月版。】

《中国古玉研究文献指南》 赵朝洪主编,科学出版社2004年1月版。收录2000年以前的与玉器有关的报刊、考古报告、图录和研究论著,以及日文、西文玉器目录。

《新编汉文大藏经目录》 吕澂编,齐鲁书社1980年5月版。分为五大类:经藏(688部)、律藏(210部)、论藏(196部)、密藏(388部)、撰述(582部)。前四类收译本,后一类收中文撰述。

《二十二种大藏经通检》 童玮编,中华书局1997年7月版。收录《开元释教录》、《至元法宝勘同总录》和其他历代20种版本大藏经所收的经籍共4175

号,按书名首字拼音顺序排列。每条下列卷册数,译著人姓名、时代,该经异名、汉语拼音、梵文或英文译名,英文题释,章节名称,在各版藏经中的千字文编次及函册数目等项。附录部分为《大正藏》56~85卷和图像1~12卷经像名称及《昭和法宝总目录》三卷1091号简明目录。

《释家艺文提要》 周叙迦著,北京古籍出版社2004年4月版。对521种佛教撰写了提要,均能详其内容、较其得失、评其优劣,足补《四库全书总目·子部·释家类》之未备。

《道藏提要》 任继愈主编,钟肇鹏副主编,中国社会科学出版社1991年7月版。本书仿《四库全书总目》体例,为明《正统道藏》及《万历续道藏》(1924~1936年上海涵芬楼影印北京白云观藏本)编撰提要,共5300+180余卷。书末附道藏编撰人简介、索引、道藏目录、索引等。

《道藏分类解题》 朱越利著,华夏出版社1996年1月版。本书按新的图书馆目录分类法将道藏分成十五大类,下再分小类编排。每部书均有简明提要,并标出该子目分别在六种不同《道藏》丛书中的位置,便于检索。

【《道藏源流考》(上、下) 陈国符著,中华书局1963年12月版。】

《中国法制史书目》(全3册) 张伟仁主编,台湾历史语言研究所专刊之六十七。本书收录先秦至清末各种规范及其注释,计2352种。包括规定户婚、田土、钱债、刑名、行政、经济、军事、教育等等事件的法令、典章,及规定乡党、保甲、宗教、家族等等事件的约法、规则。条目按类编排,介绍内容包括书名、作者名、册卷数、最早版本、作者生年、重要内容、各图书馆书号、其他版本等八项。

《中国针灸文献提要》 王德深编著,人民卫生出版社1996年8月版。收录文献上起先秦(《灵枢经》、《黄帝内经·素问》),下迄1989年,凡1044种。各条按内容提要,作者简介和版本三项著录,内容详细。

《南方民族古史书录》 吕名中主编,四川民族出版社1989年6月版。"南方"指岷山—大巴山—汉水—长江一线以南地区,东包台湾,西尽川滇。所录上起先秦,下至辛亥革命前夕,收录古籍1653种,按时代先后编排。

《楚辞书目五种》 姜亮夫编著,上海中华书局1961年原版,上海古籍出版社1993年2月新1版;《楚辞书目五种续编》 崔富章编著,上海古籍出版社1993年2月版。书由《楚辞书目提要》(228+续252)、《楚辞图谱提要》(47+续44)、《绍骚隅录》(19+续42)、《楚辞札记目录》(803+续11)和《楚辞论文目录》(447+续1638)五种组成,反映自汉以来历代学者从事辑集、注释、考订、评议、辩论、图绘或绍述《楚辞》的成就。《续编》或增补版本和版本叙录,或增补论著。

《唐诗书录》 陈伯海、朱易安编撰,齐鲁书社1988年12月版。收采历代有关唐诗的总集、合集、别集、评论及资料书目,起自唐代,迄于1985年底。每条均标明书名、卷数、朝代、编撰者及版本。后附备考一栏,摘录历代典籍和重要书目记载的相关资料。

《词学论著总目》(全4册) 林玫仪主编,台湾中国文哲研究所筹备处1995年6月版。汇集1901~1992年间中外词学相关资料,收录中国(含大陆及港台)、新加坡、日本、韩国、美国、加拿大、法国、苏俄、德国、意大利、瑞士及匈牙利等地出版的词学资料,凡24989条。分词学总论、词籍、词学杂著、词家与词作四大类,各类下再分细目。书末有附录多种及索引。此书搜集材料丰赡,体例编排井然,是词学研究者重要的参考书。

《中国文言小说书目》 袁行霈、侯忠义编,北京大学出版社1981年11月版。收录自先秦至清的文言小说2000余种,不论存佚。每条详列书名、卷数、存佚、时代、撰者、著录情况、版本,并附必要考证。书末附书名索引。

《中国文言小说总目提要》 宁稼雨撰,齐鲁书社1996年12月版。收录中国先秦至1919年汉语单篇文言小说、文言小说集、文言小说丛书、文言小说类书,正文正名2184种,异名516种。末附“剔除书目”(即历代书目小说家著录而实非小说者,正名292种,异名57种)和“伪讹书目”(正名172种,异名4种)。全书共收正名2648种,异名577种。每部分均包括“志怪”、“传奇”、“杂俎”、“志人”、“谐谑”五类。按时代先后顺序排列。

《中国通俗小说总目提要》 江苏省社会科学院明清小说研究中心编,中国文联出版公司1990年2月版。本书是唐代至清末1100多种通俗白话小说的提要目录,按类编排,由书名、作者、版本、内容提要和回目五个部分组成,每题字数在一千至四千之间。提要叙述精详,读之可明原书内容之大概。书末附同书异名通检,笔画、音序索引和作者姓名与别号索引。

《现存宋人著述总录》 刘琳、沈治宏编著,巴蜀书社1995年8月版。收录现存宋人著述4855种,每种注明书名、著者和主要版本,条目按经史子集丛五部编排。

《古典戏曲存目汇考》(全3册) 庄一拂编著,上海古籍出版社1982年12月版。收录南宋戏文、元代杂剧、明清杂剧传奇三编,计戏文320余种,杂剧1830余种,传奇2590余种,共4750余种,较之晚清姚燮《今乐考证》和民初王国维《曲录》,增出2600余种。每种剧目略述内容梗概,考订其来源影响,详列诸版本。

《古本戏曲剧目提要》 李修生主编,文化艺术出版社1997年12月版。本书将现存宋元至清代中叶的戏曲剧目逐一从剧名、作者、故事来源、剧情、前人的评论、舞台影响、主要版本诸方面作提要。编排以时代为序,分杂剧、南戏传奇两大分支,“以求能够反映出中国古代戏曲文学史这条长河的原始形态”

(前言)。

《中国现代戏剧总目提要》 董健主编,南京大学出版社2003年12月版。收录19世纪末“文明新戏”发端至1949年间创作、改编(包括改译)的中国现代戏剧,以话剧为主,兼及诗剧、哑剧、歌剧、舞剧、新编戏曲等。

《清人诗文集总目提要》(全3册) 柯愈春著,北京古籍出版社2002年2月版。收录清代有诗文集传世者19700余家,4万余种。诸集以全国各大中型图书馆所藏为主,见于诸家著录而估计此书尚存者亦酌情收录。全书按作者出生年代编成58卷,后附著者、书名、人物索引。

《新编增补清末民初小说目录》 [日]樽本照雄编,齐鲁书社2002年4月版。收录清末民初发表于中国的小说。本书在中国文艺研究会、清末小说研究会1988年刊行的《清末民初小说目录》的基础上重加增补订正而成。

《历代妇女著作考》 胡文楷编著,商务印书馆1957年版,上海古籍出版社1985年7月增订本。收汉魏至近代4000余人。每书均有提要,详略不一,内容包括书名、卷数、作者时代、姓名等。

《中国现代文学总书目》 贾植芳、俞元桂主编,福建教育出版社1993年12月版。本书辑录中国现代文学史上出版的文学书籍13500余种,分为诗歌、散文、小说、戏剧、翻译文学五卷。上起1917年1月1日,下迄1949年9月30日。每条均注明书名、著(译)者、编者、出版状况、目次等。

《中国现代作家著译书目》 北京图书馆书目编辑组编,书目文献出版社1982、1986年版。收录五四~1981年底的作家,正编50位3000种,续编128位3400种。

《中国近代史论著目录》(1979~2000) 中国社会科学院近代史研究所编,张海鹏主编,上海人民出版社2005年6月版。全面收录研究中国近代史(1840~1949)的著作与论文、资料。

11. 一人著述目

《朱子著述考》 吴其昌撰,载《国学论丛》1927年第一卷第二期。

《朱熹著述考略》 束景南著,收入《朱熹年谱长编》,华东师范大学出版社2001年9月版。

《方以智著述知见录》 任道斌编,书目文献出版社1985年4月版(与《茅元仪著述知见录》合刊)。分为三类:1. 诗词歌赋类;2. 文集;3. 画册、题跋及墨迹。

《王船山著作版本源流考》 载《求索》1981年第3、4期。

《顾亭林著述考》 王蘧常撰,中国社会科学院历史研究所出版。

《李贽著作知见目录》 福建省李贽著作注释组福州小组编,1975年编印。

《王念孙的著述》 张舜徽编,载《清代扬州学记》,上海人民出版社1962年版。

《王引之的著述》　王国维编,载《国立北京大学国学季刊》1923年第三卷第一期。

另外,现当代一些著名学者也有专人著作目录,如《鲁迅著译版本研究编目》、《郭沫若著译书目》、《胡适著译系年目录》、《老舍著译编目》等。

上述十一类书目,其中历代艺文志、各地艺文志、一人著述目、辨伪书目可供我们全面地搜集和考辨史料之需;基础书目、提要目录、版本书目兼有导读之用;学科目录为我们指示治学门径;全国新书目为我们提示学术动态;馆藏书目则告诉我们借阅的可能性;一人著述目为我们进行专项研究提供前提。

(二)通过其他途径(10条)

1. ××学科史　如:[新加坡]郑子瑜《中国修辞学史稿》(1984)
　　何九盈《中国古代语言学史》(1985/2000)
　××专史　如:鲁迅《中国小说史略》(上卷,1923;下卷,1924)
　　张少康等《文心雕龙研究史》(2001);
2. ×学科概论　如:王凯符等《古代文章学概论》(1983);
　　刘光禄《中国方志学概要》(1983);
　　蒋绍愚《近代汉语研究概况》(1994)。
　×专题概述　如:陈垣《中国佛教史籍概论》(1962);
　　刘叶秋《历代笔记概述》(1980)。
3. 学者指示某门学问研究途径的专论(纲要)

　如:章太炎《小学略说》、《经学略说》、《史学略说》、《诸子略说》、《文学略说》;

　黄侃《说文略说》、《尔雅略说》、《礼学略说》。
4. 学者的札记　如:汪辟疆《读常见书斋小记·专书选读》。
5. 专家为学术著作所作序、跋

　"善读书者先读序跋。"　如:《修辞学发凡》刘大白序,本身就是一篇修辞史论;

　《中国历代语言文字学文选》洪诚自序则是一篇中国语言学简史;

　《中国现代学术经典》刘梦溪总序是一部20世纪中国学术简史。
6. 古籍的汇校本或集注本的附录

　如:朱谦之《老子校释》附录版本书目103种,参考书目146种。

　××鉴赏辞典的附录　如:《唐诗鉴赏辞典》附录《唐诗书目》;
　　《唐宋词鉴赏辞典》附《词学要籍简介》。
7. ×学科发展年表　如:董作宾等《甲骨年表》(1937);
　　姚名达《中国目录学年表》(1940)

8. 出版年鉴
   ×专题年鉴
9. ×××年谱
   ××学家传略
10. ×专题资料汇编　如：郑奠、麦梅翘《古汉语语法学资料汇编》(1964)；
    郑奠、谭全基《古汉语修辞学资料汇编》(1980)；
    中华书局《古典文学研究资料汇编》(1962～　)

另外，在查找书名的时候，很有可能碰到一本书有两个或多个名称或者两本书有同一个书名的情况，如果不注意分辨，小则影响查阅的速度，大则引起张冠李戴的讹误。为此，这里也介绍几本相关的工具书，以便读者参考：

《同书异名通检》　杜信孚编，江苏人民出版社 1982 年 7 月修订本。

《同书异名汇录》(上、下)　杜信孚、王剑著，江苏古籍出版社 2000 年 1 月版。此书在《通检》的基础补入 1100 余条和王剑收集的 7200 余条，共计 13500 余条。

《古书同名异称举要》　张雪庵著，山东人民出版社 1980 年 5 月版。

《同名异书汇录》　杜信孚、赵敏元、毛俊仪著，江苏古籍出版社 2000 年 1 月版。

……

读书问题小结(11 句话)：

明确"类"的概念，从学科体系着眼；
树立"史"的观念，从文献总体入手。
注意交叉和渗透，
认定方向，突出重点，
乐读精思，联系实际，
融会贯通，勇于创新。

愿诸君读书有成！

【附录六】

郑樵“求书八法”

书目,乃读书之门径。循此以进,可求登堂入室。然而,在书目尚未曾大量出现之时,学者们又是如何索书,如何求书的呢?我们特意附录宋代大学问家郑樵一生求书的经验于下,命之曰“求书八法”。览此以见古今学者成就学问之相通处,亦可见宋以前古籍之类目。

郑樵《通志》卷七十一《校雠略第一》载《求书之道有八论》九篇:

“求书之道有八:一曰即类以求,二曰旁类以求,三曰因地以求,四曰因家以求,五曰求之公,六曰求之私,七曰因人以求,八曰因代以求:当不一于所求也。

凡星历之书求之灵台郎,乐律之书求之太常乐工。灵台所无,然后访民间之知星历者;太常所无,然后访民间之知音律者。眼目之方多,眼科家或有之;疽疡之方多,外医家或有之。紫堂之书多亡,世有传紫堂之学者;九曜之书多亡,世有传九星之学者。《列仙传》之类,《道藏》可求。此之谓即类以求。

凡性命道德之书,可以求之道家;小学文字之书,可以求之释氏。如《素履子》、《元真子》、《尹子》、《鬻子》之类,道家皆有;如《仓颉篇》、《龙龛手鉴》、《郭逡音诀图》、《字母》之类,释氏皆有。《周易》之书,多藏于卜筮家;《洪范》之书,多藏于五行家。且如邢璹《周易略例正义》,今《道藏》有之;京房《周易飞伏例》,卜筮家有之。此之谓旁类以求。

《孟少主实录》,蜀中必有;《王审知传》,闽中必有。《零陵先贤传》,零陵必有;《桂阳先贤赞》,桂阳必有。《京口记》者,《润州记》也;《东阳记》者,《婺州记》也。《茅山记》,必见于茅山观;《神光圣迹》,必见于神光寺。如此之类,可因地以求。

《钱氏庆系图》,可求于忠懿王之家;《章氏家谱》,可求于申公之后。黄君俞《尚书关言》虽亡,君俞之家在兴化;王棐《春秋讲义》虽亡,棐之家在临漳。徐寅文赋,今莆田有之,以其家在莆田;潘佑文集,今长乐有之,以其后居长乐。如此之类,可因家以求。

礼仪之书、祠祀之书、断狱之书、官制之书、版图之书,今官府有不经兵火处,其书必有存者。此谓求之公。

书不存于秘府而出于民间者甚多。如临漳吴氏,其家甚微,其官甚卑,然一生文字间,至老不休,故所得之书多蓬山所无者。兼藏书之家,例有两目录,所以示人者未尝载异书。若非与人尽诚尽礼,彼肯出其所秘乎?此谓求之私。

乡人李氏,曾守和州,其家或有沈氏之书。前年所进褚方回《清慎帖》,蒙赐百匹两。此则沈家旧物也。乡人陈氏,尝为湖北监司,其家或有田氏之书。臣尚见其有荆州田氏目录。若迹其官守,知所由来,容或有焉。此谓因人以求。

胡旦作《演圣通论》,余靖作《三史刊误》。此等书卷帙虽多,然流行于一时,实近代之所作。书之难求者,为其久远而不可迹也。若出近代人之手,何不可求之有?此谓因代以求。”

(见《通志》第833~834页,中华书局1987年1月版)

【附录七】

汉语言文字学专业人才基本功训练推荐书目

汉语言文字学专业人才基本功包括把握史料和熟悉语料两个方面。

一、强化基础以把握史料

1. 目录学

《汉书·艺文志》(顾实《讲疏》,上海古籍出版社 1987 年 2 月版,陈国庆《注释汇编》,中华书局 1983 年 6 月版)

《隋书·经籍志》(姚振宗《考证》,有《二十五史补编》本,《快阁师石山房丛书》本)

《文献通考·经籍考》(中华书局 1986 年 9 月影印本,华东师范大学出版社 1985 年 6 月标校本)

《四库全书总目》(王伯祥断句,中华书局 1965 年 6 月影印本)

《书目答问补正》(张之洞原撰,范希曾补正,中华书局 1963 年版;上海古籍出版社 1983 年 4 月瞿凤起校点本)

《中国学术名著提要》(周谷城主编,胡裕树主编语言文字卷,复旦大学出版社 1992 年 7 月版)

《中国目录学史》(姚名达著,《中国文化史丛书》本,商务印书馆 1938 年 5 月第 1 版,1998 年 4 月影印)

《目录学概论》(武汉大学、北京大学编著,中华书局 1982 年 3 月版)

《目录学发微》(余嘉锡著,巴蜀书社 1991 年 5 月版)

2. 中国语言学史

《中国语言学史》(王力著,山西人民出版社 1981 年 8 月版;收入《王力文集》第 12 卷,山东教育出版社 1990 年版)

《中国古代语言学史》(何九盈著,河南人民出版社 1985 年 9 月第 1 版,广东教育出版社 1995 年 9 月增订版)

《汉语语言研究史》(李开著,江苏教育出版社 1993 年 9 月版)

《中国小学史》(胡奇光著,上海人民出版社 1987 年 11 月版)

《汉语研究小史》(王立达编译,商务印书馆 1959 年 11 月第 1 版,1963 年 3 月第 2 版)

3. 汉语史

《汉语史稿》(王力著,中华书局1980年6月新1版)

《汉语语音史》(王力著,中国社会科学出版社1985年5月版)

《汉语词汇史》(王力著,商务印书馆1993年11月版)

《汉语语法史》(王力著,商务印书馆1989年4月版)

《汉语语法史概要》(潘允中著,中州书画社1982年8月版)

《中国语历史文法》([日]太田辰夫著,蒋绍愚、徐昌华译,北京大学出版社1987年7月版,2003年11月修订本)

《汉语史通考》([日]太田辰夫著,江蓝生、白维国译,重庆出版社1991年5月版)

《简明汉语史》(向熹著,高等教育出版社1993年5月版)

《近代汉语研究概况》(蒋绍愚著,北京大学出版社1994年11月版)

4. 文化史

《中国文化史》(柳诒徵著,全2册,中国大百科全书出版社1988年2~6月版)

《中国古代文化史》(阴法鲁、许树安主编,全3册,北京大学出版社1996年重印)

《古代文化基础》(郭维森、柳士镇主编,岳麓书社1995年8月版)

《中国文化史要论》(蔡尚思著,湖南教育出版社1980年5月版)

5. 学术史及其他学科史

《中国学术史讲话》(杨东莼著,东方出版社1996年3月版)

《中国思想史纲》(侯外庐著,全2册,中国青年出版社1980~1981年版)

《经学历史》(〔清〕皮锡瑞撰,周予同注释,中华书局1959年12月版)

《中国史学发展史》(尹达主编,中州古籍出版社1985年7月版)

《中国唯物主义思想简史》(张岱年著,中国青年出版社1981年11月版)

《先秦学术概论》(吕思勉著,中国大百科全书出版社1985年6月版)

《清代学术概论》(梁启超著,东方出版社1996年3月版)

《中国文学史》(袁行霈主编,全4卷,高等教育出版社1999年8月版)

6. 文献学

《中国古典文献学》(吴枫著,齐鲁书社1982年10月版)

《通志略》(〔宋〕郑樵著,上海古籍出版社1990年据1936年世界书局排印本影印;中华书局1995年11月出版王树民点校本《通志二十略》)

《古籍整理概论》(黄永年著,陕西人民出版社 1985 年 7 月第 1 版,上海书店出版社 2001 年 1 月增订本)

《古书通例》(余嘉锡著,上海古籍出版社 1985 年 7 月版)

《中国文献学》(张舜徽著,中州书画社 1982 年 12 月版)

7. 史料学

《中国历代语言文字学文选》(洪诚选注,江苏人民出版社 1982 年 4 月版)

《中国语言文字学史料学》(高小方编著,南京大学出版社 1998 年 3 月版)

8. 语料学

《语料学》(高小方著,高等教育出版社,待出)

9. 校勘学、版本学

《读书杂志》(〔清〕王念孙撰,中国书店 1985 年 3 月版中华书局 1991 年 10 月影印,江苏古籍出版社)

《十三经注疏校勘记》(〔清〕阮元撰,附入《十三经注疏》中,中华书局 1980 年 9 月影印。孙诒让也有《十三经注疏校记》)

《校勘学释例》(陈垣著,中华书局 1959 年,上海书店 1997 年 7 月)

《校勘学》(管锡华著,安徽教育出版社 1991 年 7 月版)

《校雠广义》(程千帆、徐有富著,齐鲁书社 1998 年 4 月版)

《古籍版本学概论》(严佐之著,华东师范大学出版社 1989 年 10 月版)

《古籍版本鉴定丛谈》(魏隐儒、王金雨著,山西省图书馆 1978 年 7 月编印;印刷工业出版社 1984 年 4 月版)

《中国书史简编》(刘国钧著,书目文献出版社 1982 年 10 月版)

10. 训诂学

《尔雅义疏》(〔清〕郝懿行撰,中国书店 1982 年 9 月据咸丰六年刻本影印,上海古籍出版社 1983 年 6 月据同治四年郝氏家刻本影印,《四部备要》本)

《释名疏证补》[〔清〕王先谦撰,上海古籍出版社 1984 年 3 月据光绪二十二年湖南思贤书局刊本影印,上海古籍出版社 1989 年 8 月影印《尔雅、广雅、方言、释名清疏四种合刊(附索引)》本]

《广雅疏证》(〔清〕王念孙撰,中华书局 1983 年,上海古籍出版社 1983 年,江苏古籍出版社 1984 年 4 月版)

《释典释文》(〔唐〕陆德明撰,中华书局 1983 年 9 月影印《通志堂经解》本,由黄焯断句,黄氏另有《经典释文汇校》一书与之相配)

《字诂》、《义府》(〔明末清初〕黄生撰,〔清〕黄承吉合按,中华书局 1984 年 11 月版)

《经义述闻》(〔清〕王引之撰,江苏古籍出版社 1985 年 7 月版)

《训诂学概论》(齐佩瑢著,中华书局 1984 年 5 月新 1 版)

《训诂学》(洪诚著,江苏古籍出版社 1984 年 7 月版)

《训诂学》(郭在贻著,湖南人民出版社 1986 年 10 月版)

《训诂丛稿》(郭在贻著,上海古籍出版社 1985 年 2 月版)

《训诂学要略》(周大璞著,湖北人民出版社 1980 年 9 月第 1 版,1984 年 10 月第 2 版)

《训诂学史略》(赵振铎著,中州古籍出版社 1988 年 3 月版)

《汉语训诂学史》(李建国著,上海辞书出版社 2002 年 8 月修订本)

《古书疑义举例五种》(〔清〕俞樾等撰,中华书局 1956 年 1 月版)

11. 音韵学

《广韵》(〔宋〕陈彭年等修撰,周祖谟校本,商务印书馆 1938 年版,中华书局 1960 年 10 月重印,1988 年 8 月再版,2004 年 6 月三版;余廼永校本,上海辞书出版社 2000 年 7 月增订本)

《中原音韵》(〔元〕周德清,中华书局 1978 年 6 月影印讷庵本,附有陆志韦、杨耐思的校勘记;收入《古本戏曲丛刊外编》。又有中国戏曲出版社 1959 年版《中国古典戏曲论著集成》本,《啸余谱》本,《四库全书》本)

《音学五书》(〔清〕顾炎武著,中华书局 1982 年 6 月影印本)

《古音系研究》(魏建功著,中华书局 1996 年 12 月版)

《汉语音韵学导论》(罗常培著,中华书局 1956 年 5 月版)

《音韵学教程》(唐作藩著,北京大学出版社 1987 年 5 月第 1 版,1991 年 7 月第 2 版,2002 年 8 月第 3 版)

《汉语音韵学》(陈复华编,中国人民大学出版社 2002 年 7 月修订本)

《古音概说》(李新魁著,广东人民出版社 1979 年 12 月版)

《上古音研究》(李方桂著,商务印书馆 1980 年 7 月版)

《汉语等韵学》(李新魁著,中华书局 1983 年 11 月版)

《中国音韵学史》(张世禄著,商务印书馆 1938 年 7 月第 1 版,1998 年 4 月影印)

《汉语诗律学》(王力著,新知识出版社 1958 年 1 月版,上海教育出版社 1979 年 11 月增订本)

《诗词格律》(王力著,中华书局 1977 年 12 月第 2 版)

《黄侃论学杂著》(黄侃著,上海古籍出版社 1980 年 4 月新 1 版)

《十驾斋养新录》卷五(〔清〕钱大昕著,上海书店 1983 年 12 月复印商务印书馆 1937 年排印本;江苏古籍出版社 2000 年 5 月标点排印本)

12. 文字学

《说文解字》(〔东汉〕许慎撰,中华书局 1963 年 12 月影印清陈昌治刻本,15 卷,大徐本每卷分上下,故或标 30 卷)

《说文解字系传》(〔南唐〕徐锴撰,中华书局 1987 年 10 月影印本)

《说文解字注》(〔清〕段玉裁注,上海古籍出版社 1981 年 10 月影印本,内含《六书音均表》)

《中国文字学》(唐兰著,开明书店 1949 年 3 月版,上海古籍出版社 1979 年 9 月重印)

《古文字学导论》(唐兰著,齐鲁书社 1981 年 1 月版)

《文字学概要》(裘锡圭著,商务印书馆 1988 年 8 月版)

《汉字学》(王凤阳著,吉林文史出版社 1989 年 12 月版)

《现代汉字学纲要》(苏培成编著,北京大学出版社 1994 年 10 月版,2001 年 12 月增订本)

《中国文字学史》(胡朴安著,商务印书馆 1937 年 2 月第 1 版,1988 年 4 月影印)

《观堂集林》(王国维著,全 4 册,中华书局 1959 年 6 月版)

《积微居小学述林》(杨树达著,中华书局 1983 年 7 月新 1 版)

《积微居小学金石论丛》(杨树达著,中华书局 1983 年 7 月增订本)

13. 语法学

《马氏文通》(马建忠著,商务印书馆 1983 年 9 月新 1 版)

《中国文法要略》(吕叔湘著,商务印书馆 1982 年 2 月新 1 版)

《高等国文法》(杨树达著,商务印书馆 1984 年 3 月新 1 版)

《词诠》(杨树达著,上海商务印书馆 1928 年 10 月初版,中华书局 1954 年 11 月重印,1965 年 11 月第 2 版)

《古书虚字集释》(裴学海著,上海商务印书馆 1934 年 10 月初版,中华书局 1954 年 10 月重印)

《文言语法》(杨伯峻著,北京出版社 1956 年 11 月第 2 版;作者尚有《文言文法》一书,中华书局 1963 年 7 月版其体系和《文言语法》是一样的,可看作该书的缩写本)

《古汉语语法及其发展》(杨伯峻、何乐士著,语文出版社 1992 年版,2001

年8月修订本）

《语法讲义》（朱德熙著，商务印书馆1982年9月版）

《现代汉语》（胡裕树主编，上海教育出版社1987年第4版，1995年6月重订第6版）

《现代汉语》（钱乃荣主编，江苏教育出版社2001年6月修订本）

《古汉语语法学资料汇编》（郑奠、麦梅翘编，中华书局1964年3月版）

《汉语语法学史稿》（邵敬敏著，上海教育出版社1990年11月版）

14．方言学

《方言笺疏》[〔清〕钱绎撰，上海古籍出版社1984年5月据光绪十六年仁和王文韶红蝠山房校勘本影印，末附王秉恩撰《宋本方言校勘记》和孙诒让《方言郭璞注札迻》；上海古籍出版社1989年8月影印《尔雅、广雅、方言、释名清疏四种合刊（附索引）》本；《广雅书局丛书》本，附何翰章撰校勘记一卷]

《方言调查字表》（中国社会科学院语言研究所编，商务印书馆1981年12月修订本）

《方言与中国文化》（周振鹤、游汝杰著，上海人民出版社1986年10月版）

《现代吴语的研究》（赵元任著，科学出版社1956年重印本）

《汉语方言及方言调查》（詹伯慧主编，湖北教育出版社1991年8月第1版，2001年1月第2版）

15．修辞学

《修辞学发凡》（陈望道著，上海教育出版社1976年第1版，1979年9月新1版）

《修辞学通论》（王希杰著，南京大学出版社1996年6月版）

《汉语修辞学》（王希杰著，商务印书馆2004年10月版）

《中国修辞学史稿》（郑子瑜著，上海教育出版社1984年5月版）

16．语言学

《中国大百科全书·语言文字卷》（中国大百科全书出版社1988年2月版）

《语言学纲要》（叶蜚声、徐通锵著，北京大学出版社1981年10月版）

《社会语言学》（陈原著，学林出版社1983年8月版）

《历史语言学》（徐通锵著，商务印书馆1991年6月版）

《语言论——语义型语言的结构原理和研究方法》（徐通锵著，东北师范大学出版社1998年1月版）

《20世纪中国语言学方法论》（1989～1998，陈保亚著，山东教育出版社

1999年12月版)

《西方语言学流派》(刘润清编著,外语教育与研究出版社1995年4月版)

17. 历史学

《史通》(〔唐〕刘知幾撰,〔清〕浦起龙通释,上海古籍出版社1978年)

《文史通义》(〔清〕章学诚撰,叶瑛校注,中华书局1985年5月版)

《中国通史简编》(范文澜著,人民出版社1964年第4版)

《史讳举例》(陈垣撰,上海书店出版社1997年6月版)

18. 文艺学

《文心雕龙》(〔清〕刘勰撰,范文澜注,全2册,人民文学出版社1958年9月版)

《诗品》(〔南朝梁〕锺嵘撰,许文雨讲疏,成都古籍书店1983年5月版)

《文镜秘府论》([日]空海撰,王利器校注,中国社会科学出版社1983年7月版)

《艺概》(〔清〕刘熙载撰,上海古籍出版社1978年12月版)

《人间词话》(王国维撰,许文雨讲疏,成都古籍书店1983年5月版)

《中国文学欣赏举隅》(傅庚生著,上海书店1989年9月版,北京出版社2003年1月版)

二、阅读原典以熟悉语料

1. 九经、前四史

《周易》、《尚书》、《诗经》、三礼、三传,《史记》、《汉书》、《后汉书》、《三国志》

2. 其他基本典籍

《论语》、《孟子》、《墨子》、《老子》、《庄子》、《荀子》、《管子》、《韩非子》、《国语》、《战国策》

《楚辞》、《古诗源》、《文选》、《文苑英华》、《杜工部集》、《韩昌黎集》

3. 重要的语料

《全上古秦汉三国六朝文》(严可均辑校)

《先秦汉魏晋南北朝诗》(逯钦立辑校)

《论衡》(〔东汉〕王充撰)、《佛国记》(〔东晋〕释法显撰)、《世说新语》(〔南朝宋〕刘义庆撰,〔南朝梁〕刘孝标注)、《百喻经》(〔南朝齐〕求那毗地译)

《唐宋传奇集》(鲁迅辑校)、《敦煌变文集》、《六祖坛经》(〔唐〕慧能著,郭朋校释)、《祖堂集》、《景德传灯录》、《五灯会元》、《朱子语类》、《金瓶梅》、《水浒传》、《醒世姻缘传》、《红楼梦》、《儿女英雄传》

《中古汉语读本》(方一新、王云路编著)

《近代汉语语法资料汇编》(唐五代卷、宋代卷、元代明代卷,刘坚、蒋绍愚主编)

第八讲　查时间

一、历法简说

历法是计算年月日的方法。各民族在各个历史时期有自己的历法，所以历法是很复杂的。但是总括起来不外乎三大类：阴历、阳历和阴阳合历。

阳历也叫公历，是现在各国通用的一种历法。阳历以地球绕太阳一周为一年，它的长度是365日5小时48分46秒，即365.2422日，称为回归年。为了把每个回归年的零数凑成整数，就规定平年365天，闰年366天。

现行的公历是从古代的罗马历法发展而来的。公元前46年（时为罗马709年1月1日，中国汉元帝初元三年十一月二十九日），罗马皇帝儒略·恺撒宣布使用阳历，这是旧历，叫儒略历。到1582年10月4日，罗马教皇格列高利十三世修改了儒略历，这是新历，叫格列历，即现行的公历。

儒略历的缺点是它规定四年一闰，每个历年等于365.2500日，比一个回归年多0.0078日，所以每过400年就会多三天。格列新历就是要在400年中去掉三天，使历法与回归年相合。去掉的办法是规定凡世纪年（即整百数的年，如1600，1700……）能被4除尽的不算闰年，能被400除尽的才算闰年。

格列改历时，儒略历比回归年多了10天，所以应该去掉10天。当时规定以1582年的旧历10月5日，作为新历的10月15日。

帝俄时代用的是儒略历，十月社会主义革命胜利以后才改用格列新历（1919年2月14日）。当时旧历比新历已经相差了13天，十月革命发生在旧历10月25日，按新历计算应该是11月7日，所以后来就以11月7日为十月革命节。

阳历每个月的天数是固定的：凡1、3、5、7、8、10、12月都是31天；凡4、6、9、11月都是30天；2月平年28天，闰年29天。

阴历以月球绕地球一周为一月，其实际长度是29天12时44分，即29.5306日。阴历的一个月又叫朔望月，每月初一日叫朔日，小月十五（大月十六）日叫望日。为了把每月的零数凑成整数，阴历规定大月为30天，小月为29天。阴历月大月小不固定，每年的天数是354天或355天，约比阳历少11天。如果阴历不置闰月,每33个阳历年就会出现34个阴历年。

回历是阴历,而且不置闰月。它每年比阳历少11天,它的新年在阳历的春夏秋冬四季都能遇到。回历是从622年7月16日(即唐高祖武德五年六月三日)开始的,以此日为回历元年1月1日。

中历实际是阴阳合历(农历)。其特点有二:

(1) 置闰月以固定四季。《尚书·尧典》:"期三百有六旬有六日,以闰月定四时,成岁。"十九年七闰法,其中相隔的年数一般为3,2,3,3,3,2,3。

(2) 规定二十四节气。早在秦汉之际已有了完整的二十四节气:"春雨惊春清谷天,夏满芒夏暑相连,秋处露秋寒霜降,冬雪雪冬小大寒。"

人们又把二十四节气分为"节气"和"中气"两大类,互相间隔。

农历的闰月在古代有过不同的安排方法,但从汉代开始逐渐形成了一个置闰法:把不包含中气的月称作上一个月的闰月。

二、我国古代纪年、月、日的方法

(一) 纪年法

(1) 干支纪年。最早见于《淮南子·天文》篇。东汉章帝元和二年(85)政府下令正式用干支纪年,此后便推广开来。

(2) 岁星(木星)纪年法。又,十个岁阳和十干对应(见《尔雅·释天》);十二个太岁年名和十二辰对应(见《尔雅·释天》、《淮南子·天文》、《史记·天官书》、《汉书·天文志》)。大概在西汉年间,历家又取了十个岁阳,依次和十二个太岁年名相配(配法和六十甲子相同),组合成为六十个年名,以阏逢摄提格为第一年,六十年周而复始。

(3) 年号纪年法。汉武帝刘彻建元元年(前140)起开始用年号纪年。这之前以王公即位的年次顺序递记纪年。

(4) 属肖纪年法。可视为干支纪年法的简单、生动形式。1975年12月湖北云梦县睡虎地秦墓出土的秦简《日书》(前279)已有较完整的记录;东汉王充的《论衡·物势篇》和《言毒篇》里,已有与今完全一致的完整记载。藏族还以五行生肖相配作为六十干支法的生动形式来纪年。

(二) 纪月法

我国古代的纪月法在《尔雅》中曾记载了一套完整的体系,民间又常用花木表纪,另外,还有使用干支和十二律来记录的。春秋战国时,各大诸侯国都颁行自己的历法。为了有一种相互对照的依据,人们提出了以冬至定岁首,以十二支纪月的办法，即把冬至所在的月叫做子月，接下来是丑月、寅月，等等。有了这个标准，不同岁首的历法就可以进行比较。在历法没有统一之时，十二支纪月法起过中介联系的有益作用。后来的星命家，不但以十二支纪月，还和纪年、纪日一样，配上十干。十二律纪月法则见于《礼记·月令》。各种纪月法的比较详见下表：

	一月	二月	三月	四月	五月	六月	七月	八月	九月	十月	十一月	十二月
《尔雅》纪月法	zōu 陬	如	bǐng 寎	余	皋	jū 且	xiàng 相	壮	玄	阳	gū 辜	chú 涂
民间纪月法	杨	杏	桃	槐	榴（蒲、端）	荷（伏）	桐（巧）	桂	菊	梅	葭	腊
干支纪月法	寅	卯	辰	巳	午	未	申	酉	戌	亥	子	丑
十二律纪月法	大蔟	夹钟	姑洗	中吕	蕤宾	林钟	夷则	南吕	无射	应钟	黄钟	大吕

（三）纪日法

（1）干支纪日法。早在夏朝，已用十干（甲乙丙丁戊己庚辛壬癸）纪日。商代甲骨文中，已用干支相配纪日；一直沿用到今天的历书中。

（2）月相纪日法。初一朔，初三朏（fěi），初八恒，小月十五（大月十六）望，小月二十九（大月三十）晦。

（3）韵目代日法。这是到近代才有的。如1927年5月的“马日”，就是指21日。

（四）纪时辰

西周时代就有一天分十二时辰的制度（但非均分）。《诗经·小雅·大东》“跂彼织女，终日七襄”郑笺：“襄，驾也。从旦至暮七辰，辰一移，因谓之七襄。”

还有一种与十二时辰制平行的制度，即把一昼夜分成均衡的一百刻。（阎林山、全和钧提出：百刻制可能起源于商代。）

但100不是12的整数倍，它们的结合就存在着困难。梁武帝天监六年（507）曾一度改为九十六刻制，但后来屡有变动；直至明末才改定，至清初才定为正式制度。

十二辰制中把子时的正中定为夜半，即现在的0时或24时正。子时即23时～1时，余类推。

宋代以后又规定把每个时辰平分成初、正两个部分；每部分都是一个“小时辰”。“小时”之称即由此而来。

十二辰、二十四小时、九十六刻的由来已如上述。

下面再说一下古代十二时辰的特定名称（据顾炎武《日知录》卷二十）：

子时（23～1）：夜半	丑时（1～3）：鸡鸣	寅时（3～5）：平旦
卯时（5～7）：日出	辰时（7～9）：食时	巳时（9～11）：隅中
午时（11～13）：日中	未时（13～15）：日昳（dié）	申时（15～17）：晡时
酉时（17～19）：日入	戌时（19～21）：黄昏	亥时（21～23）：人定

三、常用的查时间的工具书

《五十世纪中国历年表》（神农元年，前3300～2000）　刘大白编，上海商务印书馆1929年12月版，1933年6月缩印本

《中西回史日历》（1～2000）　陈垣撰，中华书局1962年6月版

《两千年中西历对照表》（1～2000）　薛仲三、欧阳颐编，商务印书馆1940年5月版，三联书店1956年2月版

可查中历日期、西历日期、每日的干支和星期等。

《二十史朔闰表》（前206～2000）　陈垣撰，中华书局1978年影印本

以中历为主，附西历回历。

《清代中西历表》（1573～1840）　中国人民大学清史研究所资料室编，中国人民大学出版社1980年6月版

《中国历史年代简表》（前841～1911）　文物出版社1973年12月版

第一部分是“年代简表”；第二部分是“年号通检”（以笔画为序）。

《中国历史纪年表》（前841～1949）　见新版《辞海》书末附录

表（一）从秦代开始，注明帝王即位、建年号、改年号以及覆灭的阴历月份，各加圆圈标志。表（二）从公元1年开始，在第三栏内左方加注同公历12月31日相当的中国历史纪年的月日，以便检查公历纪年和中国历史纪年对照的绝对年份。如公历1141年所注(十二)(二)，即表明公元1141年的12月31日相当于宋高宗绍兴十一年十二月初二日。（如岳飞死于此年12月29日，则据此可推知已是1142年，不是1141年。）

《中国历史纪年表》　方诗铭编，上海辞书出版社1980年5月版

上起西周共和元年（前841），下迄中华人民共和国成立（1949），按朝代顺序分列为15个表。用途同上表而更详备。末附《三代世系表》、《韵目代日表》等。

《一千年历书》（1061～2060年）　万年历编写组编，气象出版社1993年版

将1000之公元年份、年号、农历纪年、干支、生肖、前一年阴历十二月的纪月干支序号等制成历表。通过此表可由农历日期查公历日期、由公历日期查农历日期、求星期几、查纪月干支、查纪日干支等。

《公元干支推算表》　汤有恩编，文物出版社1961年版

此书用于干支、公元相互推算。由公元纪年查检干支可利用如下表。此表上段左边为天干，中间六行为地支，右边为公元的个位数。中段是公元的十位数。下段三个直行是公元的百位和千位数。而中段又分三层，上下两层分别对应下段左右二行，中层对应下段中行，由粗线隔开。

如查2004年的干支，由20所在下段右栏上查中段下层，由0所在的第三栏上推地支，与4对应的天干“甲”相交所得为“申”，可知该年为甲申年。

庚	申	午	辰	寅	子	戌	0
辛	酉	未	巳	卯	丑	亥	1
壬	戌	申	午	辰	寅	子	2
癸	亥	酉	未	巳	卯	丑	3
甲	子	戌	申	午	辰	寅	4
乙	丑	亥	酉	未	巳	卯	5
丙	寅	子	戌	申	午	辰	6
丁	卯	丑	亥	酉	未	巳	7
戊	辰	寅	子	戌	申	午	8
己	巳	卯	丑	亥	酉	未	9

0	1	2	3	4	5
6	7	8	9	0	1
2	3	4	5	6	7
8	9	0	1	2	3
4	5	6	7	8	9

0	1	2
3	4	5
6	7	8
9	10	11
12	13	14
15	16	17
18	19	20
21	22	23
24	25	26
27	28	29
30	31	32

《五千年间星期检查表》　寿孝天编，见《东方杂志》第十四卷第四号与第七号

星期是七天一周的纪日法。相传由日、月、火、水、木、金、土等七星主曜。此表是转引某数学家的发明而编成的，从公元元年至五千年间，某日为星期几，查检很是方便。现摘引如下。该表共分世纪表、年表、月表、日表、星期表。年表中有“x”号者为整世纪之年，在十五世纪之前的都是闰年；十六世纪起，凡世纪数，能用400除尽的是闰年，不能除尽的则不是闰年。年表中带“＊”号者都是闰年。凡是闰年，检查月表中的一月、二月时须用括号内的数字，即“零”或“三”。检查方法是把世纪、年、月、日的旁注数字相加，这个总数，可在星期表中检出为星期几。

五千年间星期检查表（1～5000）

世纪表	0 四	5 六	10 一	15 三零	20 六	25 四	30 二	35 零	40 六	45 四
	1 三	6 五	11 零	16 六	21 四	26 二	31 零	36 六	41 四	46 二
	2 二	7 四	12 六	17 四	22 二	27 零	32 六	37 四	42 二	47 零
	3 一	8 三	13 五	18 二	23 零	28 六	33 四	38 二	43 零	48 六
	4 零	9 二	14 四	19 零	24 六	29 四	34 二	39 零	44 六	49 四
年表	00x 零	10 五	20* 四	30 二	40* 一	50 六	60* 五	70 三	80* 二	90 零
	01 一	11 六	21 五	31 三	41 二	51 零	61 六	71 四	81 三	91 一
	02 二	12* 一	22 六	32* 五	42 三	52* 二	62 零	72* 六	82 四	92* 三
	03 三	13 二	23 零	33 六	43 四	53 三	63 一	73 零	83 五	93 四
	04* 五	14 三	24* 二	34 零	44* 六	54 四	64* 三	74 一	84* 零	94 五
	05 六	15 四	25 三	35 一	45 零	55 五	65 四	75 二	85 一	95 六
	06 零	16* 六	26 四	36* 三	46 一	56* 零	66 五	76* 四	86 二	96* 一
	07 一	17 零	27 五	37 四	47 二	57 一	67 六	77 五	87 三	97 二
	08* 三	18 一	28* 零	38 五	48* 四	58 二	68* 一	78 六	88* 五	98 三
	09 四	19 二	29 一	39 六	49 五	59 三	69 二	79 零	89 六	99 四

月表	1 月一（零）	2 月四（三）	3 月四	4 月零	5 月二	6 月五
	7 月零	8 月三	9 月六	10 月一	11 月四	12 月六

日表	1 一	2 二	3 三	4 四	5 五	6 六	7 七	8 一	9 二	10 三	11 四
	12 五	13 六	14 七	15 一	16 二	17 三	18 四	19 五	20 六	21 七	22 一
	23 二	24 三	25 四	26 五	27 六	28 七	29 一	30 二	31 三		

	星期日	星期一	星期二	星期三	星期四	星期五	星期六
星期表	1	2	3	4	5	6	7
	8	9	10	11	12	13	14
	15	16	17	18	19	20	21
	22	23	24	25	26	27	28

《中国历代年号考》(前140~1945)　李崇智编著,中华书局1981年6月初版,2001年1月修订再版

汇录中国历代帝王、人民起义、地方割据和少数民族政权的年号共800余个,按其使用情况列为1200余条,考证详备、谨慎。书末附年号笔画、音序及四角号码索引和六十干支顺序表,查阅十分方便。

《中国史历日和中西历日对照表》　方诗铭、方小芬编著,上海辞书出版社1987年12月版

收录前841年至2000年每日之中西历日、干支、阴阳历对照等项,并录诸家推算之异同,末附《殷历日表》、《共和元年前西周历日表》、《韵目代日表》、《六十干支表》等。此书可谓历代历日收录排检最为完备之工具书。

《中华通史大历典》(全3册)　王可夫、李民编,四川民族出版社1996年8月版

上起黄帝元年(前2674),下迄2000年。前2674~前1510年为公元年、干支年、夏历年和儒略周日的对照;前1510~621年,可查全历的对应阴历月日和日的星期数值、月干支、日干支;622年以后,以公历做坐标标示夏、回、藏、天(太平天国)、傣、阴阳彝、太阳彝及俄罗斯等九个历种。从前1500~2000年,逐年逐月逐日以公历与阴历相对照。每年在表首载明当年的朝代、统治者名号、谥号等,表末载录当年的大事记。下卷后半部分专门载有公历、天历、傣历、阴阳彝历、太阳彝历及俄罗斯历逐年逐月逐日的对照表,并录有《历代帝王世系及古民族古部落述略》、《历法知识简介》、《对重要古彝器制作年代鉴定表》、《中华通史年号索引》等,全书500余万字,是一部巨大的年代学工具书。

《最新实用万年历》(1910~2060)　李鑫编著,花山文艺出版社1999年8月版

包括二十四节、公历、农历、星期、干支、五行、时辰、奇门节元、二十八宿、建星等内容。全书主体部分是1910~2060年万年历图表,表前对主要历法,元的确定方法,起神、接气、正授、置闰,阴阳二遁十八局,五行、宿、建星、时辰的确定方法等有简要的介绍。

《中国五千年长历》　毛耀顺主编,气象出版社2002年10月版

本书是最新的一部历书,纳入了"夏商周断代工程"的《夏商周年表》的相关成果,跨度从公元前2070年至2100年。分《综合查用表》、《28宿、日建、八卦、六十花甲子查用表》、《年历表》、《月历表》、《日历表》等,并附录《分至八节表》、《二十四节气交节时刻表》、《朔望时刻表》、《我国可见日食月食时间表》、《我国部分城市日出日没时刻表》、《中国历法一览表》。

【《中国古历通解》　王应伟著,辽宁教育出版社1998年12月版。本书"是自钱大昕、李锐以来,一部前所未有的遍注群历的宏篇大作"(弁言),采用注释和说明两种体裁写成,对曹魏杨伟景初历和唐代一行大衍历两部古历

进行了逐字逐句的详细注释,进而又解释了自六朝至金元时代的各代历法。】

四、史事年表

《中外历史年表》(前 4500 ~ 1918) 翦伯赞主编,齐思和等编,北京三联书店 1958 年版;中华书局 1962 年 2 月版

此书对于历史事件的选录,着重六个事项:① 生产工具及技术的改进;② 经济、政治制度及法令的颁行;③ 阶级斗争状况;④ 科技发明、发现;⑤ 国际关系、民族关系;⑥ 著名历史人物的生卒年。

《中外历史年表》(1919 ~ 1957) 齐思和等编,北京三联书店 1959 年版;中华书局 1963 年版

此书是上书的续编,体例同上。

《世界历史大事纪年》(上、下,远古 ~ 1945) 徐州师范学院历史系编,1979 年 8 月印行

《世界文明史年表》(远古 ~ 1950) 沈坚主编,上海古籍出版社 2000 年 9 月版

书分中国、东亚·东南亚、南亚·中亚·西亚、非洲、欧洲、美洲·大洋洲和文化科技七栏,1801 年后美洲与大洋洲分开,增至八栏。

《中国历史大事年表》(远古 ~ 1919) 徐州师范学院中文系编,1975 年印行;1979 年 1 月徐州师范学院历史系印行修订增补本

1840 年以前,以年为纲;1840 年至 1919 年 5 月,以月为纲。

《中国历史大事编年》(上古 ~ 1918,全 5 册) 张习孔、田珏 主编,北京出版社 1987 年 11 月第 1 版,1997 年 10 月第 2 版

《中国历史大事年表》(全 3 册,远古 ~ 1994) 沈起炜、沈谓滨、唐培吉主编,上海辞书出版社 1997 ~ 2000 年版(分古代、近代、现代三卷)

《中国历史年表》(折叠式,前 200 万年 ~ 1920) 中国社会科学院历史研究所编制,中国社会科学出版社 2002 年 7 月版

《中共党史大事年表》(1921.7 ~ 1981.7) 中共中央党史研究室编,人民出版社 1981 年 10 月第 1 版

《20 世纪中国大事年表》(1900 ~ 1988) 贾新民主编,中国人民大学出版社 1992 年 10 月版

《中国古代帝王年号及大事对照表》(前 206 ~ 1912) 李寅生编著,四川辞书出版社 2004 年 6 月版

五、专科年表

《中国文化史年表》　虞云国等编，上海辞书出版社1990年11月版

《中国文学年表》　敖士英纂辑，金福佑校订，北平立达书局1935年版

本表仅出第一编：屈原至唐初（前343～625）。1985年又出《中古文学系年表》。

《中国文学史大事年表》（全3册）（春秋～1919）　吴文治著，黄山书社1987年12月版，1993年12月出版

上册：春秋～唐（959）；中册：北宋（960）～元（1368）；下册：明代（1368）～近代（1919）。

《中古文学系年》（上、下）　陆侃如著，人民文学出版社1985年6月版

《南北朝文学编年史》　曹道衡、刘跃进著，人民文学出版社2000年11月版

《唐五代文学编年史》（全4册）　傅璇琮主编，辽海出版社1998年12月版

《汉晋学术编年》　刘汝霖著，商务印书馆1935年版，中华书局1987年版

《东晋南北朝学术编年》　刘汝霖著，中华书局1987年12月版

《中国近代小说编年》　陈太康著，华东师范大学出版社2002年12月版

《中外文学系年要览》（前3300～1945）　陈志强主编，辽宁人民出版社1988年8月版

《中英文学关系编年史》　葛桂录著，上海三联书店2004年9月版

《中国美术年表》（上古～清末）　傅抱石编，上海商务印书馆1937年3月版

此书按年记载建筑、雕刻、绘画、工艺、金石、碑版、著述、艺人行径和生卒等美术方面的大事。

《世界美学艺术史年表》（前580～1949）　马采、陈云编著，广东人民出版社2001年8月版

《世界哲学史年表》（前624～1945）　马采、陈云编，中国社会科学出版社1992年2月版

《甲骨年表》（1899～1936）　董作宾、胡厚宣编纂，上海商务印书馆1937年版

分三栏：纪年、纪事、撰著。书末有甲骨文论著分类索引，甲骨文论著撰人索引。

《乾嘉学术编年》　陈祖武、朱彤窗著，河北人民出版社2005年1月版

《清末汉语拼音运动编年史》（1891～1911）　倪海曙著，上海人民出版社1959年版

按年记载清末汉语拼音（切音字）运动的事件，包括人物、理论、方案、写法、推行等各方面。

《民国职官年表》 刘寿林等编，中华书局1995年8月版

设列自1912年元旦南京临时政府成立至1949年9月国民党在大陆结束统治的整个民国时期的中央和地方政府的重要职官。

《中国印学年表》 韩天衡编著，上海书画出版社1987年版

《历代流传书画作品编年表》 徐邦达编，上海人民美术出版社1963年10月版

《明清江苏文人年表》 张慧剑编著，上海古籍出版社1986年2月版

上起明洪武元年(1368)，止于清道光二十年(1840)，按年记录文人生卒、活动、著述。

《中国京剧编年史》(上、下) 王芷章著，中国戏剧出版社2003年10月版

1790~1919年。末附《京剧演员师承表》、《京剧主要演员、场面血缘表》、《京剧艺人传略集》、《中国戏曲声腔丛考》、《腔调考原》。

《中国科学技术年表》(1582~1990) 郭建等主编，同心出版社1997年12月版

《中外教育大事年表》 金铁宽、吴式颖主编，上海教育出版社2001年版

【附录八】

夏商周三代年表

<table>
<tr><th>朝代</th><th>王</th><th>年代(公元前)</th><th>年数</th></tr>
<tr><td rowspan="17">夏</td><td>禹</td><td rowspan="17">2070～1600</td><td rowspan="17"></td></tr>
<tr><td>启</td></tr>
<tr><td>太康</td></tr>
<tr><td>仲康</td></tr>
<tr><td>相</td></tr>
<tr><td>少康</td></tr>
<tr><td>予</td></tr>
<tr><td>槐</td></tr>
<tr><td>芒</td></tr>
<tr><td>泄</td></tr>
<tr><td>不降</td></tr>
<tr><td>扃</td></tr>
<tr><td>廑</td></tr>
<tr><td>孔甲</td></tr>
<tr><td>皋</td></tr>
<tr><td>发</td></tr>
<tr><td>癸</td></tr>
<tr><td rowspan="20">商前期</td><td>汤</td><td rowspan="20">1600～1300</td><td rowspan="20"></td></tr>
<tr><td>太丁</td></tr>
<tr><td>外丙</td></tr>
<tr><td>中壬</td></tr>
<tr><td>太甲</td></tr>
<tr><td>沃丁</td></tr>
<tr><td>太庚</td></tr>
<tr><td>小甲</td></tr>
<tr><td>雍己</td></tr>
<tr><td>太戊</td></tr>
<tr><td>中丁</td></tr>
<tr><td>外壬</td></tr>
<tr><td>河亶甲</td></tr>
<tr><td>祖乙</td></tr>
<tr><td>祖辛</td></tr>
<tr><td>沃甲</td></tr>
<tr><td>祖丁</td></tr>
<tr><td>南庚</td></tr>
<tr><td>阳甲</td></tr>
<tr><td>盘庚(迁殷前)</td></tr>
</table>

续　表

朝代	王	年代(公元前)	年数
商后期	盘庚(迁殷后) 小辛 小乙	1300～1251	50
	武丁	1250～1192	59
	祖庚 祖甲 廪辛 康丁	1191～1148	44
	武乙	1147～1113	35
	文丁	1112～1102	11
	帝乙	1101～1076	26
	帝辛(纣)	1075～1046	30
西周	武王	1046～1043	4
	成王	1042～1021	22
	康王	1020～996	25
	昭王	995～977	19
	穆王	976～922	55(共王当年改元)
	共王	922～900	23
	懿王	899～892	8
	孝王	891～886	6
	夷王	885～878	8
	厉王	877～841	37(共和当年改元)
	共和	841～828	14
	宣王	827～782	46
	幽王	781～771	11

【摘自《夏商周断代工程1996～2000年阶段成果报告·简本》,世界图书出版公司2000年10月版,第86～88页。】

【附录九】

月 令 常 识

先解释物候学名词解释三条：

1. 三伏

初伏、中伏、末伏的统称。夏至后第三个庚日是初伏第一天，第四个庚日是中伏第一天，立秋后第一个庚日是末伏第一天，初伏、末伏各十天，中伏十天或20天。三伏这30天或40天一般是一年中天气最热的时期。

2. 九九

九，从冬至起每九天是一个"九"，从一"九"数起，二"九"，三"九"，一直数到九"九"为止。

"九九"和气候变化密切相关。华北一带农民有一种口传的九九歌：一九二九不出手，三九四九冰上走，五九六九沿河看柳，七九河开，八九雁来，九九加一九，耕牛遍地走。

3. 入梅、出梅

又叫"入霉"、"出霉"。它是我国江淮地区人民使用的一个杂节气。入梅、出梅的日期在不同的地区也互不相同，例如，华南一带以芒种后的丙日为入梅，小暑后的未日为出梅；而华中地区是以芒种后的壬日为入梅，等等。

入梅到出梅期间，通常称作"黄梅天"。这个时期往往阴雨连绵，阳光罕见，空气湿度很大，许多物品极容易发霉。据说即使很难成活的各种奇花异草，在"黄梅"季节也一栽即活。

参考资料：

《物候学》 竺可桢、宛敏渭著，科学出版社1973年版；

《往古来今巧安排——时间与历法知识》 山西人民出版社1981年8月版；

《岁时纪时辞典》 周一平、沈茶英编著，湖南出版社1991年5月版（此书解释中国自古及今流行的一些关于年、月、日、时的语汇，书末附录关于历法、气候等方面的表格16张）。

月令表

		孟春之月	仲春之月	季春之月	孟夏之月	仲夏之月	季夏之月	孟秋之月	仲秋之月	季秋之月	孟冬之月	仲冬之月	季冬之月
礼记·月令	日在**	营室	奎	胃	毕	东井	柳	翼	角	房	尾	斗	婺女
	昏*中	参	弧	七星	翼	亢	火	建星	牵牛	虚	危	东壁	娄
	旦*中	尾	建星	牵牛	婺女	危	奎	毕	觜觿	柳	七星	轸	氐
	其日**	甲乙	甲乙	甲乙	丙丁	丙丁	丙丁	庚辛	庚辛	庚辛	壬癸	壬癸	壬癸
	其帝**	大皞	大皞	大皞	炎帝	炎帝	炎帝	少皞	少皞	少皞	颛顼	颛顼	颛顼
	其神**	句芒	句芒	句芒	祝融	祝融	祝融	蓐收	蓐收	蓐收	玄冥	玄冥	玄冥
	其虫*	鳞	鳞	鳞	羽	羽	羽	毛	毛	毛	介	介	介
	其音*	角	角	角	徵	徵	徵	商	商	商	羽	羽	羽
	律中**	大蔟	夹钟	姑洗	中吕	蕤宾	林钟	夷则	南吕	无射	应钟	黄钟	大吕
	其数*	八	八	八	七	七	七	九	九	九	六	六	六
	其味*	酸	酸	酸	苦	苦	苦	辛	辛	辛	咸	咸	咸
	其臭*	羶	羶	羶	焦	焦	焦	腥	腥	腥	朽	朽	朽
	其祀*	户	户	户	灶	灶	灶	门	门	门	行	行	行
	祭先*	脾	脾	脾	肺	肺	肺	肝	肝	肝	肾	肾	肾
		东风解冻，蛰虫始振，鱼上冰，獭祭鱼，鸿雁来。	始雨水，桃始华，仓庚鸣，鹰化为鸠。	桐始华，田鼠化为鴽，虹始见，萍始生。	蝼蝈鸣，蚯蚓出，王瓜生，苦菜秀。	小暑至，螳螂生，鵙始鸣，反舌无声。	温风始至，蟋蟀居壁，鹰乃学习，腐草为萤。	凉风至，白露降，寒蝉鸣，鹰乃祭鸟，用始行戮。	盲风至，鸿雁来，玄鸟归，群鸟养羞。	鸿雁来宾，爵入大水为蛤，鞠有黄华，豺乃祭兽戮禽。	水始冰，地始冻，雉入大水为蜃，虹藏不见。	冰益壮，地始坼，鹖旦不鸣，虎始交。	雁北鄉，鹊始巢，雉雊鸡乳［，征鸟厉疾］。

续 表

诗经·豳风·七月		三之日	四之日	蚕月	四月	五月	六月	七月	八月	九月	十月	一之日	二之日
尔雅·释天		陬月	如月	寎月	余月	皋月	且月	相月	壮月	玄月	阳月	辜月	涂月
三正	月建	寅	卯	辰	巳	午	未	申	酉	戌	亥	子	丑
	夏历	正月（春）	二月（春）	三月（春）	四月（夏）	五月（夏）	六月（夏）	七月（秋）	八月（秋）	九月（秋）	十月（冬）	十一月（冬）	十二月（冬）
	殷历	二月（春）	三月（春）	四月（夏）	五月（夏）	六月（夏）	七月（秋）	八月（秋）	九月（秋）	十月（冬）	十一月（冬）	十二月（冬）	正月（春）
	周历	三月（春）	四月（夏）	五月（夏）	六月（夏）	七月（秋）	八月（秋）	九月（秋）	十月（冬）	十一月（冬）	十二月（冬）	正月（春）	二月（春）

【注：春秋时期，并行三种不同的历法，即夏历、殷历、周历，因其正月的月建不同，故称“三正”。“建”指斗建，即北斗所指的时辰，由子至亥，每月迁移一辰。夏历以建寅之月（相当于现行阴历正月）为正；殷历以建丑之月（相当于现行阴历十二月）为正；周历以建子之月（相当于现行十一月）为正。由于三种历法月建有别，四季的划分也便随之不同。】

第九讲　查地名

一、利用综合性辞书

如:《辞源》、《辞海》、《汉语大词典》等等。

二、利用地名辞典

《中国古今地名大辞典》　臧励龢等编,上海商务印书馆1929年版,1959年新印本

此书收录古今各类地名,有省、府、郡、县、镇、堡、山川、名城、要塞、铁路、商港、名胜、古迹、寺观、亭园等4万余条。古地名注明沿革,今地名注明概况,对于军事交通要道、各地著名物产也略加说明。如:"西湖"条下,列叙不同地点的"西湖"共24个。其所谓"今地",是指1929年之前的行政区划。

《中国历史地名辞典》　复旦大学历史地理研究所编,江西教育出版社1986年8月版

收历史地名约2.1万条,一律以我国古籍记载为准,范围包括历代县级以上政区、重要山川岛屿、城镇堡寨、关津驿站、道路桥梁、工程建筑、宫观苑囿、寺庙陵墓、居住与矿冶遗址等。凡同地异名者,则分别列目。其释文中今地一般以1980年行政区划为准。

《中国历史地名大辞典》　魏嵩山主编,广东教育出版社1995年5月版

本书所收历史地名一律以我国文献记载为准,上起远古,下迄1949年新中国成立。共收地名约九万余条,范围在《中国历史地名辞典》的基础上有扩展,今地名以1990年行政区划为准。

《中国名胜词典》　国家文物局主编,上海辞书出版社1981年10月版,1986年12月第2版,1997年7月第3版,2001年4月出版精编本

精编本选收全国名胜古迹5000条,包括全国重点风景名胜区和各省重要的风景区、游览区,世界遗产和全国文物保护单位与各省重要的文物保护单位,

全国重要的革命纪念地和博物馆、展览馆，有名的山水湖泉、亭台楼阁、宫殿寺庙、园林洞窟和著名的有特色的现代建筑。全书共附插图和照片800余幅，彩图92幅。资料截止至2000年上半年。

《中华人民共和国地名词典》 商务印书馆1987年起出版

本词典按省、自治区、直辖市分卷出版，收录地名约10万个。拟分北京市、天津市、河北省、山西省、内蒙古自治区、辽宁省、吉林省、黑龙江省、上海市、江苏省、浙江省、安徽省、福建省、江西省、山东省、湖北省、河南省、湖南省、广东省、广西壮族自治区、四川省、贵州省、云南省、陕西省、甘肃省、青海省、宁夏回族自治区、新疆维吾尔自治区、台湾省等卷。

《中国地名词典》 上海辞书出版社1990年4月版

收录地名21240条，包括各级行政区划名及山脉，河流，湖泊，峡谷，海、港湾、岛屿、半岛及岬角，地形区，关隘、山口，交通，水利，矿区，革命纪念地和名胜古迹等。

《中华人民共和国地名大词典》（全5卷） 崔乃夫主编，商务印书馆1998～2002年版

收录中华人民共和国国土范围内的地名约18万条，近3000万字，分八大类，资料截止至1994年12月31日。本书是目前最完善的一部全国性、综合性、科学性、权威性的大型当代地名工具书。

《中国历史文化名城大辞典》（上、下） 崔林涛等主编，人民日报出版社1998年10月版

收录国务院正式公布的国家历史文化名城99座，各城市的材料包括城市概况、历史大事、杰出人物、名胜古迹、传统文化、当代建筑六个方面。

《中国地名语源词典》 史为乐主编，上海辞书出版社1995年7月版

收录县以上的政区名，包括重要集镇名及山、河、湖、海、岛、关等自然地理实体的名称，共5906条。释文主要介绍名称的来源及含义，多引用原始文献。行政区划一般以1993年底的资料为准。

《中国地名演变手册》 张志强等编著，中国大百科全书出版社2001年5月版

收集1912～1999年底的新旧省、市、县名，分别编为主副条目。主条目后接排演变图示，下列该地名演变过程之简介，末附“城市雅称辑录”、“省市县特称辑录”、“同名县辑录”。

《历代郡县地名考》 韩湘亭编著，北京图书馆出版社2002年4月版

本书又名《中国郡县地名考》。共21卷，前19卷考证上古至清季之地理沿革及今址，后2卷分别记载清季郡县总名及名省道特区辖县名称。本书据手抄本影印，末附索引。据影印说明，韩氏于1930年担任《乐亭县誌稿》总纂，署名韩作舟，生平详情待查。

《中国古典诗词地名辞典》 魏嵩山主编,江西教育出版社1989年4月版

收录诗词典籍中的地名1800余条。

《世界地名词典》 中国科学院地理研究所等编,上海辞书出版社1981年版,1996年12月修订本

此书所收地名绝大多数是中国以外的外国地理名称,包括大洲大洋名称,世界各国首都、地区首府名称,各国大行政区、城市以及历史上发生重大事件的地名,主要山脉、河流、湖泊、港湾、岛屿的名称,等等。此外,还收录了中外共有的山河湖泊名称,以及一部分与中国有关系的古国名、古地名、名胜古迹等。共1万多条。修订本所据资料一般截止于1988年底,个别的截至1994年底。

《外国地名译名手册》 中国地名委员会编,商务印书馆1993年12月版

汇录了95000多条外国地名,包括国家(地区)名、首都(首府)名、各国一级行政区域名、较重要的居民点以及自然地理实体名称,酌收部分历史地名。每条包括罗马字母拼写、汉字译名、所在地域和地理坐标。

《世界名胜词典》 新华社国际资料编辑组编,新华出版社1986年4月版

此书选收世界各国和各地区(中国除外)名胜古迹近3000条。包括世界各地风景区,游览地,有名的山水湖泉、岩洞园林,著称的宫殿、寺庙、亭台、塔桥、陵墓,有特色的现代化建筑和著名历史遗迹,以及大学、博物馆、动物园等文化、游览场所。

《(中外文对照)世界地名手册》 《世界地名手册》编辑组编,中国地图出版社、测绘出版社1999年10月版

《21世纪世界地名录》(全3册) 萧德荣、周定国主编,现代出版社2001年2月版

本书在1984年《世界地名录》的基础上修订而成,比较全面系统地收录了全世界200多个国家(地区)一级行政区的最新信息。

三、利用沿革地理资料

(一)正史中的地理志

全部二十六史中,有地理志的共18部:

《汉书地理志》1卷, 《后汉书郡国志》5卷, 《晋书地理志》2卷,
《宋书州郡志》4卷, 《南齐书州郡志》2卷, 《魏书地形志》1卷,
《隋书地理志》3卷, 《旧唐书地理志》4卷, 《新唐书地理志》7卷,
《旧五代史郡县志》1卷, 《新五代史职方考》1卷, 《宋史地理志》6卷,
《辽史地理志》5卷, 《金史地理志》3卷, 《元史地理志》6卷,

《新元史地理志》6卷，　《明史地理志》7卷，　《清史稿地理志》28卷。

凡有所缺，清以来学者都为其作了续补，今集中收在《二十五史补编》中。

（二）全国性的地理总志及表谱

《括地志》〔唐〕李泰等撰，有清人王仁俊辑本（《玉函山房辑佚书补编》），中华书局1980年2月有《括地志辑校》本

《元和郡县志》〔唐〕李吉甫撰，《丛书集成初编》本

《太平寰宇记》〔北宋〕乐史撰，原书200卷，佚去7卷，《四库全书》本

《元丰九域志》10卷〔宋〕王存等撰，《丛书集成初编》本

《元一统志》〔元〕孛兰肹等撰，原书1300卷，今残，《玄览堂丛书续集》本

《明一统志》90卷〔明〕李贤等奉敕撰，明天顺五年（1461）内府刻本

《清一统志》清代官修，《四部丛刊续编》收嘉庆重刊本

《天下郡国利病书》120卷〔清〕顾炎武撰，《四部丛刊三编》本

《读史方舆纪要》130卷〔清〕顾祖禹撰，中华书局1955年7月排印本，2005年3月新版

此书着重考订古今郡县变迁。包括《历代州域形势》、《南北直隶十三省》、《川读异同》、《天文分野》等部分。末附《舆图要览》。

《历代地理沿革表》〔清〕陈芳绩编，《丛书集成初编》本

部表（虞—明）、郡表（秦—明）、县表（秦—明）。

《历代疆域表》〔清〕段长基编，《四部备要》本

《中华民国疆域沿革录》　王祖彝编，北平五兴书房1935年印行

《神州万里——中国历代疆域与政区》（全15册）　胡嘏编著，辽海出版社2001年版

四、利用地方志

地方志一般包括以下几个部分：

一、大事记

二、地理志（区域、建置沿革、地形、山脉、河流、土地、气象、物产、自然灾害、民族户口、城、镇、乡、村等）

三、经济志（农业、水利、林业、牧业、副业、工业、商业、财赋、邮电交通等）

四、政治志（行政、法制、民政、党派、群众团体、民主革命纪实等）

五、军事志（机构、兵役、民兵、重大兵事纪述等）

六、文化志（文化艺术、教育、科技、新闻广播、体育、卫生、计划生育、文物古迹等）

七、社会志(风俗习惯、宗教信仰、方言、谣谚、食居、服饰、民间传说等)

八、人物志(人物传、人物表、革命烈士英明名录等)

九、附录(地方志编修始末、重要文献辑录等)

具体可以参阅第七讲"二/9. 各地艺文志"的相关方志目录。还有一些综括性图书也可参考:

《中国地方志辞典》 黄苇主编,黄山书社1986年11月版;

《方志学概论》 来新夏编著,福建人民出版社1983年1月版;

《中国方志学概要》 刘光禄编著,中国展望出版社1983年6月版;

《方志学综论》 林衍经著,华东师范大学出版社1988年1月版;

《方志学》 黄苇等著,复旦大学出版社1993年6月版;

《中国方志学史》 陈光贻著,福建人民出版社1998年9月版;

《方志编纂系统》 林衍经著,安徽大学出版社2001年4月版。

另外还有一些地方性地方志工具书,如:

《河南地方志提要》 河南省地方志编委会编辑室1982年3月编印;

《两浙方志考》 洪焕椿编著,浙江人民出版社1984年6月版;

《东北地方志考略》 郝瑶甫著,辽宁人民出版社1984年7月版;

《江苏方志考》 倪波编著,吉林省地方志编委会、图书馆学会1985年2月版;

《四川方志考》 何金文撰,吉林省地方志编委会、图书馆学会1985年6月版;

《上海方志资料考录》 上海师范大学图书馆编,上海书店1987年12月版;

《明代方志考》 林平、张纪亮编纂,四川大学出版社2001年1月版。

五、利用地图

《中国历史地图集》(全8册) 中国历史地图集编辑组编辑,中华地图学社1975年版

此地图集反映1840年以前我国各历史时期的政区设置和部族分布的基本概貌,共分八册:(一) 原始社会、商、周、春秋、战国时期;(二) 秦、西汉、东汉时期;(三) 三国、西晋时期;(四) 东晋十六国、南北朝时期;(五) 隋、唐、五代十国时期;(六) 宋、辽、金时期;(七) 元、明时期;(八) 清时期。(重要地名采用古今对照的表示方法,今图的国内行政区划以1970年底建制为准。)

《中国历史地图集》(全8册) 谭其骧主编,中国地图出版社1987年版

此书在清杨守敬《历代舆地图》(线装34册)的基础上编成,是历史地图史上的空前巨著。全20个图组,304幅彩图,合计每一幅上画出的地名约7万个左右。分为:原始社会,夏,商,西周,春秋,战国;秦,西汉,东汉;三国时期,西晋;东晋十六国,南北朝;隋,唐,五代十国;宋,辽,金;元,明;清。

《中国地理沿革图》　苏甲荣编,上海日新舆地学社1922年4月初版,1936年增订4版

从《禹贡九州图》、《尔雅九州图》至《民国政治地理图》共104幅。

《中国现代史地图集》(1919～1949)　武月星主编,中国地图出版社1999年7月版

采录1919年五四运动至1949年中华人民共和国成立期间的地图200余幅,部队序列表、统计表50余个,照片140余帧,图说及大事记25万字。

《中华人民共和国分省地图集》　中国地图出版社1990年3月编制出版

共有地图50幅,其中总图3幅,省区图29幅,地区图3幅,地形图15幅。末附"地名索引"。

《中华人民共和国地图集》　总参谋部测绘局编制,星球地图出版社2000年5月版

由全国性地图26幅和分省地图两部分组成。资料信息据1999年国家相关数据。末附《中国地理信息资料》。

《中华人民共和国行政区划沿革地图集》(1949～1999)　陈潮、陈洪玲主编,中国地图出版社2003年10月版

以地图的形式介绍新中国成立50年来省、地、县三级行政区划的设置、沿革、变迁和现状,内容包括行政建制的设置和撤销,行政地名的更改,行政区域的调整,行政级别的升降,行政机构驻地的迁移等。

《中国语言地图集》　中国社会科学院、澳大利亚人文科学院合编,香港朗文出版有限公司1988年版

采用35幅大张彩色地图,配以文字说明,来全面表现中国的汉语方言和各少数民族语言、方言的分布和分区分类。

另外,也可利用《世界地图集》等工具书查阅世界地名信息,此不详列。

第十讲　查人名

孟子曰："颂(诵)其诗，读其书，不知其人，可乎？"(《孟子·万章下》)

一、世界各民族人民姓名的构成

中、朝、越、日、匈	姓在前，名在后。如：[匈]裴多菲·山道尔，裴多菲是姓。 日本人的姓一般是两三个字。
缅甸、马来亚	有名无姓。缅甸男子名前冠"U(吴)"或"Mg(貌)"；女子名前冠"Ma(玛)"或"Daw(杜)"，是表示长幼或社会地位的称呼。如：吴奈温，是奈温先生之意。
印、泰、阿拉伯、英、美、德、法、德、俄	名在前，姓在后。如：[英]威廉·莎士比亚，莎士比亚是姓； [德]卡尔·马克思，马克思是姓； [法]维克多·雨果，雨果是姓。 俄国人姓名的特点是：在名与姓中间，还有父称。如：玛克西姆·高尔基，原名是：阿列克赛·马克西莫维奇·彼什科夫(Алексей Максимович Пешков)。
非洲	一般是名在前，姓在后。如：[布隆迪]森丹沃(名)·阿塔纳瑟(姓)； 但也有相反的情况，如：[贝宁]巴里(父姓)·巴斯卡拉(名)。

二、查人物资料的常用工具书

（一）综合性辞书

如:《辞源》、《辞海》等。

（二）人名辞典

《中国人名大辞典》 臧励龢等编,商务印书馆1921年出版;上海书店1980年11月据以复印

上古~清末,4万余人。最大的缺点:不注生卒年。

《中国历史人物辞典》 吴海林、李延沛编,黑龙江人民出版社1983年11月版

商代~清末,兼收部分民国人物,共5800余人。

《中国历代人名大辞典》(上、下) 张撝之、沈起炜、刘德重主编,上海古籍出版社1999年12月版

自原始社会至辛亥革命,收录人物约54500人,条目释文包括生卒年、姓名异文、朝代籍贯、字号别号、亲属关系、科举仕历、主要事迹、思想学说、封赠谥号、主要著作等,每条均注明所据文献。此书可谓至今最为全备、规范的"历代人名大辞典"。

《古书人物辞典》 庄克华主编,江西教育出版社2004年1月版

收录先秦至近代文学作品中的人物形象名,共设4541条。

《二十五史人名大辞典》 黄惠贤主编,中州古籍出版社1997年5月版

收录二十五史有纪、传、附传的全部人物以及《史记》、《汉书》的部分书、表、志,《三国志》裴注和诸史内有史迹但无传而近人通史著述里又常见的人物。按二十五史顺序编排,每条包括姓名、生卒年、字号、籍贯、身世、主要官职、主要事迹或贡献、史料出处等。

《中国语文学家辞典》 陈高春编,河南人民出版社1986年3月版

收录上自先秦下迄明清的语文学家1950余人,释文包括学者籍贯、字、号、生平、著作以及所据史料出处。按时代为序编排。书前有《语文学及其沿革》的长篇前言,末附辞目音序、笔画索引,学者异名索引和语文学著作索引等。

《中国语言学人名大辞典》 陈建初、吴泽顺主编,岳麓书社1997年7月版

收录古今中外语言学者2512人,先列中国现代语言学者,按省编排,次列中国古代语言学家,后列国外汉语语言学者。各条下先设生卒年月、籍贯、主要经历,后列著述目录(较详备)。但古代语言学家本书只收列194人,较现代则嫌不足。

《中国文学家大辞典》 中华书局 1996～2004 年版

分《先秦汉魏南北朝卷》(曹道衡、沈玉成编撰)、《唐五代卷》(周祖谟主编)、《宋代卷》(曾枣庄主编)、《清代卷》(钱仲联主编)、《近代卷》(梁淑安主编)。

【《中国文学家大辞典》(上、下) 谭正璧编,北京图书馆出版社 1998 年 9 月影印。】

《台港澳及海外华人作家词典》 张超主编,南京大学出版社 1994 年 12 月版

共收 20 世纪作家 1525 人,按音序编排。末附作家、作品音序索引及作家本名、别号、字号、笔名索引等。

《台港澳及海外华文作家词典》 王景山编,人民文学出版 2003 年 7 月版

收录现当代台港澳及海外的华文作家 811 人,介绍资料较翔实,并提供作家已出版著作的目录。

《中国戏剧家大辞典》 路闻捷等主编,中国戏剧出版社 2003 年 1 月版

收入中国现当代知名戏剧家包括港澳台及移居海外的华侨戏剧家共 10298 名,每条均全面介绍人物相关资料,并配有相片。

《中国帝王宰相辞典》 熊铁基、杨有礼主编,湖北教育出版社 1994 年 8 月版

收录历代帝王词目 1625 条,各朝宰相词目 3581 条。按人物活动时间先后排列。从传说时代的盘古氏至清代宣统朝协办大学士李殿林。末附《西汉、东汉、西晋诸侯王表》,《明初藩王表》,《史记正义谥法解》,《帝王异名表》,《历代宰相名称、职权演变情况表》等。

《中国历代宰相大词典》 张哲永主编,广东教育出版社 2004 年 3 月版

收录自夏朝的伯益至清末载沣的历代宰相和宰辅人物,试图对历朝宰臣的介绍反映宰相制度的起源流变。末附《唐及五代十国使相表》,《秦至太平天国各朝农民政权宰相表》。

《中国藏书家辞典》 李玉安、陈传艺编,湖北教育出版社 1989 年 9 月版

收录中国历代藏书家、目录学家、图书馆事业家、有成就的图书馆馆员、版本学家、校勘学家、刻书家等人物 1149 人,以时代先后排列。

《中国美术家人名辞典》 俞剑华编,上海人民美术出版社 1981 年 12 月版

收录古今画家、书法家、篆刻家、雕塑家、工艺美术家等近 29500 人。

《中医人名辞典》 李云主编,国际文化出版公司 1988 年 5 月版

收录历代中医人物 10500 余名,重在介绍清代以前的医学家。每条包括姓名、生卒年、字、号、时代、籍贯、简历、著作、师承关系等,按笔画数编排。末附别名索引。

《中国佛学人名辞典》 比丘明复编,台湾方舟出版社 1974 年版,中华书局 1988 年 1 月据以影印

收我国历代高僧和在我国活动过的有影响的外国僧人,也收在佛教影响下

于哲学、文学、艺术等方面有所成就的历代学者及对佛教产生过影响的帝王、官僚等,共5326人。

《中国佛教人名大辞典》 真禅编,上海辞书出版社1999年11月版

收录自佛教传入中国以来与中国佛教有关的人物词目16973条,分僧(菩萨僧、比丘、沙弥)、尼僧(比丘尼、沙弥尼)、居士、女居士、王公、后妃、公主等七大类。

《中华民国当代名人录》(全4册) 熊钝生主编,台湾中华书局1978~1979年版

本书为生于民国前后而至1978年仍健在的近5000位人物撰写简明传录。分党政人士,民意代表,学术、教育界人士,科技、工程界人士,文化界人士,工商、金融界人士,自由职业人士七大类编排。书末附姓氏笔画索引。

《民国人物大辞典》 徐友春主编,河北人民出版社1991年5月版

收录民国时期(1912~1949)党政军及教育、科学、文化、宗教、实业界知名人士12000余人。

《中国近现代人名大辞典》 李盛平主编,中国国际广播出版社1989年4月版

选收1840~1988.9.30期间故去的有一定影响的历史人物10750人(其中中国人物9904人,外国来华人物846人)。采用简历体。按姓氏笔画编排。

《中国社会科学家辞典》(现代卷) 该辞典编委会编,甘肃人民出版社1986年10月版

辛亥革命~1982年底,938人。包括哲学、经济学、法学、政治学、社会学、民族学、宗教学、教育学、文学、新闻学、语言文字学、图书馆学、文物学、民俗学、考古学、博物馆学、历史学等各个领域的社会科学家。

《当代中国社会科学学者大辞典》 陈荣富、洪永珊主编,浙江大学出版社1990年3月版

收当前活跃在我国社会科学各学科领域的社会科学学者(包括少数新中国成立后去世的名学者)近5000人,介绍其职务、学历、主要研究方向等(含港、台、澳学者近1000人)。末附音序、笔画两种索引。

《中国当代社会科学专家学者大辞典》(上、下) 卢继传主编,中国经济出版社2000年版

扼要介绍了新中国成立以来社会科学各领域内专家学者的简历及其主要成就。

《中国专家大辞典》 江涛、王海滨主编,中国文联出版社1998年起出版

收录当今中级和高级专业技术人员,简要介绍经历与成就。

《二十世纪中国名人辞典》 蔡开松、于信凤主编,辽宁人民出版社1991年3月版

收词目4700余条,资料截止于1990年5月。按人名笔画数编排。

《江西历代人物辞典》 陈荣华等主编,江西人民出版社1990年9月版

《山东历史人物辞典》 丁文方等主编,山东人民出版社1990年10月版

《北京古今名人辞典》 马尚瑞主编,新华出版社1991年8月版

《客家名人录》 黄伟经主编,花城出版社1992年2月版

《东北人物大辞典》 东北人物大辞典编委会编,辽宁人民出版社、辽宁教育出版社1992年5月版

《四川历代文化名人辞典》 傅平骧等编,四川文艺出版社1992年9月版

《扬州历史人物辞典》 王澄主编,江苏古籍出版社2001年1月版

《上海名人辞典》 吴成平主编,上海辞书出版社2001年2月版

《广东历史人物辞典》 管林主编,广东高等教育出版社2001年6月版

《外国人名辞典》 上海辞书出版社1988年12月版

共收人物约10510人(包括帝王将相、总统总理、专家学者、能工巧匠等,在世人物和小说、神话人物不列),词目约10690条。词目按中译名笔画排列,末附《世界重要王朝世系表》、《诺贝尔奖获得者一览表》及《外国人名译名索引》。

《当代国际人物辞典》 上海辞书出版社1980年12月初版

收4187条,以政治、外交方面的人物为主,兼顾经济、军事、学术、文化、社会等其他方面。以在世的知名人物为主,也适当收录了一些已故的第二次世界大战前后较有影响的人物。

《外国名作家大词典》 张英伦等主编,漓江出版社1989年10月版

为从古至今104个国家和地区1534位名作家立传。配图片1360幅。

《二十世纪世界名人辞典》 吴明明主编,辽宁人民出版社1991年3月版

收条目近1300条,资料截止于1989年,后附英汉人名对照表。

《近代现代外国哲学社会科学人名资料汇编》 商务印书馆编辑部编,商务印书馆1965年5月版

以近现代外国哲学和社会科学方面的思想家和学者为主,以卒于1870年以后者为限,大体上上及19世纪,下迄20世纪60年代,共约500条。条目按人物姓氏拉丁字母排列,书末附人名汉译名音序索引。每条均详细注明材料来源,便于查核。

《世界科技人名辞典》 姜振寰主编,广东教育出版社2001年10月版

收录古今中外自然科学、技术科学和工程技术等领域的著名科技人物6500余人。字头下标注生卒时间、国籍及定性称谓、简历、主要成果、主要著作等。末附《诺贝尔物理学、化学、生理学或医学奖获得者一览表》、《菲尔兹数学奖获得者一览表》和《化学元素发现一览表》。

《世界人名翻译大辞典》(上、下) 新华通讯社译名室编,中国对外翻译出版公

司1993年10月版

收录世界各国人名65万条。分两部分编排：第一部分收录非使用汉字的国家和地区的人名57万余条；第二部分收录日、朝、越等使用汉字的国家人名，我国少数民族人名，闽粤方言、台港澳地区和海外华人姓名参考译音及名人词条近8万条。内容包括外文、生卒年、汉译名、国别和简单身份介绍。末附译音表和《部分国家（民族）姓名简介》、《常见姓名后缀》等。

（三）人物传记

查阅历代人物传记，需先查阅"正史"类的相关文献，除此之外还可以用后人编辑的其他人物传记。这里就多人合传择要介绍。

《中国古代著名哲学家评传》 辛冠洁等主编，齐鲁书社1980～1982年版

正编共4册：先秦1册，两汉魏晋南北朝隋唐1册，宋元明清2册。

续编共4册：先秦两汉1册，魏晋南北朝1册，唐宋元1册，明清1册。

《中国史学家评传》（全3册） 陈清泉等编，中州古籍出版社1985年4月版

分别评介从春秋到五代，从宋代到清中叶（鸦片战争以前）和近现代已故的著名史学家80多人的生平事迹、史学论著等。

《中国古代学者百人传》 张舜徽主编，中国青年出版社1986年6月版

本书遴选自孔丘至俞樾100名学者为之作传，述其经历，明其成就，探其方法，以古鉴今。张舜徽先生说："我在甄别、选定百人名单的过程中，力求阐幽表微，发现过去为人们所忽略了的人物加以标举……"这正是本书的特色，以清代为例，就选入了少为世人注意的唐甄、廖燕、江永、汪绂、明安图、汪中等数位卓有成就的学者。

《中国古代科学家传记》（上、下） 杜石然主编，科学出版社1992～1993年版

收入中国古代著名科学家的传记249篇。上起欧治子、鲁班、墨子，下至20世纪30年代。

《中国地方志名家传》 林正秋主编，黄山书社1990年12月版

收录古今方志专家150余人，为之作传，详介其所著方志内容。

《国朝先正事略》60卷 〔清〕李元度著，易孟醇点校，岳麓书社1991年5月版

收清同治以前的清代人物1108人，分为名臣、名儒、经学、文苑、遗逸、循良、孝义7类。

《清代七百名人传》（全3册） 蔡冠洛编著，中国书店1984年6月影印世界书局1936年版

收录清代260余年713人的传记资料，分政治、军事、实业、学术、艺术、革命六编，传记叙述有详有略，少则五六百字，多则六七千字，且"不衷于一姓之私言，不囿于位望之尊卑"。书末附《清代大事年表》、《清代各朝名人分配表》、

《清代名人地域分配表》、《清代名人分类统计表》、《清代名人异名谥法检查表》。

《清代人物传稿》 清史编委会编，中华书局（上编）、辽宁人民出版社（下编）联合出版

上编至2001年5月共出10卷；下编至1994年共出10卷。

《清代朴学大师列传》 支伟成著，上海泰东图书局1925年初版，岳麓书社1986年影印，1998年8月标点排印出版

书分25类，收246家传记，或单人单传，或诸人合传，或附传于后，“诸传分合附从，具含微意”。起自清初顾炎武，迄于清末王先谦，“主要在详各人之授受源流，擅长何学，以及其治学方法”（凡例语）。

《民国人物传》 李新、孙思白等主编，中华书店1978年起出版

分册为民国（1912～1948）年间的重要人物撰作传记，至今已出版11册。

《文献家通考》（全3册） 郑伟章著，中华书局1999年6月版

考证清至现代1500余位文献家的生平事迹，从清初的钱谦益至现代潘景郑，按传主生年先后排列。末附《文献家地区分布表》等。

《中国红军人物志》 王继英著，广东人民出版社2000年1月版

上起1927年南昌起义，下迄1937年中国工农红军改编为八路军、新四军。收录人物1151人，介绍其姓名、生卒年、籍贯、字号、生平主要事迹。

《中国现代科学家传略》（全10辑） 晋阳学刊编辑部编，山西人民出版社1982～1987年版

收录五四至1982年间社会科学各个学科的专家和知名学者共284人的传略，内容包括职称、姓名、笔名、生卒年月、籍贯、家世、学历、生平事迹、社会科学活动、学术成就及著作等。

《中国现代科学家传记》（全6集） 《科学家传记大辞典》编辑组编，卢嘉锡主编，科学出版社1991年起出版

收入20世纪中国著名科学家（包括数学家、物理学家、化学家、天文学家、地学家、生物学家、农学家、医学家以及技术科学家即发明家和工程师）的传记600余篇。

《中国现代语言学家》（全5册） 北京语言学院编，河北人民出版社1981～1986年版

自1898年《马氏文通》出版迄今，共收216人。

《中国现代语言学家传略》（全4卷） 中国语言学会编，河北教育出版社2004年起出版

收录自1898年《马氏文通》以来的语言学家318位，这是对《中国现代语言学家》的增补。

《中国历代禅师传记资料汇编》（全3册） 徐自强主编，全国图书馆文献缩微

复制中心 1994 年 12 月印行

收录历代禅师传记资料约 600 多种，主要辑自北京图书馆藏石拓、中国历代佛寺志、历代汉文大藏经、《四库全书》、《金石萃编》等文献，按禅师卒年顺序排列。书前有目录，书末附《禅灯世谱》九卷。

《中国近现代佛教人物志》 于凌波著，宗教文化出版社 1995 年 9 月版

本书是在台湾慧炬出版社《中国近代佛门人物志》的基础上修正而成，收 100 多人，分名僧和居士学者上、下两篇。各条均资料丰富，并设有大量附录。

《中华名律师辞典》 郭阳、马维国主编，华龄出版社 1993 年 7 月版

介绍了全国（含港台）的当代名律师 1000 余名（少量是近现代的）。分省编排。末附《全国律师事务所简介》。

《外国历史名人传》 朱光庭主编，中国社会科学出版社、重庆出版社 1982 ~ 1985 年版

全书分古代部分（上、下），近代部分（上、中、下），现代部分（上、下），补遗本。为世界历史各个时代约 600 位著名人物作传，内容主要是结合人物所处时代背景，介绍其经历，包括社会政治活动、政治主张和思想观点及重要著述等。

《西方著名哲学家评传》（全 8 卷） 汝信、王树人、余丽嫦主编，山东人民出版社 1984 ~ 1985 年版

从古希腊到 20 世纪上半叶西方各国 90 多位著名哲学家的生平与哲学思想。

《当代西方著名哲学家评传》（全 10 卷） 涂纪亮主编，山东人民出版社 1996 年 4 月版

每卷侧重于哲学一个分支学科：语言哲学、心智哲学、科学哲学、道德哲学、逻辑哲学、宗教哲学、历史哲学、艺术哲学、人文哲学和社会哲学。每卷卷首有一篇较长的导论，概括介绍该分支学科的研究范围、历史演变、主要流派、基本观点以及在当代西方哲学中的地位和影响。然后挑选 30 名左右最有代表性的哲学家，评述其生平和著作、学术观点和影响。

《外国著名文学家评传》（全 5 卷） 吴富恒主编，山东教育出版社 1990 年版

所传作家 200 余人，大体上反映从上古到二战（荷马—君特 · 格拉斯）前后外国文学的基本面貌。

《东方著名哲学家评传》 黄心川主编，山东人民出版社 2000 年 1 月版

分日本卷、韩国卷、印度卷、西亚北非卷。每卷遴选从古至今的著名哲学家 20 位左右。

《科学家传记百科全书》（上、下） [美]里查德 · 奥尔森主编，马歇尔 · 卡文迪什出版社 1998 年版，林永福等中译本，华夏出版社 2000 年 5 月版

介绍了世界古今 472 位著名科学家的生平、业绩、科学发明，用语较为通俗，配有近 400 幅图片，穿插有大量边框短文，以综述与介绍重大科学发明与发

现(如创世大爆炸、光谱学、进化论、遗传工程学、黑洞、氢弹、核粒子等)。

《历代不知姓名录》〔清〕李清编,北京图书馆 2004 年 4 月影印

本书搜取廿一史及诸稗官野乘笔记杂纂所载无姓名人士的事迹汇为一编,共收录 1200 余条。

(四)人名索引

《中国上古人名辞汇及索引》 潘英编著,台湾明文书局 1993 年 9 月版

本书网罗《春秋》、《左传》、《国语》、《尚书》、古本《竹书记年》、《诗经》、《论语》、《逸周书》所载人名,包括姓、氏、名、字、谥、号等条目索引。

《史记人名索引》 钟华编,中华书局 1977 年 4 月版

《后汉书人名索引》 李裕民编,中华书局 1979 年 8 月版

《晋书人名索引》 张忱石编,中华书局 1977 年 12 月版

《南朝五史人名索引》(上、下) 张忱石编,中华书局 1985 年 11 月版

《北朝四史人名索引》(上、下) 陈仲安等编,中华书局 1988 年 9 月版

《隋书人名索引》 邓经元编,中华书局 1979 年 9 月版

《新旧唐书人名索引》(全 3 册) 张万起编,上海古籍出版社 1986 年 3 月版

《宋史人名索引》(全 4 册) 俞如云编,上海古籍出版社 1992 年 10 月版

《金史人名索引》 崔文印编,中华书局 1980 年 1 月版

《元史人名索引》 姚景安编,中华书局 1982 年 2 月版

《明史人名索引》(上、下) 李裕民编,中华书局 1985 年 5 月版

《清史稿纪表传人名索引》(上、下) 何英芳编,中华书局 1996 年 4 月版

《二十四史纪传人名索引》 张忱石、吴树平编,中华书局 1980 年 5 月第 1 版

《二十五史纪传人名索引》 上海古籍出版社、上海书店编辑,上海古籍出版社 1990 年 12 月版

《四十七种宋代传记综合引得》(引得第 34 号) 引得编纂处编,哈佛燕京学社 1939 年出版,中华书局 1959 年据以影印

《辽金元传记三十种综合引得》(引得第 35 号) 引得编纂处编,哈佛燕京学社 1940 年出版,中华书局 1959 年据以影印

《八十九种明代传记综合引得》(引得第 24 号) 田继宗编,哈佛燕京学社 1935 年出版,中华书局 1959 年校改重印本

《三十三种清代传记综合引得》(引得第 9 号) 杜联喆、房兆楹编,燕京大学图书馆引得编纂处 1932 年出版,中华书局 1959 年据以影印

《唐五代人物传记资料综合索引》 傅璇琮、张忱石、许逸民编撰,中华书局 1982 年 4 月版

采用了各种古籍 83 种,不仅包括正史纪传、志表,还包括杂史、学术史、诗

文集、传记集、方志、笔记等。共收录了唐五代各类人物近3万人,分为字号索引和姓名索引两个部分。这是查找唐代人物最重要的工具书。

《唐五代五十二种笔记小说人名索引》 方积六、吴冬秀编撰,中华书局1992年7月版

本书据唐五代笔记小说47种,宋人笔记两种及《太平广记》、《类说》、《说郛》等三部总集编制人名索引,可补《唐五代人物传记资料综合索引》之未备。以姓名或常用称谓作主目,其他称谓附入并均另立条目参见。

《唐刺史考全编》(全6册) 郁贤皓著,安徽大学出版社2000年1月版

本书是在作者《唐刺史考》(江苏古籍出版社1987年2月版)的基础上修订而成,著录了自唐高祖武德元年(618)至唐哀帝天祐四年(907)间各州(郡、府)历任刺史(太守、尹)的可获悉材料。作者搜集的资料遍及史书、总集、类书、别集、笔记、小说、方志以及碑碣墓誌和题跋,对唐史史料正可谓"竭泽而渔"。就其考察的领域来说亦"为唐史园地开垦了一块荒地,为工具书领域填补了一个空白"(卞孝萱序言)。第6册为诸类索引,极便查询。

《宋人传记资料索引》 昌彼得等编,王德毅增订,台湾鼎文书局1974年初版,1977年出版增订本,中华书局1988年据以影印

分6册,第6册是宋人别名字号封谥索引。采用宋元人文集、方志及史传典籍等505种,并包括一些单行论著。共收15000人,部分人物还附以小传。

【《宋人传记资料索引补编》 李国玲编,四川大学出版社1994年版。】

《元人传记资料索引》(全5册) 王德毅、李荣村、潘柏澄编,台湾新文丰出版公司1979~1982年版,中华书局1987年9月据以影印

采用著作约800种,收元代人物16000人。

《宋元方志传记索引》 朱士嘉编,上海古籍出版社1963年7月版,1986年11月新1版

据33种宋元方志人物传记编制,共收录3949人,按姓名笔画顺序编排。

《古籍宋元刊工姓名索引》 王肇文编,上海古籍出版社1990年12月版

收录刊工4500人,近年影刊、影印的宋元善本369种。

《明人传记资料索引》 昌彼得等编,台湾图书馆1965年初版,1978年再版,中华书局1987年8月据以影印

采明清人文集528种,史传等65种,及若干单行论著。人物附有小传。不包括《八十九种明代传记综合引得》所采用的资料。

《明遗民传记索引》 谢正光编,上海古籍出版社1992年5月版

收录明遗民资料凡208种,正可补《古今图书集成中明人传记索引》、《明人传记资料索引》及张其淦《明代千遗民詠》之未备。配合使用,明遗民传记资料之汇录"虽云未备,殆其庶乎"!

《明代刊工姓名索引》 李国庆编纂，上海古籍出版社 1998 年 12 月版

这是一部专录明代雕版印本中所载刻工姓名资料的参考工具书，旨在对有明一代从事图书雕版印刷业的工匠作一裒集。共著录明版书 1100 余种，得刻工书工、绘工印工及装褙工合计 5000 余人。

《明清进士题名碑录索引》（全 3 册） 朱保炯、谢沛霖编，上海古籍出版社 1980 年 2 月版

明清两代先后举行过进士考试 201 科，取中进士共 51624 人，“进士题名碑录”记载了这些人物可资查找的地方志乘、文集、野史、杂记等材料，其提供线索之功至今不灭。然“碑录”按科年、甲第排列，欲藉以查找某一人耗时实多，此《索引》编制了四角号码、姓氏笔画和拼音检字法，后附《历科进士题名录》，检索极为便利。

《辛亥以来人物传记资料索引》 复旦大学历史系资料室编，上海辞书出版社 1990 年 12 月版

收录自 1911 年辛亥革命至 1949 年中华人民共和国成立这一时期各类人物 18000 余人，共收中文资料 8 万余条（1900～1986）。按姓名笔画编排。

《辛亥以来人物年里录》 邵延淼主编，江苏教育出版社 1994 年 6 月版

收辛亥革命以来各界人物 15696 人。各条均录人名、生卒年月、籍贯、主要经历等。

《中国近现代人物传记资料索引》 东北师范大学图书馆编，王继祥主编，东北师范大学图书馆 1988 年印行

共收录近现代人物（1840～1949）10000 余人，包括政治、经济、军事、文化、教育、科学、体育等各界知名人士，按被传人物姓氏音序排列。收录 1949～1987 年间的传记资料 24000 余条。

《古今中外人物传记指南录》（正编） 邵延淼编著，江苏教育出版社 1989 年 3 月版

收录了有关古今中外人物传记方面的 3000 余册图书目录及 3 万余人的人名索引。

（五）年谱目录

《中国历代人物年谱集目》 杭州大学图书馆资料组 1962 年编印

辑录了先秦至现代人物的年谱，包括单刻、附刻及丛书杂志中所载的，以及书名不是年谱而体例与年谱相同的，共计 1840 种。每一条目记述书名、卷数、编者和版本，并注明谱主的姓名及生卒年份，对于有些人物还略加按语。

《中国历代年谱总录》 杨殿珣编，书目文献出版社 1980 年初版，后有《续录》、《三录》，1996 有 5 月出版增订本

此书初版收录了1980年以前编辑的中国历代年谱3015种，反映了自先秦至现代的人物1829人；增订本共收年谱4450种，谱主2396人，附录参考书或文章645条。所收书籍不仅包括名为年谱者，还包括按年谱体例编写的编年、年记、述略、系年等。全书按谱主生年先后为序排列。

《近三百年人物年谱知见录》　来新夏著，上海人民出版社1983年4月版

此书所收人物年谱凡800余种。包括：1. 生于明而卒于清者；2. 生于清而卒于清者；3. 生于清而卒于辛亥革命以后者。每谱有一篇书录，介绍谱名、编者、卷数、版本、著录情况、谱主事略、编纂缘起和藏者，并指明谱内有无可供采择的史料和涉及哪些史料。

《中国历代人物年谱考录》　谢巍编撰，中华书局1992年11月版

收录1983年前全国主要图书馆及文物保管单位所庋中国历代人物年谱，兼收海外及私人所藏年谱，并钩辑历代文献所著录之年谱存目。书按谱主生卒年先后编排，共5000多家。各条下列编者、版本、备注、考辨、备考等项，各家均标示"见存"、"待访"、"著录"、"佚失"、"存疑"等字样。书前有作者《论年谱的作用和价值》长文一篇代序。

《中国年谱辞典》　黄秀文主编，百家出版社1997年5月版

收录中国（包括港澳台）自先秦至当代（1993年以前）的人物年谱4115种，涉及谱主2431人，条目按时代为序编排，每条除谱主小传外，列有谱名、撰者、版本、收藏单位、编谱情况、谱文特色、史料价值等。"辞目的撰写是细阅了年谱原文，并参阅了大量资料，按照统一的体例择要概括出来的"，"该书所收录的不少年谱是一般读者未了解或未见到过的珍本、善本"，"作为我国第一本年谱辞典，既开拓了年谱研究新的领域，并为年谱研究的持续深入发展提供了多方面的启示"。（吴泽序言）

《宋人年谱集目/宋编宋人年谱选刊》　吴洪泽编，巴蜀书社1995年9月版

本书作为《全宋文研究资料丛刊》之二出版。《集目》著录以宋人为谱主（含由宋入元的谱主）的年谱560余种，附录宋人编前朝人年谱56种，共收谱主170多人。《选刊》从现存的三十多种宋编宋人年谱中选出24种，多属比较难得的珍本或善本，颇为珍贵。

《中国历代名人年谱总目》　王德毅编，台湾新文丰出版公司1999年1月增订版

【《北京图书馆藏珍本年谱丛刊》（全200册）　北京图书馆出版社1999年5月影印。此书收录历代年谱1200余种，谱主近千人，上起三代，下迄1949年9月。附谱主、谱名、撰者三种索引。】

（六）生卒年表

《历代名人生卒录》　〔清〕钱保塘编，北京图书馆出版社2002年10月据海宁钱

氏清风堂丛刊(1936)影印

上古至清光绪二十年(1894)共1万余人,按年代顺序编为八卷。末附人名拼音、笔画索引。

《中国古代名人生卒·历史大事年谱》〔清〕吴荣光撰,陈垣校注,北京图书馆2002年10月据光绪元年(1875)南海张荫桓刻本影印

原名《历代名人年谱》11卷。此书是表谱式历代名人生卒与大事纪年,汉高祖刘邦元年(前206)至道光23年(1843)。首列干支纪年和帝王年号纪年,陈垣先生在干支年上方逐一标注西历。末附人名拼音、笔画索引。

《释氏疑年录》 陈垣编,1939年刊本(辅仁大学丛书第五),中华书局1964年3月版

收录自晋至清有生卒年可查的僧人2800多人。

《历代人物年里碑传综表》 姜亮夫纂定,陶秋英校,上海商务印书馆1937年版,上海中华书局1959年9月重版

原名《历代名人年里碑传总表》,重版改今名。此表列出自上古至1919年间的12000余人,注出姓名、字号、籍贯、年岁、生卒年和出处,依生年顺序排列,生年无法考证者,依卒年排列。书后有按笔画多少编排的人名索引,每个姓名后都注明生年或卒年,便于查检。

《历代名人生卒年表》 梁廷灿编;《历代名人生卒年表补》 陶容、于士雄编,北京图书馆出版社2002年5月版

收录上起孔子,下迄民国,人自一列,两编共收8400余人。末附姓名笔画、音序索引。

《明清儒学家著述生卒年表》(上、下) 麦仲贵著,台湾学生书局1977年6月版

始自明洪武元年,迄于清宣统三年,所收人物以《宋元学案》、《宋元学案补遗》、《明儒学案》、《清儒学案》所录为度。表内各条均注明来源出处,确凿有征,表末附所载儒学家生卒年,便于检阅。

(七)同姓名录

历史上同姓名者甚多。如:“二十四史”中有传记的“李广”就有四个:

汉代的“飞将军”李广:《史记》9/109/2867,《汉书》8/54/2439;

北齐的文臣李广:《北齐书》2/45/607,《北史》9/83/2787;

北周的武将李广:《周书》3 /48/871;

明孝宗时的太监李广:《明史》26/304/7784。

所以,要搞清人头,就必须利用“同姓名录”这类特殊的工具书,如:

《古今同姓名录》2卷 〔南朝梁〕萧绎撰,〔唐〕陆善经续,〔元〕叶森补,有《函海》本,《丛书集成初编》本据以影印,《国学基本丛书》本

辑录姓氏105个,人名382个,共1307人。

《古今同姓名大辞典》 彭作桢辑著,1936年自刊,上海书店1983年10月影印本

上古~1936年,56000多人。

(八)别号、笔名、谥号、行第录

《古今人物别名索引》 陈德芸编,广州岭南大学图书馆1937年印行,上海书店1982年10月据以影印

此书辑录古今(至1936年)人物的别名、原名、字、号、谥号、爵里称谓、斋舍自署、帝王庙号等,在这些条目后面注出本名和时代,如:

枚叔=枚乘(汉);枚叔=章炳麟(民);枚叔=钱枚(清)。

共7万余条,4万余人。书后附检目(按笔画为序)。

《室名别号索引》 陈乃乾编,丁宁、何文广、雷梦水补编,中华书局1957年初版,1982年增订本

此书初版收录了自秦至现代室名别号17000余条;增订本增至34000余条。所收室名从两个字至二十余字,而别号只收三个字以上的。在室名、别号之后,注明时代、籍贯和姓名。条目按笔画为序。附笔画检字和四角号码检字。

《历代名人室名别号辞典》 池秀云编撰,山西古籍出版社1998年1月增订本

收录自远古至当代历朝有一定影响、有突出贡献的人的“室名”和“号”共13697条,计人名13796个。本书以“室名”和“号”为条目,后注明姓名、朝代、籍贯、生卒年、生平事迹及其著作等。后附人名索引。

《绰号异称辞典》 谢苍霖编著,江西高校出版社1999年1月版

收辑历史人物绰号、异称九千余条,号主时限自上古迄于清末民初。称号大体为名字自号以及官职、封谥等称号以外之特异称号,包括少数口碑式精隽评语与谣谚语等。分形貌、服御、言谈、举止等26类编排。

《历代人物谥号封爵索引》 杨震方、水赉佑编著,上海古籍出版社1996年5月版

收录范围始自周代,下迄清末,上编通过谥号查时代、姓名、封爵,下编通过姓名查时代谥号、封爵。书末附刘长华《汉晋至明谥汇考》、雷延寿《清谥法考》之部分和《太平天国封爵表》。

《中国古代文学家字号室名别称词典》 张福庆编著,华文出版社2002年1月版

共收入上起西周下至清代(鸦片战争以前)的著名文学家1100余人,收录姓名、别名、字、号、别称、室名等近6000条,条目按姓名笔画编排。

《中国历代书画篆刻家字号索引》(上、下) 商承祚、黄华编,人民美术出版社

1960年6月版

收自秦至民国年间书画篆刻家约16000余人,每人均及字号、姓名、籍贯、年代、技能及生卒年或出身、渊源、任职等,不收室名。上册正目以字号为词头,下册索引以姓名为词头。

《明人室名别称字号索引》(全2册) 杨廷福、杨同甫编,上海古籍出版社2002年12月版

收录有明一朝在政治、经济、军事、医药、文学、美术、音乐、戏剧、收藏各方面有著作或一技之长者23000余人,5万余条。分为甲乙两编。甲编由字、号、别号、室名或别称查姓名;乙编详尽记载姓名、籍贯、字、号、室名、笔名、别称及出处。

《清人室名别称字号索引》(全2册) 杨廷福、杨同甫编,上海古籍出版社1988年版,2001年12月增补本

此书将清代(1644~1911)(包括清朝前后)在政治、经济、军事、科学技术、医药卫生、文学、艺术、收藏等各方面有著作或有一技之长的人物的室名别称编为索引,共收36000多人,103000多条目。是目前查找清人字号别称方面的最完备的工具书。正文前附有笔画检字表和四角号码检字表。

《民国人物别名索引》 蔡鸿源主编,吉林人民出版社2001年9月版

收录民国时期(1911.10~1949.9)凡政治、军事、经济、科技、文化、教育、宗教和社会各界知名人物15000余人,计20000余别名。

《中国现代作家笔名索引》 苗士心编,山东大学出版社1986年版

此书共收录了2100余名作家的9300多个笔名、别名(包括曾用名、化名、字、号、室名、斋名等)。全书分为笔名索引和笔名录两部分。利用索引部分,可使读者从笔名迅速地查到原名;利用笔名录部分,可从原名查到该作家的所有笔名,并可得知其性别、生卒年、籍贯、民族等简况。条目编排一律按简化字的笔画笔形为序。

《中国近现代人物名号大辞典》 陈玉堂编著,浙江古籍出版社1993年5月版

本书收1840年至20世纪90年代各界人物10112个,详析其本名、小名、字号、别名、室名、化名乃至爵里、谥号、世称以及史籍之中影射名号种种,并作小传或简介。

【《中国近现代人物名号大辞典续编》 陈玉堂编著,浙江古籍出版社2001年12月版。】

《20世纪中华人物名字号辞典》 周家珍编著,法律出版社2000年6月版

选收20世纪的中华人物19305个,名字号包括:原名、小名、谱名、字、号、别号、晚号、笔名、化名、外号、谥号、外文名及影射名等。

《20世纪中文著作者笔名录》 朱宝樑编著,广西师范大学出版社2002年10月

修订本

收20世纪海内外中文著作者约15000余人，笔名约4万余个。将笔名、姓名按音序混合编排。

《历代名臣谥法汇考》〔清〕刘长华编，清光绪年间刊本；1917年海宁陈氏印《崇川刘氏丛书》本

辑录汉代到清代名臣的谥号，还包括宗室、外戚、外藩等谥号，以及载入史书传记内的历代私谥。首列谥解，解释各种谥号的意义；次列谥字，注出历代名臣用这个谥号的姓名。

【《清谥法考》6卷 雷延寿编，1924年铅印本，此书可作《历代名臣谥法汇考》的补充。】

《唐人行第录》 岑仲勉编，中华书局1962年4月版

在唐代诗文集中，常有以行第（排行）称呼的，或以排行和官职连称，这是当时通行的习惯。例如白居易被称为"白二十二"，李绅被称为"李二十侍郎"。这种排行的推算是按照同一曾祖的兄弟长幼次序，并不是一父所生的兄弟排行。此书从唐代诗文集中辑录唐人行第，以姓的笔画为序，同姓的依排行次序为先后，知其名的注名，不知的注"未详"，然后列出资料来源。书末附岑氏《读全唐诗札记》、《读全唐文札记》、《唐集质疑》三种。

《宋人行第考录》 邓子勉编著，中华书局2001年5月版

宋人多承唐人风气，以行第相称，北宋尤浓，南宋以后渐成式微之势。此书仿《唐人行第录》体例，从宋人诗文别集、总集、词集、笔记杂纂、诗评词话、书画题跋、金石方志等中辑录出行第，以姓的笔画为序排列。

《宋元学案·宋元学案补遗人名字号别名索引》 ［日］衣川强编，京都大学人文科学研究所昭和四十九年（1974）3月印行

本书为清代黄宗羲撰、全祖望修定的《宋元学案》100卷和清代王梓材、冯云濠辑《宋元学案补遗》100卷（别附3卷）编制人名索引和字号别名索引。每条列姓名、字、号、别名、本贯、著作、卷叶表里等项。

（九）姓氏谱

《元和姓纂》（全3册） 〔唐〕林宝撰，岑仲勉校记，郁贤皓、陶敏整理，孙望审订，中华书局1994年5月版

本书是唐太常博士林宝于元和年间奉敕编撰，书以《唐韵》206部为纲，以姓为目，详载姓氏来历和中唐以前各家谱系。"《新唐书·宰相世系表》、《通志氏族略》祖其文而损益之，盖古姓谱之存于今而称详赅者，莫先于此矣。"（前言）中华书局此次将《姓纂》及岑仲勉《元和姓纂四校记》合刊，校记分条置于《姓纂》各段原文之后。第3册为姓氏及人名索引。

《万姓统谱》(上、下)　〔明〕凌迪知撰,上海古籍出版社 1994 年 8 月影印

本书以古今姓氏分韵编次,仿《元和姓纂》例,以历代名人履贯事迹按时代分隶名下。《四库全书总目》谓“其中庞杂抵牾均所不免,亦间有脱略;至于辽金元三史姓氏,音译失真舛讹尤甚。然搜罗既广,足备考订,故世俗颇行用之”。

《姓氏词典》　王万邦编,河南人民出版社 1991 年 12 月版

收录中国古今姓氏 8155 个,按音序排列。词头后注读音,并简注其源流、郡望、资料来源。末附“简体、繁体、异体易混的姓”、“一字多姓”、“异读的姓”、“音义未明与备考的姓”、“郡望今注”等。

《中国姓氏辞典》　陈明远、汪宗虎主编,北京出版社 1995 年 11 月版

收录典籍有据可考的古今姓氏 1466 条,每条均注今音、古音、文献记载、历史来源、地望分布及楹联等内容。末附《满族姓氏》、《现代稀姓、奇姓》。

《中华姓氏大典》　巫声惠编著,河北人民出版社 2000 年 6 月版

汇录迄今为止有文献可徵的 7000 个姓氏的渊源流变资料,按部首编排。释文包括三个方面:一、主要资料,即唐宋以来的主要姓书,直接引用,按先后排列,林宝《元和姓纂》、邵思《姓解》、邓名世《古今姓氏书辨证》、郑樵《通志·氏族略》及王应麟《姓氏急就篇》等唐宋姓书的资料全录,其他节录;二、补充资料,即先秦典籍、历代史书、地方志、文集、杂著、近现代文献等必要时作摘录;三、按语,即作者的辨析、综述文字。末附《中华姓氏总论》、《中华历代主要姓氏集团表》、《北朝复姓改单姓表》等。

《中华姓氏谱》　李学勤主编,现代出版社、华艺出版社 2000 年起出版

每姓一卷,拟出 100 卷。从源流、人物、人文、文献等方面揭示中华姓氏的源流、变迁及其与政治、经济、文化等各方面的联系及姓氏的地域分布、走向趋势和特点等。

(十)史讳资料

《经史避名汇考》(上、下)　〔清〕周广业著,北京图书馆出版社 1999 年 8 月据清抄本影印

本书是汇录历代史实,考证研究避讳的专著,成稿于清嘉庆年间,全书 46 卷,其中原名二卷,序例一卷,帝王由周迄明 20 卷,宫掖以下至杂避忌 23 卷。体例以经史为纲领,以诸子百家为条目,名讳见于经史者识细必录,在他说者亦加以搜集,引证宏富。

《史讳举例》8 卷　陈垣撰,《励耘书屋丛刻》本,北京科学出版社 1958 年版,上海书店 1997 年 6 月版

仿俞樾《古书疑义举例》之体,共举 82 例,说明避讳问题。这是关于避讳学的一部总结性的著作。

《历代避讳字汇典》　王彦坤编著，中州古籍出版社 1997 年 5 月版

本书以敬讳材料为主，兼及忌讳、憎讳材料，共收入词目 987 条。

《避讳与汉语》　向熹著，从四川大学汉语史研究所《汉语史研究集刊》第 2 辑（2001 年）起连载

分避讳史略、避讳改姓名、避讳改地名、避讳与事物及其他词语、避讳与古籍异文等。

《中国古代避讳史》　王建著，贵州人民出版社 2002 年 6 月版

书分“避讳在中国的起源”、“先秦避讳”、“秦汉避讳”、“三国两晋避讳”、“南北朝避讳”、“隋唐五代避讳”、“宋辽金元避讳”、“明清避讳”等八卷及附录若干。

【附录十】

查找历史人物方法举隅

1. 查找唐代人物资料的相关工具书及步骤

(1) 查找唐代人物首先考虑使用的工具书是傅璇琮等编的《唐五代人物传记资料综合索引》,该书收录了有关唐代的常用古籍 86 种中的人物资料信息,根据索引提供的出处可以找到相关的主要资料;

(2) 对于笔记小说中的有关材料则考虑使用方积六等编的《唐五代五十二种笔记小说人名索引》;

(3) 通过所任官职查找人物资料,不失为一个很好的方法,这就必须参考下面一些工具书: ① 翰林院: 丁居晦《重修承旨学士壁记》和岑仲勉《翰林学士壁记补注》;② 尚书省: 赵钺、劳格《唐尚书省郎官石柱题名考》,岑仲勉《郎官石柱题名新著录》、《郎官石柱题名新考订》和严耕望《唐仆尚丞郎表》;③ 御史台: 赵钺、劳格《唐御史台精舍题名考》;④ 地方官: 郁贤皓《唐刺史考全编》、吴廷燮《唐方镇年表》和戴伟华《唐方镇文职僚佐考》。

(4) 留存至今的唐代墓志材料价值较高,如果要利用这方面的材料,可以使用周绍良编的《唐代墓志汇编索引》;

(5) 如果查找唐代文学家,可以参考傅璇琮著《唐代诗人丛考》、主编《唐才子传校笺》,吴汝煜、胡可先著《全唐诗人名考》,陶敏编撰《全唐诗人名考证》,周祖谍主编《中国文学家大辞典 · 唐五代卷》等;

(6) 如果查找人物家族源流,可以参考赵超《新唐书宰相世系表集校》和林宝《元和姓纂》。

当然,综合性的各类辞书中有关唐代的部分都可以参考,另外如《唐人轶事汇编》、《唐会要人名索引》、《唐人行第录》、《登科记考》及《订补》等也可以提供一定的信息。

2. 查找清人传记资料

现存的清人传记,有《清史稿》、《清史列传》、《国朝耆献类征》、《碑传集》正、续、补编、《八旗通志》、《清儒学案》、《清儒学案新编》、《满汉名臣传》、《国朝先正事略》、《清代学者像传》等 70 多种。

另外,诸如《三十三种清代传记综合引得》、《明清进士题名碑录索引》、《明清江苏文人年表》、《清代文献传记传稿人名索引》(台湾“故宫博物院”1986 年编)、《清人室名别名字号索引》、《清代碑传文通检》等也是颇为常用的工具书。

据粗略统计,有传记可寻的清代人物有4万多人。

清史编委会编的《清代人物传稿》,上下编共20卷,收2000人左右。其入选标准是:真正在历史上起作用的重要人物,能体察历史发展规律和群众的意愿者。包括农民起义领袖,有代表性的少数民族人物,才能卓越的妇女,有贡献的科学家、技术家、发明家,以及华侨、实业家、工匠、民间艺人、医生、拳师、僧道喇嘛及其他宗教人士等。

2004年刚刚启动的清史编纂工程拟由通纪、典志、传记、史表、图录五大部分组成,分92卷,其中传记将由3000个人物传组成。

第十一讲 查事物

查事物，我们可利用下述十五类工具书和资料书：政书（十通、十会要、会典等）、纪事本末体史书、历史琐闻类笔记、年表（专科年表、史事年表）、类书（尤其是“事物源流考”这一类的）、百科全书、年鉴、手册、文摘、图谱、资料汇编、专科专题辞典、专题索引、中国人民大学报刊复印资料、专题类丛书。

下面分别加以介绍：

一、政　　书

政书是专门记载典章制度的一类史书。属广义的工具书。如：《十通》、会要、会典等。

（一）《十通》

上海商务印书馆1935～1937年出版《万有文库》二集影印本，浙江古籍出版社1988年11月据以重印，2000年1月第2版（全20册，附1册索引）。

1.《通典》200卷附考证1卷　〔唐〕杜佑编纂。（分食货、选举、职官、礼、乐、兵刑、州郡、边防八典。）
2.《续通典》150卷　〔清〕嵇璜等奉敕编。
3.《清朝通典》100卷　〔清〕嵇璜等奉敕编。（将原兵刑典分为两类。）
4.《通志》200卷附考证3卷　〔宋〕郑樵编纂。［共五部分：（1）本纪，（2）后妃传，（3）年谱，（4）二十略，（5）列传。］
5.《续通志》640卷　〔清〕嵇璜等奉敕编。（体例仿郑志，分为纪、谱、传、略四部分。）
6.《清朝通志》126卷　〔清〕嵇璜等奉敕编。（只有二十略。每略的内容，较郑志略有删改增补。）
7.《文献通考》348卷附考证3卷　〔元〕马端临编纂。（分二十四考。“按语”多有精辟之论。）
8.《续文献通考》250卷　清乾隆十二年敕编。（二十四考＋群祀考、群庙考＝

二十六考。)

9.《清朝文献通考》266卷　清高宗敕编。

10.《清朝续文献通考》320卷　刘锦藻编纂。(二十六考+外交、邮传、实业、宪政=三十考。)

《十通索引》　分说明(有十通基本情况一览表)、四角号码索引、单字笔画索引、分类详细目录四部分。

《十通》有很多内容是重复的,例如《通典》一系有"选举典"、"职官典",《通志》一系有"选举略"、"职官略",《通考》一系又有"选举考"、"职官考"。实在是不必要的重复。乾隆时盲目地一续再续,正是封建统治者好大喜功、不切实际的表现。刘锦藻只续其一,实为得体。今使用《十通》时应注意去其重复,取其精华。

(二)会要

会要是分门别类地记载一代典章制度的史书。此体创始于唐代的苏冕。苏冕(?~805),尝纂国朝政事,撰《会要》一书,今不传。

1.《春秋会要》〔清〕姚彦渠撰,中华书局1955年版。(仅立世系、礼二门。共96子目。)

2.《秦会要订补》26卷　〔清〕孙楷撰,徐复订补,中华书局1959年6月版。

3.《西汉会要》70卷　〔南宋〕徐天麟撰,中华书局1955年7月版。(仅采《史记》、《汉书》。)

4.《东汉会要》40卷　〔南宋〕徐天麟撰,中华书局1955年7月版。(间或附以按语。)

5.《三国会要》22卷　〔清〕杨晨撰,中华书局1956年3月版。(采150余种史籍,资料集中。)

6.《稿本晋会要》56卷　汪兆镛撰,书目文献出版社1988年版。

7.《南朝宋会要》《南朝齐会要》《南朝梁会要》《南朝陈会要》〔清〕朱铭磐撰,上海古籍出版社1984~1986年版。

8.《唐会要》100卷　〔北宋〕王溥撰,中华书局1955年6月版。

9.《五代会要》30卷　〔北宋〕王溥撰,中华书局1998年11月版。(记载翔实。)

10.《宋会要辑稿》200卷　〔清〕徐松辑,中华书局1957年11月版。(其中多有《宋史》所未及者。)

11.《明会要》80卷　〔清〕龙文彬撰,中华书局1956年10月版。(采书200余种,征引赡博。)

（三）会典

会典也是记载一代典章制度的史书，但它专重制度法令，不详叙史实。为会要之别体。

1.《唐六典》 唐玄宗时官修，参与编纂者有张说、张九龄、韦述、徐坚等。有广雅书局刻本，中华书局1992年版。是记述唐代官制的专书。

2.《元典章》 元代官修。中华书局1957年版。所记1260～1322年间史料，有许多可补《元史》之不足或缺漏，是研究元代政治、经济、法律、风俗乃至语言的重要文献。陈垣先生曾根据故宫发现的元代刻本并参以其他诸本，详校了通行的清光绪年间沈家刻本，成《沈刻元典章校补》10卷和《元典章校补释例》6卷，指出了沈刻本《元典章》中的错误12000多条。我们对陈先生的成果，应注意参考。

3.《明会典》 明代官修。有《万有文库》本，中华书局1989年版。其内容是以六部（吏、户、礼、兵、刑、工）为纲，分述各级行政机构的职掌和事例。

4.《清会典》 清代官修。有《万有文库》本，中华书局1991年版。又称《钦定大清会典》。以官署机构为纲，记述自清初至光绪二十二年（1896）各级行政机构的编制、执掌、事例。为有清一代典章制度的总编。

二、纪事本末体史书

纪事本末，是我国传统史书的一种体裁，其特点是：以重要事件为纲，自始至终有系统地把它记载下来。此体创始于南宋袁枢的《通鉴纪事本末》。

下面介绍九朝纪事本末，有清陈如升、朱记荣辑、光绪十四年（1888）上海书业公所排印本（收7种），清光绪二十五年（1899）上海慎记书店石印本；有清捷记主人增辑、宣统二年（1910）上海文盛书局石印本（收9种）；有中华书局1997年11月版竖式标点本，全2册：

1.《左传纪事本末》 〔清〕高士奇撰。对春秋时期的史实作了补充、考订及阐述。

2.《通鉴纪事本末》 〔南宋〕袁枢撰；
《续通鉴纪事本末》 〔清〕李铭汉撰。

3.《宋史纪事本末》 〔明〕陈邦瞻撰。

4.《辽史纪事本末》 〔清末〕李有棠撰。

5.《金史纪事本末》 〔清末〕李有棠撰。

6.《西夏纪事本末》 〔清〕张鉴撰。[西夏，自唐末拓跋思恭受封夏国公（881），至1227年为蒙古所灭。]

7.《元史纪事本末》〔明〕陈邦瞻撰。

8.《明史纪事本末》〔清〕谷应泰撰；

《续明纪事本末》〔清〕倪在田撰。

9.《三藩纪事本末》〔清〕杨陆荣撰。(记南明史事。但非信史。)

【《中国二十世纪纪事本末》(全5册)　周鸿、朱汉国主编，山东人民出版社2000年3月版。第一卷：1900~1926年；第二卷：1927~1949年；第三卷：1950~1976年；第四卷：1977~1999年；第五卷：附卷·人物。】

三、历史琐闻类笔记

历代笔记是一个十分庞杂的资料库。披沙拣金，往往见宝。为了更好地利用这一份历史遗产，我们有必要先对笔记略加分类：

(一) 神话故事、志怪杂录类

如：晋干宝《搜神记》、宋洪迈《夷坚志》……

(二) 掌故、轶事、风土、民俗类

如：南朝宋刘义庆《世说新语》、唐刘悚(sù)《隋唐嘉话》……

(三) 资料考证、名物训诂、读书笔记类

如：宋洪迈《容斋随笔》、明末清初顾炎武《日知录》、清赵翼《陔馀丛考》……

对其中的第二类，刘叶秋先生则称之为"历史琐闻类"。此类笔记中，往往有对典章制度的记述。因此，也是我们查事物时应充分加以利用的资料书。

下面，让我们就以查清代的典章制度为例来说明这一点。

要查清代的典章制度，除了要查阅《清会典》、"清三通"之外，还应充分注意到下列这些"历史琐闻类"笔记：

1. 王士祯的《居易录》、《香祖笔记》(已有涉及官制、刑名的专卷。)

2. 法式善的《槐厅载笔》、《清秘述闻》(专纪科举故实。)

3. 昭梿(lián)的《啸亭杂录》(对于清初仪制，叙述甚详。)

4. 梁章钜的《枢垣纪略》(专纪军机处的沿革。)

5. 王庆云的《石渠余记》(说财政税赋。)

6. 吴振棫(yù)的《养吉斋丛录》(简明地记述了同治以前政府、宫廷的典章制度和清室的宫殿园苑。)

如此等等。具体可参阅高小方《中国语言文字学史料学》第十二讲，此从略。

四、年表(专科年表、史事年表)

参见第八讲“四、五”。

五、类　书

查找事物,还要利用类书,尤其是“事物源流考”这一类的类书。所谓“事物源流考”这一类的类书,即前人旨在“事溯其源,物穷其本”者。如:

《事物纪原》10 卷　〔宋〕高承撰,《丛书集成初编》本,中华书局 1989 年 4 月版

《四库提要》引《郡斋读书志·附志》云:“承,开封人。自博弈嬉戏之微,鱼虫飞走之类,无不考其所自来。”此书宋庆元三年(1197)刊本才 200 余事;至明正统十二年(1447)南昌阎敬明刻本已增至 1765 事。

《广博物志》50 卷　〔明〕董斯张撰,《四库全书》本

这是一部关于事物起源的资料类编。分天道、时序、地形等 22 门, 167 个子目。始上古,迄隋唐。

《格致镜原》100 卷　〔清〕陈云龙编,《四库全书》本,江苏广陵古籍刻印社 1987 年 1 月版

共 30 部,886 目。每物必述其原始沿革。

《事物原会》40 卷　〔清〕汪汲编,《古愚老人消夏录》本

总计 2006 目。

《壹是纪始》22 卷补遗 1 卷　〔清〕魏崧编,北京图书馆出版社 2003 年 3 月版

共 22 类 2169 目(包括“补遗”中的 81 目)。每条子目摘取书籍中有关事物起源的诗文词句。其标目如“书院始于唐”之类,下引书说明。

《古事比》52 卷　〔清〕方中德编,江苏广陵古籍刻印社 1990 年 3 月影印本,黄山书社 1998 年 10 月校点竖排本

本书将历史上性质相同或某一点相同的事,用“以事为经,以人为纬”的方法,将一些散见于各书的材料,加以梳理后,类集汇编以供参考。计 270 余类。

六、百科全书

现代型的百科全书,扼要地概述人类过去的知识和历史,并且着重地反映当代科学文化的最新成就。

百科全书对科学文化的发展起着重大的推动作用。

西方从 18 世纪中叶起开始有人编纂百科全书。法国唯物论的领袖人物

狄德罗(1713～1784)是《百科全书》的创导者和组织者。1751年,狄德罗曾因反对当时法国的封建压迫和教会统治而被捕入狱。出狱以后,为了继续反对封建迷信,他把许多先进思想家组织起来,共同致力于《百科全书》的编纂工作。他们受尽反动势力的阻挠和威胁,不少参加者先后被迫中途退出,只有他始终坚持到底,经过二十多年的奋斗,才把工作完成。恩格斯说:“如果说,有谁为了‘对真理和正义的热诚’……而献出了整个生命,那么,例如狄德罗就是这样的人。”(《费尔巴哈和德国古典哲学的终结》,《马克思恩格斯全集》第21卷)

在旧中国,也有一些有识之士继承了狄德罗开创的百科全书的事业。杨家骆先生就是其中的一个。杨家骆编《四库全书学典》,很明显是受到了狄德罗的影响。杨氏有《我的终身事业》一文,印在《中国文学百科全书》前面。从这篇文章中,我们可以了解到他的宏伟计划和他为此所作的努力。

《中国文学百科全书》是杨先生计划编纂的“《中国学术百科全书》之一”,1936年辞典馆初版。全书四巨册,七百五十万字,六万余条目。其类型包括:1. 书名条;2. 题名条;3. 人名条;4. 事典条;5. 概论条;6. 权题条;7. 术语条;8. 参见条。还刊出了《民国以来所出版文学论著总目》等资料,至今仍有较大的参考价值。

至1978年,中国大百科全书总编辑委员会成立,主任是胡乔木,副主任有于光远等12人。在北京、上海两地设中国大百科全书出版社。

《中国大百科全书》 中国大百科全书出版社精装甲、乙版

内容包括哲学、社会科学、文学艺术、文化教育、自然科学、工程技术等各个学科和领域。全书共74卷,约10万余条目,1亿字左右。《人民日报》1996年7月17日第五版载记者杨明方《多为读者献精品——来自中国出版成就展的报告》(上)一文说:“如今,被誉为‘中华民族文化发展史上的丰碑’的盛世巨典《中国大百科全书》74卷已经出齐。”它们有:

财政·税收·金融·价格卷(1993)
地理学卷(1984)
大气科学·海洋科学·水文科学卷(1987)
地质学卷(1993)
电工卷(1992)
电影卷(1991)
电子学与计算机卷(1986)
法学卷(1984)
纺织卷(1984)
固体地球物理学·测绘学·空间科学(1985)
航空·航天卷(1985)
化工卷(1987)
化学卷(1989)
环境科学卷(1983)
机械工程卷(1987)
建筑·园林·城市规划卷(1988)

交通卷(1986)	教育卷(1985)
经济学卷(1988)	军事卷(1989)
考古学卷(1986)	矿冶卷(1985)
力学卷(1985)	美术卷(1991)
民族卷(1986)	农业卷(1990)
轻工卷(1991)	社会学卷(1991)
生物学卷(1983)	世界地理(1990)
数学卷(1988)	水利卷(1992)
体育卷(1982)	天文学卷(1980)
图书馆学·情报学·档案学卷(1993)	土木工程卷(1987)
外国历史卷(1990)	外国文学卷(1982)
文物·博物馆学(1995)	物理学卷(1987)
戏剧卷(1989)	戏曲·曲艺卷(1983)
现代医学卷(1993)	心理学卷(1991)
新闻·出版卷(1990)	音乐·舞蹈卷(1989)
语言文字卷(1988)	哲学卷(1987)
政治学卷(1992)	中国传统医学卷(1992)
中国地理卷(1993)	中国历史卷(1992)
中国文学卷(1986)	自动控制与系统工程卷(1991)
宗教卷(1988)	总索引(1992)

《不列颠百科全书》(国际中文版,全20册) 中国大百科全书出版社1999年4月版

《不列颠百科全书》(*Encyclopædia Britannica International Chinese Edition*)又称《大英百科全书》,英文第1版于1768~1771年创始于苏格兰爱丁堡,至1974年第15版共有30卷,1985年增至32卷。1986年9月中国出版《简明不列颠百科全书》(全10卷),1996年中美双方正式协定出版国际中文版。此版不仅对《简明》本做了全面的修订,还增加了数百条新目,尤其是中文条目和图片更是大幅度增加。全书1~18卷是正文,19、20卷是索引。

《康普顿百科全书》 [美]戴尔·古德主编,美国康普顿知识出版社1922年初版,1994年新版,商务印书馆2003年起出版中译本

分正篇和事实索引两部分,正篇25卷,5700条,内附插图1万余幅,事实索引收资料性词条28500条。中译本分为自然科学、生命科学、社会与社会科学、技术与经济、历史、地理、文化体育等7卷,分册出版。

《中国文史百科》(上、下) 张岱年主编,浙江人民出版社1998年6月版

分民族卷、民俗卷、制度卷、科技卷、思想卷、文学卷、艺术卷、历史卷等八

卷。释文通俗流畅，书中配有大量图版。

《中国文化大百科全书》（全8册）　高占祥等主编，长春出版社1994年1月版

分哲学宗教卷、历史卷（上、下）、文学卷、艺术卷、教育卷、综合卷（上、下）。

《中国文化通志》　中华文化通志编委会编，上海人民出版社1998～1999年版

全书分十典：历代文化沿革典、地域文化典、民族文化典、制度文化典、教化与礼仪典、学术典、科学技术典、艺文典、宗教与民俗典、中外文化交流典。每典各分十志，独立成册，反映了中华文化各大门类的总体面貌。以艺文典为例，主编刘梦溪，下分艺文理论类志、诗词曲志、散文小说志、戏曲志、美术志、乐舞志、曲艺杂技志、新闻志、典籍志、景观志十项。

《国学通览》　中华孔子学会编辑委员会组编，群众出版社1996年9月版

本书介绍传统“国学”各个领域的主要内容、发展流变及各个时期的主要成果。大多数条目采用“学”大概念，分类综合介绍，涉及哲学、宗教、史学、文学、兵法以及天算水地医农等自然科学、关于政治经济法律的经世之学、音乐绘画书法的艺术之学。共77个条目（学科），每一条均请对该学科素有钻研的专家执笔。如“易学”、“谶纬学”、“律学”、“三礼学”、“简牍学”、“唐诗学”、“尔雅学”、“文字学”、“中国数学”、“中医学”、“经学”、“考据学”、“校勘学”等。

《中国军事百科全书》（全10卷，索引1卷）　中国军事百科全书编审会编，军事科学出版社1997年7月版

设军事思想、军事学术（2卷）、中国人民解放军政治工作、军事后勤（分1卷）、军事技术（2卷）、军事历史（3卷）、军事地理测绘气象等7个知识门类57个学科。共收条目11000余个，配彩图、黑白图近万幅。

《中国伦理学百科全书》（全11卷）　罗国杰主编，吉林人民出版社1993年12月版

分伦理学原理、中国伦理思想史、东方伦理思想史、西方伦理思想史、现代西方伦理学、职业伦理学、婚姻家庭伦理学、德育原理、宗教伦理学等11卷。

《心理学百科全书》（全3册）　《心理学百科全书》编辑委员会编，浙江教育出版社1995年8月版

选取15个类别：理论与历史、普通心理学与实验心理学、教育心理学、发展心理学、比较心理学、认知心理学、差异心理学、人格心理学、生理心理学、临床心理学、心理测量、社会心理学、国别与洲际心理学、心理学应用、心理学人物。共收词目约2800条。

《中国佛教百科全书》（全8册）　赖永海主编，上海古籍出版社2000～2001年版

书凡十一卷：经典、教义、人物、历史、宗教、仪轨、诗偈、书画、雕塑、建筑、名山名寺。较全面系统地再现了中国佛教和中国佛教文化的总体面貌及其历史

发展过程。

《剑桥语言百科全书》(*The Cambridge Encyclopedia of Language*) [英]戴维·克里斯特尔(David Crystal)著,剑桥大学出版社1987年第1版,1994年第2版,外语教学与研究出版社2002年2月版

书分以下11部分:

(1) Popular ideas about language (对语言的一般认识)

(2) Language and identity (语言与特征)

(3) The structure of language (语言结构)

(4) The medium of language: speaking and listening (语言的媒介:说与听)

(5) The medium of language: writing and reading (语言的媒介:写与读)

(6) The medium of language: signing and seeing (语言的媒介:手势与看)

(7) Child language acquisition (儿童语言习得)

(8) Language ,brain and handicap (语言、大脑和语言缺陷)

(9) The language of the world (全世界的语言)

(10) Language in the world (世界语言)

(11) Language and communication (语言与交际)

《中国艺术百科辞典》 冯其庸主编,商务印书馆2004年1月版

涵盖中国艺术各主要门类,收录名词术语、作品、著述、人物等词目25000余条,配图1400余幅。

《唐代文学百科辞典》 卞孝萱主编,汉语大词典出版社2003年12月版

收录唐五代时期文学所涉及的各个门类的相关知识,包括总论、专论、群体流派、作家、著作、名篇、敦煌文学、民间歌谣谚语、曲名词牌、体裁作法、名词术语、研究著作、参考书目等13大类。

《网络百科全书》 [美]Mitch Tulloch、Ingrid Tulloch编著,邓云佳等译,科学出版社2003年7月版

收录网络技术术语和缩略语等3000多条,覆盖网络发展、组织机构、协议与标准、系统与环境、网络硬件、数据与存储、通信等领域。

七、年 鉴

年鉴是辑录一年内重要的时政文献和统计资料,分类编排,按年印行的工具书。一名年刊,也有叫手册的。内容是反映某一国家或国际间有关政治、经济、文化在一年内的发展变化情况,或科学技术的创造发明等。所收的资料,大部分是依据当年政府发布的各种公告、文件和国家主要报刊的报导、统计等。因此,我们查阅年鉴,可以获得有系统的新资料,还可以补充百科全

书的不足，因为百科全书出版以后，新发生的大事，或科学上的新发明等，不能及时补入。

我国年鉴类工具书的编纂是从20世纪初叶开始的，出的最早的是神州编译社的《世界年鉴》(1913)。到了30年代，年鉴日渐增多，但往往出一两辑就停刊了。新中国成立以后编印的年鉴有《人民手册》(1950~1964，大公报社)、《世界知识年鉴》(1953~1961)、《世界资源年鉴》(1959)等。党的十一届三中全会以来，各种年鉴大量出现。

年鉴可分为两类：

(1) 综合性的。所收材料涉及范围较广，又可细分为三种：① 国际的：如《世界知识年鉴》、《俄罗斯和东欧中亚国家年鉴》；② 一国的：如《人民手册》、《中华人民共和国年鉴》；③ 一国中某一地区的：如《北京年鉴》、《江苏年鉴》、《河南年鉴》、《南京年鉴》。

(2) 专科性的。所收资料仅限于一门学科或一项专业。如：

《中国比较文学年鉴》　　《中国城市年鉴》
《中国出版年鉴》　　《中国电影年鉴》
《中国对外经济贸易年鉴》　　《中国法律年鉴》
《中国工业年鉴》　　《中国工业年鉴》
《中国交通年鉴》　　《中国教育年鉴》
《中国经济科学年鉴》　　《中国经济年鉴》
《中国考古学年鉴》　　《中国历史学年鉴》
《中国林业年鉴》　　《中国旅游年鉴》
《中国农业年鉴》　　《中国轻工业年鉴》
《中国人口年鉴》　　《中国人物年鉴》
《中国商业年鉴》　　《中国社会学年鉴》
《中国图书馆年鉴》　　《中国卫生年鉴》
《中国文化年鉴》　　《中国美学年鉴》
《中国文学研究年鉴》　　《中国版画年鉴》
《中国文艺年鉴》　　《中国戏剧年鉴》
《中国新闻年鉴》　　《中国信息年鉴》
《中国医药年鉴》　　《中国印刷年鉴》
《中国语言学年鉴》　　《中国哲学年鉴》
《中国专利索引年鉴》　　《中国自然科学年鉴》
《世界军事年鉴》　　《世界知识年鉴》
《世界资源年鉴》　　……

八、手　册

手册,以前有“指南”、“便览”、“要览”、“一览”、“须知”等名称,甚至有叫“全书”、“大全”的,性质和作用都是一样的,都是采集学习、工作和生活上一些常用的材料汇编而成,放在手头随时备查的工具书。

手册的内容比较详细具体地列举出学习上、工作上和日常生活中一些必要的最基本的知识。

手册可分为两种:

(1) 常识性的。这类书在元代就有了。如:元代阴时夫的《居家必备》,清代石天基的《万宝全书》,都是供查检日常生活所需的基本知识用的。

(2) 专门性的。如:《农村医生手册》、《中学语文教师手册》等。

下面介绍几种常用的手册:

《汉语方言调查手册》　李荣编,科学出版社 1957 年 12 月版

《汉字古音手册》　郭锡良编,北京大学出版社 1986 年 11 月版

《通假字手册》　周盈科编,江西教育出版社 1988 年 3 月版

本书只收用字的假借(即有本字不写本字,而借同音字以代之),不收造字的假借,共 1600 余例,分成 172 部,按笔画编排。

《语言文字规范手册》　语文出版社编,语文出版社 1993 年增订本,1997 年 9 月第 3 版

收录《简化字总表》、《现代汉语常用字表》、《现代汉语通用字表》、《第一批异体字整理表》、《部分计量单位名称统一用字表》、《汉字统一部首表(草案)》、《出版物上数字用法的规定》、《标点符号用法》、《普通话异读词审音表》、《汉语拼音方案》等 19 种。

《各国语言手册》　黄长著编著,重庆出版社 1990 年 6 月初版,2000 年 1 月修订增补版

本书是一本系统描述世界各国(或地区)语言使用状况及世界语言谱系分类的工具书,分别介绍了全世界 230 个国家(或地区)的语言使用状况、世界各主要语言的谱系分类,并介绍了世界上几种主要的国际辅助语(人造语言)的概括。

《古籍知识书册》　高振铎主编,山东教育出版社 1988 年 12 月版

分古籍知识、古汉语知识、文化知识三大类 28 项。就古籍知识类下分为古籍的历史与古籍制度、古籍版本、古籍目录、古籍校勘、古籍辨伪、古籍辑佚、古籍标点、古籍新注、古书的文体、常用工具书 11 类。

《文学知识手册》　王芸主编,河南大学出版社 1994 年 10 月版

《中国实用文体大全》 刊授大学编著,上海文化出版社1984年10月版
《中国戏曲剧种手册》 李汉飞编,中国戏剧出版社1987年6月版
《中国文学作品英译本索引手册》 胡志挥编,译林出版社1993年2月版
《时事资料手册》(《半月谈》特刊) 1981年起,一年一版
《音乐欣赏手册》 上海文艺出版社编印,1981年10月版
《民间文学实习手册》 [苏]Ю·Г·科鲁格洛夫著,夏继宇译,中国民间文艺出版社1985年9月版
《国际心理学手册》(上、下) Kurt Pawlik、Mark R. Rosenzweig主编,张厚粲主译,华东师范大学出版社2002年6月版
《科技情报工作手册》 张季馨、沈美新主编,中国国际广播出版社1989年版
《科技文献检索手册》 潘家桢主编,化学工业出版社2001年1月版
《著编译审校指南》 江建名编著,中国科学技术大学出版社1988年2月版
《中国人文科学核心期刊要览》 中国社会科学院文献信息中心编,社会科学文献出版社2004年1月版
《中国图书馆信息服务指南》 王世伟主编,上海科学技术文献出版社1999年9月版
《中国应用礼仪大全》 郝铭鉴、孙为主编,上海文化出版社1991年5月版
《家庭日用大全》 上海文化出版社编印,1980年4月版
《中国行政区划沿革手册》 陈潮编,中国地图出版社2000年版
《党政机关公文写作与处理规范手册》 金城出版社2001年1月版
《美国大学留学指南》 美国教育基金会编著,中国青年出版社1999年10月版
《有害化学品安全手册》 [美]Rechard P. Pohanish、Stanley A. Greene著,中国石化集团安全工程研究院译,中国石化出版社2003年1月版

九、文　摘

文摘,也称摘要。它摘录图书或论文的要点,用简明扼要的文字把图书或论文的主要内容揭示出来,供读者检阅。

文摘有用期刊形式出版的,有用书籍形式出版的,有用卡片形式出版的。中国科学院情报研究所出版了大量的文摘卡片。

利用文摘可以缩短阅读时间,提高工作效率。现在各国科学技术发展很快,报刊上的论文数量很大,很难全读原文。近年有人计算,一个研究化学的专家,假如他把世界上当年发表的化学方面的专著和论文读完,以每天阅读八小时计算,需要四十八年。如果再把与化学有关的其他学科的专著与论文读完,那就需要更长的时间了。因此文摘这种读物,越来越感到必不可少。难怪学者

们要把它和书目、索引一并誉为“信息时代的三大法宝”了。今后书刊的出版越来越多,文摘的作用也越来越大。如果读者读了文摘还不能满足要求,可以再去读原著。看来,今后文摘工作将会有更大的发展,它的地位和作用也将越来越重要。

文摘分指示性文摘、报导性文摘等。指示性文摘简单地介绍原始文献所论述的问题、范围和表达的方式等。读者看了这样的文摘,可以对图书有个大致的了解,并可决定要不要再去读原著。报导性文摘则进一步揭示图书的内容,它是原著基本思想的缩影。在某种情况下,读者阅读这样的文摘即可满足要求,不一定再去阅读原著。

作为揭示图书内容的一种方法,文摘和解题很相似。不过,二者毕竟不同:

(1) 解题主要是用编目人自己的语言写的;文摘则尽量摘录原作的语言。

(2) 解题可以评论原作,思想倾向性鲜明;文摘只是复述原作,对原作不作评价。

(3) 文摘复述必须仍按原作顺序,不可前后颠倒;解题则不受此限。

写提要难,要写好文摘也不容易。写文摘时的注意之点:

(1) 准确:忠实于原作。

(2) 简明:概括性强,力求精练。

(3) 求实求新:着重反映原作实质性的具有新意的内容。

(4) 注明出处:论文,要注明作者、报刊名称、卷期、年月日、页数等;图书,要注明著者、出版地、出版者、出版年月、版次等。

比较常用的文摘有:

《新华文摘》、《报刊文摘》、《高等学校文科学报文摘》、《学术文摘》、《读者文摘》、《社会科学文摘》、《现代外国哲学社会科学文摘》、《管理科学文摘》、《经济学文摘》、《图书馆学文摘》……

十、图　谱

图谱是系统地编辑起来的、根据实物描绘或摄制的一幅幅图像,是研究某一学科所用的仅次于实物的形象性的资料。

南宋的郑樵很重视图谱之学,《通志二十略》中有《图谱略》,分记当时所存及当时所亡之图谱。他在《通志总序》里说:“古之学者左图右书,不可偏废。刘氏作《七略》,收书不收图,班固即其书为《艺文志》,自此以还,图谱日亡,书籍日冗;所以困后学而隳良材者,皆由于此。何哉?即图而求易,即书而求难;舍易从难,成功者少。”

譬如阅读“三礼”,历代学者特别重视图谱与经注对照参读,故各朝均有“三礼图”一类的图谱问世。今存者尚有汉郑玄、阮谌《三礼图》,唐张镒《三礼图》,宋聂崇义《三礼图集注》,宋杨复《仪礼图》,元韩信同《韩氏三礼图说》,明刘绩《三礼图》,清孙星衍、严可均《三礼图》,清孙冯翼《三礼图》,清王绍兰《仪礼图》,清张惠言《仪礼图》及钱玄《三礼名物图表》等十多种,另有礼书单篇图表,如《五服图》、《丧服图》、《考工记图》等多种。

文史类常见的图谱有:

《中国历史参考图谱》24 辑　郑振铎编,上海出版公司 1947 ~ 1951 年版

共 3004 幅。取材包括我国历史上重要文化遗迹、名人图像、墨迹、古代器物、重要文献、善本书影、宝贵的艺术品如雕刻、壁画、书画、工艺品等,按时代分为 24 辑。

《中国古代史参考图录》(全 9 册)　中国历史博物馆编,上海教育出版社 1991 年 6 月版

选用古代历史文物和遗址照片 7000 余幅,涉及各个历史时期的政治、经济、文化、民族以及中外交流等。原始社会、奴隶社会、战国、秦汉、三国两晋南北朝、隋唐、宋元、明、清各一册。

《人类文明史图鉴》(全 24 册)　[美]查尔斯·鲍伊尔主编,美国时代生活出版公司原版;杨军等译,吉林人民出版社、吉林美术出版社 2000 年 3 月版

各册书名如下:《人类的黎明》、《神王时代》、《文明初曦》、《巨人时代》、《崛起的帝国》、《衰落的文明》、《伊斯山的脚步》、《诺曼狂飙》、《东方之光》、《宗教之战》、《蒙古征服》、《灾难的年代》、《发现新大陆》、《欧洲的转折》、《君主威权》、《革命之风》、《新的革命》、《殖民时代》、《战乱中的世界》、《独裁的阴影》、《城市的进程》、《家庭的进化》、《战争机器》、《自然的历程》。

《中华古文化大图典》　曾胡、王鲁豫主编,北京广播学院出版社 1992 年 12 月版

书分园林建筑、天文地理、科技相术、宗教、礼仪、农业、工商、医学、军事、器皿用具、服饰、货币、艺术、体育、人物等十五大类,类下续分细目。收录以古图为主,酌收根据考古发现而绘制或拍摄的图,各图均注明来源。

《文物中国史》(全 8 册)　中国国家博物馆编,山西教育出版社 2003 年 12 月版

本书以文物为线索来讲述中国历史,书中配有大量文物图片。

《中文专业基础课图表》(上、下)　辽宁大学中文系编,海峡文艺出版社 1986 年 6 月版

分中国古代文学、中国现代文学、中国当代文学、古代汉语、现代汉语、文学概论和外国文学 7 个部分。资料十分丰富。如中国古代文学部分收《先秦文学历史参照表》、《中国古帝血统概略表》、《〈诗经〉主要内容简表》、《秦汉作家作品表》、《乐府、古体、近体诗差异比较表》、《〈史记〉体例、篇目表》、《先秦、秦汉、魏晋南北朝文论表》、《唐诗分期表》、《中国旧剧角色演出表》、《〈红楼梦〉中贾

家之谱系》等56张图表；现代汉语部分收《现代汉语特点简表》、《现代汉语方言分布表》、《zh、ch、sh和z、c、s对照辨音字表》、《古今声调比较表》、《动词类型表》、《谓语结构类型表》、《常见病句表》等89张图表。

《中国绘画史图录》(上、下) 徐邦达编，上海人民美术出版社1984年4月版

收录中国绘画史上的著名作品608幅(黑白)。上起战国楚绢本《妇女立像》(又名《人物夔凤帛画》)，下至清代吴俊卿《石榴图轴》。各图注明时代、作品名、作者，对作品和作者有简介。

《中国版画史图录》(上、下) 周芜编，上海人民美术出版社1988年10月版

收录中国自唐代以来的版画作品604幅(黑白)。按内容分为宗教、经籍、传记、启蒙故事、日用书、地理、园林、科技、历史外纪、谱录、画谱、诗文集、小说、戏曲、词曲等类编排，类下隶以年代为序。各图均有简短介绍。

《中国书法史图录》(上、下) 殷荪编，上海书画出版社1989年12月版

收录中国书法艺术发展史上著名的作品933幅。上起仰韶文化刻符，下至梁启超《八言联》，旁注时代、作品名和作者(名号、生卒、籍贯)。

《中国历代名人图鉴》(上、下) 苏州大学图书馆编著，上海书画出版社1989年9月版

收录上古至清末有一定代表性的历史人物图像1133人共1165幅(其中彩图32幅)。上起伏羲、神农，下至溥仪。图像类型有画像、塑像、木刻、石刻以及近代的照相。按人物生卒年先后为序编排。

《中国历代人物图像集》(全3册) 华人德主编，上海古籍出版社2004年11月版

选收上古至清末历代人物图像3033幅(2037人)，是目前古代人物图像类工具书中收集人物最多的一部。图像类型有画像、雕塑像、线画木刻和石刻像以及照相等。部分古代人物想象绘制和艺术创作的图像亦收入。按人物生卒年先后为序编排，下设人物简介。

《国宝大典》 曹者祉主编，文汇出版社1996年12月版

收入历史文物4020件，按博物馆藏品分类法分为35类编排。上自旧石器时代，下止于清末(个别到民国初)。每件摄有黑白图照，并配简短文字说明。

《古文物称谓图典》 周原博物馆罗西章、罗芳贤著，三秦出版社2001年6月版

本书采用图文对照形式介绍古文物的名称和主要部位名称以及其出土或收藏地点、时代，共收文物3553件，分类按时代编排。但本书不录用线图不易表现的文物，也不罗列同一种文物的各种款式。

《中国青铜器全集》(全16卷) 文物出版社1996～1999年版

收录青铜器3000多件，能全面反映中国青铜器的发展面貌。

《中国历代服饰图典》 曾慧洁编著，江苏美术出版社2002年6月版

《中国古代车舆马具》 刘永华著，上海辞书出版社2002年1月版

在梳理中国历代车舆马具发展中插入600多幅图片，包括文物图、复原图、剖面图和结构图等。

《中国戏曲脸谱》　中国艺术研究院戏曲研究所编，曹鹃编著，九洲图书出版社2000年1月版

《植物名实图考长编》　〔清〕吴其濬著，商务印书馆1959年12月版

书分谷类、蔬类、山草、隰草、蔓草、芳草、水草、石草、毒草、果类、木类等部分，共23卷。对古籍中出现的各种植物作详细集解，引证资料遍及医经、农书、小学类和其他各种相关典籍，虽述而不作，但广搜博采，材料详赡。商务印书馆1957年8月亦曾出版吴氏《植物名实图考》一书。

《中国高等植物图鉴》（全6册）　中国科学院植物研究所主编，科学出版社1972～1982年版

《中国植物图谱》（全5卷）　胡先骕、陈焕镛编，上海商务印书馆1927～1929年版（前2卷），北京静生生物调查所1933～1947年版（后3卷）

《本草纲目彩色药图》　邱德文等主编，贵州科技出版社1998年7月版

收载《本草纲目》中的1125种药物，均系已经考证核实的品种，配以彩色图版4000余幅。每种文字部分包括药名、纲目、药图说明、功用和主治、主要化学成分和附注等。

《中国动物图谱》（全5卷）　郑葆珊等编著，科学出版社1958～1973年版

十一、资料汇编

资料汇编是把某一门类或某一问题或某一作家等的有关资料汇录在一起的书籍。它省却了读者翻检之劳，使用很方便。这类资料书常见的有：

《古汉语语法学资料汇编》　郑奠、麦梅翘编，中华书局1964年3月版

《古汉语修辞学资料汇编》　郑奠、谭全基编，商务印书馆1980年7月版

《近代汉语语法资料汇编》　刘坚、蒋绍愚主编，商务印书馆1990年起出版

分唐五代卷、宋代卷、元代明代卷。

《中国古代语言学资料汇纂》　张斌、许威汉主编，福建人民出版社1993年版

分文字学、音韵学、训诂学3个分册。选材起于周秦，下迄五四。

《现代汉语补语研究资料》　北京语言学院语言教学研究所编，北京语言学院出版社1992年10月版

《国家语言文字规范和标准选编》　国家语委标准化工作委员会办公室编，中国标准出版社1997年11月版

收录语言文字规范和文件56个，国家标准和国际标准13个，基本反映出我国在简化汉字、推广普通话和实施汉语拼音方案等语言文字规范化方面的情

况。末附“有关语言文字国家标准目录”。

《先秦文学史参考资料》(上、下) 北京大学中国文学史教研室选注,中华书局1990年版

《魏晋南北朝文学史参考资料》(上、下) 北京大学中国文学史教研室选注,中华书局1962年版

《古典文学研究资料汇编》 中华书局1962年起出版

三曹资料汇编、陶渊明卷(上、下)、杜甫卷、柳宗元卷、白居易卷、黄庭坚与江西诗派卷(上、下)、秦观资料编、陆游卷、杨万里范成大卷、水浒资料汇编、红楼梦卷、三言两拍资料(上、下)、老残游记资料、吴趼人研究资料、李伯元研究资料、孽海花资料……

《中国现代文学史资料汇编》 创造社资料、抗日战争时期延安及各抗日民主根据地文学运动资料、三十年代“文艺自由论辩”资料、苏区文艺运动资料、文学的“民族形式”讨论资料、文学研究会资料、文艺大众化问题讨论资料、鸳鸯蝴蝶派文学资料,以及巴金、冰心、曹禺、草明葛琴、陈大悲、成仿吾、丁玲、丁西林、冯乃超、郭沫若、胡适、荒煤、蒋光慈、康濯、柯仲平、老舍、李广田、李辉英、李克异、梁山丁、刘半农、刘大白、林纾、路翎、马烽西戎、茅盾、欧阳予倩、沙汀、邵子南、师陀、司马文森、宋之的、唐弢、王鲁彦、王统照、王西彦、闻一多、夏衍、萧乾、徐懋庸、徐志摩、阳瀚笙、叶圣陶、叶紫、俞平伯、郁达夫、张恨水、张天翼、赵树理、郑伯奇、周瘦鹃等作家研究资料,六十年来鲁迅研究论文选……

《中国当代文学研究资料丛书》 艾青专集、敖德斯尔研究专集、巴金专集、碧野专集、曹靖华专集、陈白尘专集、陈伯吹研究专集、陈学昭研究专集、谌容研究专集、从维熙研究专集、崔德志专集、杜鹏程研究专集、傅铎研究专集、高士奇研究专集、关沫南研究专集、何其芳研究专集、贺敬之专集、洪深研究专集、胡可研究专集、蹇先艾廖公弦研究合集、柯岩研究专集、黎汝清研究专集、李季研究专集、李英敏研究专集、李英儒研究专集、李准专集、梁信研究专集、林淡秋研究专集、刘白羽研究专集、刘绍棠研究专集、刘心武研究专集、刘以鬯研究专集、柳青专集、陆柱国研究专集、马加专集、玛拉沁夫研究专集、苗延秀包玉堂肖甘牛研究合集、聂华研究专集、庞瑞垠研究专集、茹志鹃研究专集、沙汀研究专集、沈西蒙研究专集、孙犁研究专集、田汉专集、田间研究专集、王蒙专集、王汶石研究专集、王愿坚研究专集、魏巍研究专集、闻捷专集、吴伯箫研究专集、武玉笑赵燕翼研究合集、夏衍研究专集、萧乾研究专集、晓雪专集、徐迟研究专集、徐怀中研究专集、杨啸研究专集、姚雪垠研究专集、于玲研究专集、余上沅研究专集、袁鹰研究专集、云照光研究专集、张洁研究专集、张志民研究专集、赵树理专集、周民震韦其麟莎红研究合集……

《中华民国史档案资料汇编》 中国第二历史档案馆编,江苏古籍出版社1991

年版

《中国近代史资料丛刊》及《续编》 中国史学会主编,上海人民出版社、上海书店 1988 年起陆续出版

《中国现代史资料选辑》(全 10 册) 彭明主编,中国人民大学出版社 1987 ~ 1993 年版

《中国哲学史资料选辑》 中国社科院哲学研究所中国哲学史组编,中华书局 1959 ~ 1964 年版

分先秦、两汉、魏晋隋唐、宋元明、清代、近代 6 个部分共 14 册。

《中国逻辑史资料选》(全 6 册) 中国逻辑史研究会资料编选组编,甘肃人民出版社 1991 年 11 月版

先秦卷(李匡武、杨芾荪主编)、汉至明卷(周文英主编)、因明卷(虞愚、杨化群主编)、近代卷(李匡武主编)、现代卷(上、下,周云之主编)。

《文学理论学习参考资料》(上、下) 北京师范大学中文系文艺理论教研室编,春风文艺出版社 1981 ~ 1982 年版

《字符集和信息编码国家标准汇编》(上、下) 中国标准出版社 1998 年 10 月版

《中国古代教育史资料》 孟宪承等编,人民教育出版社 1961 年 3 月版

《中国近代教育史资料》(全 3 册) 舒新城编,人民教育出版社 1961 年 10 月版

《中苏国家关系史资料汇编》(1917 ~ 1924) 薛衔天等编,中国社会科学出版社 1993 年 2 月版

《中华人民共和国条约集》 中华人民共和国外交部编,世界知识出版社逐年出版

十二、专科辞典

参见第三讲“二/(二)/14”。如:

《中国古代名物大典》(上、下) 华夫主编,济南出版社 1993 年 10 月版

本书是中国古代物态文化百科辞典,分天象、地物、人体、耕猎、纺绩、冠服、饮食、宫室、神异、科技、朝制、礼俗、货币、教育、文具、函籍、武备、日用、香奁、珍宝、资产、乐舞、游戏、雕绘、旌旗、刑罚、宗教、占相、医药、穀蔬、花卉、木果、兽畜、禽鸟、水族、虫豸计 37 类,类下再逐级细分,从上古至清末广涉博采,内容浩繁。内含插图 2000 幅。

《中国博物别名大辞典》 孙书安编著,北京出版社 2000 年 4 月版

收录民国以前文献中所记载的具有别名异称的实物(天物、造物)名称,包括古称、原称、方称、拟称、译称、雅称、俗称、美称、贬称、戏称、误称、混称、讳称、喻称、借称、爱称、詈称、隐称、异写、声转等,共计约 4000 条。资料来源于历代

经史、群雅、方言、类书、政书、地理、农医物志及笔记小说、随录杂著等。

《中国佛菩萨罗汉大典》 马书田著,华文出版社2003年1月版

介绍汉地佛教(显教)、藏传佛教(显教和密教)和云南上座部佛教(小乘佛教)三大体系的各大神佛,分列诸佛部,菩萨部,密宗佛、本尊部,密宗佛母、菩萨部,明王部,罗汉部,神僧部,藏密祖师、活佛部,护法神部,密宗护法神部,阴间鬼神部等十一编。书内介绍以佛教经典为主,结合佛教传说、寺庙方志乃至变文宝卷、小说戏曲、民俗文献等,并配有明清木刻版画插图千余幅。书末附录《佛教神佛诞辰及纪念日一览表》、《与佛教神佛相关之民俗节日一览表》、《佛教神佛及其重要庙宇一览表》、《佛寺的殿堂布局》以及神佛名称及各类术语、典籍、寺名索引。

《中国古代典章制度大辞典》 唐嘉弘主编,中州古籍出版社1998年10月版

收录自先秦至鸦片战争时期各类典章制度材料,列词目约万条,按汉语拼音次序排列,末附分类索引。

《中国古代职官大辞典》 张政烺主编,河南人民出版社1990年10月版

收录先秦至鸦片战争时期中央、地方、农民政权及周边各族的职官和官署名称(包括主要的别称、俗称、简称、合称等),并作出简明的解释。

《宋代官制辞典》 龚延明编著,中华书局1997年4月版

收录两宋官司、官吏名11000条,职官术语和典故600余条,内容包括官司名、官吏名及其职源、沿革、职掌、官品、编制、简称与别名、职官术语、典故,以及俸禄、勋、爵、阶等附表。书分"序论——宋代官制总论"、"正文"、"附录"、"索引"四部分,职官条目和职官术语均分类编排。

十三、专题索引

例如:《马克思恩格斯全集主题索引》、《马克思恩格斯全集专题分类索引》、《列宁全集专题分类索引》、《斯大林著作专题分类索引》、《毛泽东选集专题论述索引》、《清季外交史料索引》、《历代四川各地灾异提要索引》、《二十五史谣谚通检》、《中国地方戏剧种名称索引》、《中国文明起源研究要览》……

十四、中国人民大学报刊复印资料

中国人民大学书报资料中心出版的"报刊资料选汇",从国内几千种报刊上选材,汇编成100多个专题,全文影印,并附全面的索引,按期出版,具有集中、系统、连续的特点。主要包括:

1. 哲学政法刊

A1 马恩列斯著作生平事业研究 A2 毛泽东著作生平事业研究 A3 邓小

平理论

B1 哲学原理　B2 科学技术哲学　B3 逻辑　B4 心理学　B5 中国哲学　B6 外国哲学　B7 美学　B8 伦理学　B9 宗教

C1 社会科学总论　C3 管理科学　C4 社会学　C5 人口学与计划生育　C7 高新技术产业化　C8 新思路

D0 政治学　D1 社会主义论丛　D2 中国共产党　D3 国际共产主义运动　D4 中国政治　D410 法理学、法史学　D411 宪法学、行政法学　D413 经济法学、劳动法学　D414　刑事法学　D416 国际法学　D423 妇女研究　D5 民族问题研究　D6 中国外交　D7 国际政治

2. 经济管理刊

F10 国民经济管理　F11 理论经济学　F13 社会主义经济理论与实践　F14 特区经济与港澳台经济　F2 农业经济导刊　F3 工业经济　F31 工业企业管理　F51 商贸经济　F52 外贸经济、国际贸易　F61 财政与税务　F62 金融与保险　F63 投资与证券　F7 经济史　F8 世界经济导刊　F9 旅游管理

3. 教育、文史刊

G0 文化研究　G1 教育学　G2 思想政治教育　G3 中小学教育　G30 中小学学校管理　G31 中学语文教与学　G32 中学历史、地理教与学　G35 中学数学教与学　G36 中学物理教与学　G37 中学化学教与学　G381 中学外语教与学　G382 中学政治及其他各科教与学　G39 小学各科教与学　G4 高等教育　G5 成人教育学刊　G51 幼儿教育导读　G53 职业技术教育　G6 新闻与传播　G7 档案学　G8 体育　G9 图书馆学、信息科学、资料工作

H1 语言文字学

J1 文艺理论　J2 中国古代、近代文学研究　J3 中国现代、当代文学研究　J4 外国文学研究　J5 舞台艺术　J7 造型艺术　J8 影视艺术

K1 历史学　K21 先秦、秦汉史　K22 魏晋南北朝隋唐史　K23 宋辽金元史　K24 明清史　K3 中国近代史　K4 中国现代史　K5 世界史　K9 地理

N1 科技管理　N2 生态环境与保护

Z1 出版工作

4. 限国内发行刊

MF1 体制改革

TD4 港澳特区行政与社会　TD41 海外法学

TF1 台、港、澳经济 TF　102 海外劳动经济与人力资源管理　TF31 海外管理学　TF5 海外贸易　TF6 海外财政与金融

5. 报刊资料索引

第一分册　马列主义毛泽东思想研究、哲学、社科总论类

第二分册　政治、法律类

第三分册　经济类

第四分册　文化、教育、体育类

第五分册　语言文字、文学、艺术类

第六分册　历史、地理类

第七分册　科技、生态环境、出版类

第八分册　著者索引

6. 文摘卡片

WB1 哲学文摘卡　卡 WB8 伦理学文摘卡　W－C1 社会学文摘卡　W－D1 政治理论文摘卡　W－D41 法学文摘卡　W－F101 财会文摘卡　W－F1 经济学文摘卡　W－F512 市场营销文摘卡　W－F8 国际经济文摘卡　W－F6 财政金融文摘卡　W－G1 教育学文摘卡　W－J1 文艺理论文摘卡　W－J3 现当代文学文摘卡

十五、专题类丛书

参见第十二讲“四”。例如：

《太学文献大成》（全 20 册）　首都图书馆编，金沛霖主编，学苑出版社 1996 年 12 月版

收录有关太学的文献十种：〔明〕郭鎜《皇明太学志》、〔明〕黄佑《南雍志》、〔明〕郭鎜《明太学经籍志》、叶德辉《明南雍经籍志》、〔清〕文庆等《钦定国子监志》、〔清〕端庆等《钦定国子监则例》、〔清〕李周望等《国学礼乐录》、〔清〕潘相《琉球入学见闻录》、〔清〕王士祯《纪琉球入太学始末》以及〔清〕《学部官制并改设国子监官缺章程》、《国子监南学经籍备志光绪十五年第二次书目》等。

《中国风物志丛书》、《中国特产风味指南丛书》　由国家出版局、国家旅游局于 20 世纪 80 年代统筹编辑出版

举凡地方历史、山川地貌、名胜古迹、风土文物、今日丰姿、乡俗民情、民族风采、文化艺术、名特土产、风味美馐、名酒佳酿、街肆集市等等的有关信息，皆可从中获得。

【附录十一】

五礼纲目

《周礼》五类三十六目：

一、**吉礼**12目，祭祀天神、地祇（qí）、人鬼（即宗庙）的典礼。吉礼三门12目（吉，福，事神致福）：

（一）**天神门**3目

禋（yīn）祀，祀昊天上帝；

实柴（祡），祀日月星辰；

槱（yǒu）燎（去声），祀司中——文昌宫第五星、司命——文昌宫第四星、飌师、雨师。（黄生《义府》：司中主生，司命主死，故并祀之。）

（二）**地祇门**3目

以血祭社稷、五行之神（所谓五祀）、五岳；

以貍（埋）沈祭山林川泽；

以疈（pì）祭四方百物。

（三）**人鬼（即宗庙）门**6目

祫（xiá），荐孰、荐血腥、馈食；（《论语》邢疏："三年一祫。"）

禘（dì），荐孰、荐血腥、祼（guàn）鬯、馈食；（《论语》邢疏："五年一禘。"禘，大祭也。）

祠，馈食；（春祭曰祠。盖为周制，下同。）

禴（yuè，或作礿 yào），馈食；（夏祭）

尝，馈食；（秋祭）

烝（zhēng），馈食。（冬祭）

二、**凶礼**5目，含丧、荒、吊、禬（guì，聚财以济）、恤五种典礼。

三、**宾礼**8目，朝、宗、觐、遇、会、同；时聘（比年一小聘。以大夫为正使曰小聘）、殷覜（眺）（三年一大聘。以卿为正使曰大聘）。

朝，诸侯春朝于天子。又四时朝于王，均得称朝。《周礼·春官·大宗伯》："以宾礼亲邦国，春见曰朝，夏见曰宗，秋见曰觐，冬见曰遇，时见曰会，殷见曰同。"郑玄注："时见者，言无常期，诸侯有不顺服者，王将有征讨之事，则既朝觐，王为坛于国外，合诸侯而命事焉。《春秋传》曰：'有事而会，不协而盟'是也。殷,犹众也,十二岁王如不巡守,则六服尽朝,朝礼既毕,王亦为坛,合诸侯以命政焉。所命之政,如王巡守。殷见,四方四时分来,终岁则徧。"《礼记·王制》:"诸侯之于天子也,比年一小聘,三年一大聘,五年一朝。"郑玄注:"比年,每岁也。小聘使大夫,大聘使卿,朝则君自行。"凡六服诸侯朝天子有定期:侯服年年朝,甸服二年一朝,男服三年一朝,采服四年一朝,卫服五年一朝,要服六年一朝。故从天子十二岁巡守后算起,第一年、第七年、第十一年,仅有侯服诸侯一服来朝,以来朝者少,所以规定于一、七、十一年,其他各服诸侯均使卿来聘。

四、**军礼**5目,大师之礼、大田之礼,大均之礼、大役之礼、大封之礼。

五、**嘉礼**6目,冠婚、燕飨、饮食,宾射、脤膰(shèn fán,祭肉以赐同姓之国)、贺庆。

【附录十二】

古人所认识的事物五行属性列表

自然界								五行	人体						
五音	时间	方位	五味	五色	气候	发展过程	时令		脏	腑	五官	形体	情志	五声	变动
角	平旦	东	酸	青	风	生	春	木	肝	胆	目	筋	怒	呼	握
徵	日中	南	苦	赤	暑	长	夏	火	心	小肠	舌	脉	喜	笑	忧
宫	日西	中	甘	黄	湿	化	长夏	土	脾	胃	口	肉	思	歌	哕
商	日入	西	辛	白	燥	收	秋	金	肺	大肠	鼻	皮毛	悲	哭	咳
羽	夜半	北	咸	黑	寒	藏	冬	水	肾	膀胱	耳	骨	恐	呻	栗

【此表参照《黄帝内经·素问》的《阴阳应象大论》、《金匮真言论》等篇制成。】

第十二讲　重要的丛书

以“丛书”题为书名，最早见于唐陆龟蒙的《笠泽丛书》。陆氏《丛书序》说：“丛书者，丛脞之书也。丛脞，犹细碎也。”陆氏此书，载小品杂文，相当于别集中的杂录，还不是后来人们通常所说的丛书。

一、什么是丛书

通常所说的丛书，其“丛”字是“聚集与总萃”之意。丛书，即汇集两种以上著作而又冠以总名的一套书。如最早以“丛书”命名的明代何镗辑目、程荣辑刻的《汉魏丛书》，即收以在汉魏间成书为主的著作 18 种。丛书所收的著作是各自独立的，可以单行的（其中有好些就曾经单行过）。对丛书而言，这些被收的著作习惯上叫做丛书的“子目”。各种丛书的子目有多有少，多的达数千种（如《四库全书》、《丛书集成》等），一般是数十种，最少的只有两种（如《山水二经合刻》、《白雪楼二种》等）。

丛书的名目很多，除了一部分就称为“××丛书”以外，有许多还被分别冠以“丛刻”、“丛刊”、“丛钞”、“丛编”、“汇刻”、“合刻”、“类编”、“全书”、“秘书”等名称。

各种丛书的质量相差很大。其中质量高的，荟萃一代、一科之学术精华，且考订精审，给学人以极大的助益。而其中质量低劣的，其收编文献，是“真伪不分，雅俗不辨。或删削而非完善，或脱误而鲜校雠”，甚至“虚张名目，而所载不及本书十之二三；或本一书而釽离之为四五、为六七，此皆足以贻误后人”（《知不足斋丛书》卢文弨序）。因此，我们对这一批资料，应该加以辨析，尽可能择优取精而用之。

二、丛书的源流

我国的丛书源远流长。兹就“综合性丛书”和“专类丛书”两类分别言之。

综合性丛书始于南宋。宋宁宗年间，俞鼎孙、俞经将《石林燕语辨》等六种著作汇辑为《儒学警悟》(1201),首创综合性丛书的体例,可惜当时仅有抄本,流传未广;七十二年后(1273),左圭辑成收书百种的《百川学海》雕版印行,使读者“能由众说之流派,溯学海之渊源”,故对后世的影响很大。元明继之,清代更盛;近代印刷便利,学术昌明,综合性丛书的编印又有大发展。

至于专类丛书的编辑,其渊源可以追溯得更早。《隋书·经籍志》载:“《地理书》一百四十九卷录一卷　南齐陆澄合《山海经》已来一百六十家,以为此书。”又载:“《地记》二百五十二卷　梁任昉增陆澄之书八十四家,以为此记。”对此,吴枫《中国古典文献学》(齐鲁书社 1982 年 10 月版)评论说:“这是同一性质书籍编在一起的最早的地理丛书”,也是“最早见于著录的丛书”。至五代时,国子监又有《九经》之刻。上述这些专类丛书的辑成时代,都比《儒学警悟》要早得多。汪辟疆先生则更是远溯周汉,并认为《易》之十翼及《汉书·艺文志》著录的《刘向所序》等书就是“丛书之制”。明清以来,特别是到了近现代,随着文化发展的需要,专类丛书的数量激增,种类也愈加繁多。

三、丛书的总量、功用及其检索

中国现存的丛书究竟有多少种?到目前为止,尚无精确的统计。据《中国丛书综录》的著录,单是国内四十一家图书馆所藏的古籍丛书,就有 2797 种之多;据《中国近代现代丛书目录》的著录,单是上海图书馆所藏 1902 ~ 1949 年各地出版的中文丛书(不包括线装古籍),就有 5549 种之多。仅这两项合计,丛书总量就已超过八千种。

丛书在保存文献、传播文化中的作用十分巨大。它是史料的渊薮,知识的宝库。张之洞在《书目答问》中说:“丛书最便学者,为其一部之中可该群籍,搜残存佚,为功尤巨。”

查找丛书目录及其子目,目前最为常用的工具书是刚才已经提到的《中国丛书综录》以及《中国近代现代丛书目录》。《书目答问》卷五“丛书目”介绍“古今人著述合刻丛书”和“清代一人著述合刻丛书”,也可参考。另外还可以查阅下列几种:

《中国丛书广录》(上、下)　阳海清编撰,湖北人民出版社 1999 年 4 月版

收《中国丛书综录》未备之书。阳海清另有《中国丛书综录补正》。

《增订丛书举要》(全 80 卷)　〔清末民初〕杨守敬原编,李之鼎补编,宜秋馆 1918 年铅印本,后收入《杨守敬集》,湖北人民出版社、湖北教育出版社 1997 年 6 月版

杨守敬撰有《丛书举要》20 卷,李之鼎为之两次增补至 80 卷,收书达 1600 余种。此书首次提出了一个较为切合丛书发展实际的分类体系,全书分经部、

史部、子部、集部、前代从属部、近代丛书部、自著丛书部、郡邑部、汇刊部、释家部、道家部等11大类。此为谢国桢《丛书刊刻源流考》一文继承，而《中国丛书综录》的分类正是发展了谢氏和汪辟疆《丛书之源流类别及其编索引法》两文而成。《举要》收入杨集时经曾梦阳、丁晓山两位悉心整理。

《历代丛书大辞典》 杨家骆编，上海商务印书馆1936年7月刊印，警官教育出版社1994年10月收入《历代工具书精品丛典》再版

杨先生积十余年之功编成此书，所收丛书约6000种，子目17万余，都凡120余万卷，堪称富庶。本书将丛书书名、编印者姓名、子目书名及著者姓名混合起来，按四角号码顺序加以排列。书前作者《序例》就丛书史、丛书目录书及丛书的范围等问题有精善的考辨。

《台湾各图书馆现存丛书子目索引》 王宝先编，美国旧金山中文资料中心1975年印行

四、重要丛书举例

丛书的数量那么多，不可能一一细谈，只能选最重要的给大家作些介绍。

《四部丛刊》 张元济等辑。这是一部重要古籍的善本丛书。收473种，加上所附的31种，共504种。分经、史、子、集四类，选择现存最好的版本影印，有很高的文献价值，是研究工作上的重要参考书。

初编：收325种(二十四史不在内)8573卷，上海商务印书馆1919年初次影印本、1926年二次影印本、1936年缩印本，上海书店1989年3月据商务印书馆1926年版影印本，精装342册。

续编：收77种1438卷，上海商务印书馆1934年影印本，上海书店1984～1985年据商务印书馆1934年版影印本，精装82册。

三编：收71种1910卷(内有两种无卷数)，上海商务印书馆1935～1936年影印本，上海书店1985～1986年据商务印书馆1935年版影印本，精装76册。

【1922年，商务印书馆出版了孙毓修编的《四部丛刊书录》。此录是“初编”的书目提要，偏重于介绍版本。至于“续编”、“三编”的叙录，则是附在各书的后面，未出单行本，其中一部分收入张元济《涉园序跋集录》(古典文学出版社1957年版)。】

《四部备要》 中华书局辑，上海中华书局1936年排印本(线装本：2500册；洋装本：平装280册，精装100册)。这是一部注重实用的古籍丛书。收四部要籍361种(经部53种，史部75种，子部84种，集部149种)11000余卷，大都是研究古籍需要常备的著作。如经部既有通行本《十三经注疏》，又收了

十三经古注及清代学者的十三经新疏,甚便参阅。底本多是清代学者整理过的本子。全书用仿宋字排印(个别影印),惜乎校对不严,影响了版本质量。此书改洋装本时,于普通阅读之书(如二十四史、《资治通鉴》、周秦诸子、《楚辞》、《文选》等)共126种并加断句,以便省览。

【1936年,中华书局编印了《四部备要书目提要》四卷(线装4册;平装1册)。这是《四部备要》的书目,也可以看作是一部举要书目,一部古籍解题书目。书目按经史子集分类排列,前有"总目"以便检查。书名下著录三项:1. 著者小传(对于著者生平事迹、学术流派、主要作品均有扼要叙述);2. 提要(多照录《四库全书总目》的记载;四库未录者,由本书编者自撰"本书述略",简介内容得失);3. 卷目。】

《国学基本丛书》　商务印书馆编,约于1934～1936年出版(有平装、精装两种)。新中国成立后,商务印书馆、中华书局曾用原版重印过若干种。这部丛书共收国学要籍400种,分为61类,排印(一部分影印)断句,甚便阅览。所收的400种书曾根据下列13种举要书目统计其被选入各书目的次数,用以测定其重要性:

1. 龙启瑞《经籍举要》收289种(117);
2. 张之洞《书目答问》收2266种(281);
3. 胡适《最低限度国学书目》收185种(116);
4. 梁启超《国学入门书目》收160种(118);
5. 李笠《国学用书撰要》收378种(186);
6. 陈锺凡《治国学书目》收488种(208);
7. 支伟成《国学用书类述》收3200种(268);
8. 章太炎《中学国文书目》收51种(33);
9. 傅屯艮《中学适用之文学研究法》收79种(55);
10. 徐敬修《国学常识书目》收262种(140);
11. 沈信卿《国文自修书辑要》收50种(19);
12. 汤济沧《中小学国学书目》收106种(82);
13. 吴虞《中国文学选读书目》收142种(81)。

这400种书有100种收入《万有文库》第一集,300种收入《万有文库》第二集。1936年,商务印书馆又选择50种编为《国学基本丛书简编》(120册),所收均为最重要的著作。

《说郛三种》　上海古籍出版社1988年10月影印本(精装10巨册)

1.《说郛》120卷　〔元〕陶宗仪辑,〔明〕陶珽重编,清顺治三年(1646)两浙督学周南李际期宛委山堂刊本;
2.《说郛续》46卷　〔明〕陶珽辑,清顺治三年(1646)两浙督学周南李际期宛委山堂刊本；

3.《说郛》100 卷 〔元〕陶宗仪辑，张宗祥重校，上海商务印书馆 1927 年排印本。

《说郛》为元末陶宗仪所辑之丛书。此书分类选辑历朝“士林罕见”的经、史、小说、杂记 1000 余家，共数万条。其体例略同于宋曾慥之《类说》，每书略存梗概，不必求全，但遗文坠绪，往往为学者所取资。宗仪生前未刊；晚明以前，仅以抄本流传。至明季陶珽重编为 120 卷，刻于杭州，所录共 1292 种，世称“宛委山堂本”，与宗仪原辑百卷本不同。《四库》所收，亦据陶珽重编本（张宗祥称之为“明刻”）。陶珽又辑明人说部 530 余种，编为《说郛续》46 卷。张宗祥（1881～1965）取“明刻”六种，反复雠校，删繁存菁，恢复百卷之旧；仅 725 种，不及陶珽本之富，而精则过之。

《宛委别藏》 〔清〕阮元辑，原稿本（藏于北京图书馆）、江苏古籍出版社 1988 年 2 月影印江苏广陵古籍刻印社整理（精装 120 册）。宛委，山名。《史记·太史公自序》“探禹穴”张守节正义引唐李泰《括地志》：“石箐山一名玉笥山，又名宛委山，即会稽山一峰也，在会稽县东南十八里。”汉赵晔《吴越春秋·越王无余外传》引《黄帝中经历》，谓夏禹登宛委山，得金简玉字之书。阮元命名此编为“宛委别藏”，即取书之珍贵罕得为义。此编收经、史、子、集四部书共 160 种，其中唐、宋、元、明人的著述居多，几乎全是罕觏的钞本，固亦秘本之总汇，考证之渊海。

《玉函山房辑佚书》 〔清〕马国翰辑，清光绪九年（1883）长沙嫏嬛馆刊本，清光绪十年章邱李氏据马氏刊版重印本，清光绪十年楚南书局刊本，江苏广陵古籍刻印社 1990 年 2 月据以影印（全 8 册）。这是一部辑佚丛书。共辑周秦至隋唐佚书 597 种，另有 37 种有录无书，分经、史、子三编，经部占 70% 多。末附马国翰撰《目耕帖》31 卷。

【《玉函山房辑佚书续编》 〔清〕王仁俊辑，稿本（藏于上海图书馆）；

《玉函山房辑佚书补编》 〔清〕王仁俊辑，稿本（藏于上海图书馆）；

《经籍佚文》 〔清〕王仁俊辑，稿本（藏于上海图书馆）。】

《黄氏逸书考》 〔清〕黄奭辑，清道光间甘泉黄氏刊本（原本），名《汉学堂丛书》，收佚书 215 种（其中经解 85 种，通纬 56 种，子史钩沈 74 种）。增订后改名《黄氏逸书考》，1925 年王鉴修补印本、1934 年江都朱长圻补刊印本，收佚书 285 种，分四类：汉学堂经解 112 种；通纬 72 种；子史钩沈 84 种；通德堂经解 17 种。

《知不足斋丛书》 〔清〕鲍廷博、鲍士恭辑刊，初刻于乾隆至嘉庆年间，后有同治丙申岭南苏氏刻本和民国二十二年（1933）上海古书流通处的影印本（线装 240 册），中华书局 1999 年 6 月据此影缩（精装 10 册）。全书分 30 集，收书208种(含附录12种),计823卷。所刊多珍稀的旧钞本和域外传本,每一种均经过了审慎的雠校,历来评价甚高。书首录卢文弨、王鸣盛、单炤、赵学敏、朱文藻五家序。

《北京图书馆古籍珍本丛刊》 书目文献出版社1989~1998年版。选刊北京图书馆珍藏古籍473种,近8000卷,分装120巨册。分经史子集四部。所收有宋金元明清各代的刻本,元明清三代的抄稿本,补《四部丛刊》之未备。其分类和版本著录可参阅《北京图书馆古籍善本书目》(全5册,书目文献出版社1987年版)。

《古逸丛书》 〔清〕黎庶昌辑,清光绪中遵义黎氏日本东京使署刊本,江苏广陵刻印社1997年10月影印出版(精装3册)。收书26种,均黎氏在日本搜辑的宋元善本或日本旧钞本,其中大都是我国久已失传的书。杨守敬为之校雠,刻印极精,几可与宋椠元刊等视。每书各撰解题,述其源流,考其版本。守敬复于卷末附缀跋文。

《四库全书》 清乾隆敕四库全书馆编撰,中华书局1965年影印本。《四库全书总目》的"出版说明"说,共收书3461种79309卷。

《四库全书》正本七份,副本一份,《荟要》二份,总计312000册:

清宫文渊阁正本(现藏台湾"故宫博物院");

沈阳文溯阁正本(现藏兰州甘肃省图书馆);

圆明园文渊阁正本(毁于英法联军);

热河行宫文津阁正本(现藏北京图书馆);

镇江金山寺文宗阁正本(毁于战火);

扬州大观堂文汇阁正本(毁于战火);

杭州圣因寺文澜阁正本(现已补齐,藏浙江图书馆);

翰林院的副本(被英法联军所掠夺);

清宫摛藻堂的《荟要》(现藏台湾省故宫博物院);

圆明园味腴书屋的《荟要》(毁于英法联军)。

近年,台湾有影印文渊阁《四库全书》行世。1983年,北京中国缩微出版物进出口公司摄成16毫米银盐缩微的《四库全书》卷片。1987年,上海古籍出版社据台湾影印本重新影印为1500册。

【《景印文渊阁四库全书目录·索引》 台湾商务印书馆股份有限公司1986年7月编印发行。分目录和书名、著者索引两部分。书前有张连生《景印文渊阁四库全书后记》,书中有《文渊阁四库全书分架图》;

《四库全书答问》 任松如撰,上海启智书局1933年版,巴蜀书社1988年1月版。此书分为上、中、下三卷。上卷言四库书之历史,中卷言四库书之门类,下卷录四库书有关重要文字。卷末附录《孙氏藏书纪要》;

《〈四库全书〉之纂修研究》 周康燮主编,台湾大东图书公司1980年10月印行;

《四库全书纂修研究》 黄爱华著,中国人民大学出版社1989年1月版。】

《四库全书存目丛书》及《补编》 《四库全书存目丛书》编纂委员会编,季羡林总编纂,齐鲁书社1997年10月出齐正编。正编网罗《四库全书总目》所载存目书6793种中现存者4508种,影印行世,共1200册。各书排列一仍《四库全书总目》之旧。其中经部734种、220册,史部1086种、292册,子部1253种、261册,集部1435种、426册,另目录索引1册。齐鲁书社2001年9月出齐补编,计100册,含1册目录索引。补编收录历代典籍219种,其中经部6种,史部24种,子部26种,集部163种,大多属稀见的珍本,三成为海外藏本。

《四库禁毁书丛刊》 《四库禁毁书丛刊》编纂委员会编,王锺翰主编,北京出版社2000年1月出齐。依据各种四库禁毁书目的著录收录,对交叉重复现象作了一些调整。共收书634种,计311册,其中经部16种、10册,史部157种、72册,子部59种、38册,集部402种、187册。

《四库未收书辑刊》 《四库未收书辑刊》编委会编,罗琳主编,北京出版社2000年出齐。收20世纪20年代30余位国学名家挑选的四库未收的典籍1328种,分装301册。其中经部288种,史部278种,子部249种,集部513种。

《续修四库全书》 顾廷龙、傅璇琮主编,李致忠常务副主编,上海古籍出版社1995~2002年版。这是《四库全书》的续编,共收书5213种,1800册。收录范围是《四库》成书前传世图书的补选和《四库》成书后著述的续选。补选书主要是被《四库》遗漏、摒弃、禁毁,或列入"存目"而确有学术价值的图书以及《四库》虽收录但版本残劣,有善本足以替代的书籍;续选图书尽可能选收乾隆中期以后至辛亥革命以前各学术门类和流派的代表性著作。

【《续修四库全书总目录·索引》 上海古籍出版2003年5月版。】

《四库全书荟要》(全100册) 吉林人民出版社2002年5月版。本书以摛藻堂《四库全书荟要》为蓝本选编影印而成。共150种,4786卷。胡维革序言说:"如果说《四库全书》是亘古巨帙的话,那么摛藻堂《四库全书荟要》则是四库中的四库,而吉人版《四库全书荟要》则是精华中的精华。"

《丛书集成初编》 商务印书馆辑,上海商务印书馆1935~1937年出版(其中大多数是排印本,少数是影印本)。此初编选定宋、元、明、清四代较重要的丛书100部,原拟分订4000册,每册一号。后因抗日战争爆发,出书中断,已出版的计3467册,未出者533册。据商务印书馆原书目《凡例》介绍:"初编丛书百部之选择标准,以实用与罕见为主;前者为适应要需,后者为流传孤本。"这百部丛书,以刊本朝代分,宋代3种,元代1种,明代25种,清代71

种；以丛书性质分，普通丛书80种，专科丛书12种，地方丛书8种。百部丛书原收书约6000种，删去重复实得4107种，约20000卷，字数约相当于《四库全书》的三分之一。所收书籍按类编排，共分十类：总类(1～381)、哲学(382～733)、宗教(734～751)、社会科学(752～1050)、语文学(1051～1261)、自然科学(1262～1364)、应用科学(1365～1507)、艺术(1508～1685)、文学(1686～2988)、史地(2989～4000)。

【《丛书集成初编目录》　旧本，商务印书馆编印，1935年出版；新本，上海古籍书店编印，1960年出版。1983年8月中华书局出版排印本。前面是《丛书百部提要》，正文是子目(共4107种。其中一部分书未出，约八九百种)书名分类目录，著录项目有书名、编著者、卷数、所属丛书、编号和册数。未出各书下注明"未出"。书后有四角号码书名索引和未出书名索引。这部目录比较完备，非常有用。

台湾于1965～1970年间由严一萍先生主持，仿《丛书集成初编》体例编成《百部丛书集成》，由台湾艺文印书馆印行。】

《丛书集成续编》　上海书店1994年6月影印出版。本书循《初编》之例，续选明、清、民国时期丛书一百部，其中流传较少的郡邑类丛书23部，共收古籍3200余种。精装180巨册，经部1～20册，史部21～75册，子部76～97册，集部98～180册。

【《丛书集成新编》(全121册)　台湾新文丰出版公司1983～1986年版，收书4100种；

《丛书集成续编》(全281册)　台湾新文丰出版公司1989～1991年版；

《丛书集成三编》(全101册)　台湾新文丰出版公司1999年版。】

《津逮秘书》　〔明〕毛晋辑，明崇祯中虞山毛氏汲古阁刊本、1922年博古斋影印本(200册)。十五集，收141种751卷。毛晋得胡震亨《秘册汇函》残版，并合家藏旧籍，辑成此书。《水经注·河水二》："悬岩之中，多石室焉，室中若有积卷矣，而世士罕有津逮者，因谓之积书岩。"毛氏以"津逮"名此书，比喻为学的门径。

《民国丛书》　《民国丛书》编辑委员会编，周谷城主编，上海书店1989年起影印出版。这部丛书"收录中华民国时期在我国境内出版的中文图书，酌情选收同时期在海外出版的中文著作"(凡例)。周谷城《序》说："要从十万多种书籍中，精选出三千种左右编入丛书。……希望它能够基本上反映出民国时代学术上的风貌、成就和图书出版的客观实际。"它以保存文献、提供资料为宗旨，重点选收学术性、资料性的图书，更着重收录各学科具有代表性、权威性的著作，适当选入某些带有开创性的普通读物，并兼顾实用性与可读性。古籍、翻译作品、文艺创作原则上不收。自然科学只收科技史著作。以

"编"为单位出版。每编为100册精装本,约含300种图书。至1996年共出5编。

《畿辅丛书》〔清〕王灏辑,清光绪中定州王氏谦德堂刊本。这是一部地方丛书,专收直隶人著作(少数例外)。收173种1530卷。含经部22种,史部22种,子部31种,集部39种,其他六家遗书59种(即永年申氏13种,颜习斋7种,李恕谷12种,孙夏峰6种,尹健余9种,崔东壁12种)。所刊均流传较少之书,校雠亦颇精审。

《重刊宋本十三经注疏》(附校勘记) 清嘉庆二十年(1815)南昌府学刊本(校勘记号是"○")、世界书局1935年影印本(精装2册)(校勘记号是"▲"),中华书局1980年9月重印(全2册);北京大学出版社1999年12月出版简体字标点本,2000年12月出版繁体字标点本(全26册)。十三经注疏共416卷,是研究古代历史、语言、文学、名物制度等的重要资料。清嘉庆中阮元在江西召集诂经精舍诸人广搜众本,校勘十三经注疏。为了不改动古书,只在错字异文旁加一"○"为识,别撰校勘记附于各卷之末。这是现有各本中最好的本子。

【《十三经注疏》之书名、撰者及校勘者如下:

《周易正义》10卷 〔魏〕王弼、〔晋〕韩康伯注,〔唐〕孔颖达正义(李锐校);

《尚书正义》20卷 旧题〔汉〕孔安国传,〔唐〕孔颖达正义(徐养原校);

《毛诗正义》70卷 〔汉〕毛亨传,郑玄笺,〔唐〕孔颖达正义(顾广圻校);

《周礼注疏》42卷 〔汉〕郑玄注,〔唐〕贾公彦疏(臧庸校);

《仪礼注疏》50卷 〔汉〕郑玄注,〔唐〕贾公彦疏(徐养原校);

《礼记正义》63卷 〔汉〕郑玄注,〔唐〕孔颖达正义(洪震煊校);

《春秋左传正义》60卷 〔晋〕杜预注,〔唐〕孔颖达正义(严杰校);

《春秋公羊传注疏》28卷 〔汉〕何休解诂,〔唐〕徐彦疏(臧庸校);

《春秋穀梁传注疏》20卷 〔晋〕范宁集解,〔唐〕杨士勋疏(李锐校);

《论语注疏》20卷 〔魏〕何晏等集解,〔宋〕邢昺疏(孙同元校);

《孝经注疏》9卷 唐玄宗注,〔宋〕邢昺疏(严杰校);

《尔雅注疏》10卷 〔晋〕郭璞注,〔宋〕邢昺疏(臧庸校);

《孟子注疏》14卷 〔汉〕赵岐注,旧题〔宋〕孙奭疏(李锐校)。】

《宋元人注四书五经》 世界书局影印本(精装3册)、北京市中国书店1985年11月据世界书局影印本影印第2版(平装3册)。宋元人注四书五经,是明清科举考试规定的读本,数百年来其影响甚或超过十三经汉唐人注疏。宋元人注疏在文字训诂方面不如后来清人注疏精详,但一般简明易读,在解释义理方面亦时有独到之处。

【《宋元人注四书五经》各书的注释者如下：

《大学章句集注》1 卷　〔宋〕朱熹注；

《中庸章句集注》1 卷　〔宋〕朱熹注；

《论语章句集注》10 卷　〔宋〕朱熹注；

《孟子章句集注》14 卷　〔宋〕朱熹注；

《周易本义》4 卷　〔宋〕朱熹注；

《书经集传》6 卷　〔宋〕蔡沈注；

《诗经集传》8 卷　〔宋〕朱熹注；

《礼记集说》10 卷　〔元〕陈澔注；

《春秋三传》16 卷。】

《清人十三经注疏》　中华书局辑印，《四部备要》本，中华书局 1998 年 11 月缩小影印出版（全 5 册，附王引之《经义述闻》）。在经学方面，清代学者用力最久，成就也最大。这部丛书基本上收录了清人治经的代表作。其目如下：

1.《周易述》21 卷　惠栋撰。（研究汉人易学。）

附：《周易述补》4 卷　江藩撰；《周易述补》5 卷　李林松撰。

2.《尚书今古文注疏》30 卷　孙星衍撰。（收集汉代今古文学派解释尚书的遗文，分缀每句之下，自作疏，注明出处。分别今古文，不牵合。）

3.《毛诗传笺通释》32 卷　马瑞辰撰。（博采古书疏通毛郑之说，不偏主一家。标目作释。）

4.《周礼正义》86 卷　孙诒让撰。（被梁启超誉为“清代新疏之冠”。释经语极简明，释注语极详博；注明出处；尊郑注而不护其失。）

5.《仪礼正义》40 卷　胡培翚撰，杨大堉补。（全书包罗古今，兼列众本异同，精核博综，堪称杰作。）

6.《礼记训纂》49 卷　朱彬撰。（辨订名物较详博。）

7.《春秋左传诂》20 卷　洪亮吉撰。（着重考证杜注之所本。）

8.《公羊义疏》76 卷　陈立撰。（博采汉代今文家经说及清代今文家经说，阐发公羊传及何休注的义蕴。）

9.《穀梁补注》24 卷　钟文烝撰。（荟萃众长，归于至当。）

10.《孝经郑注疏》2 卷　皮锡瑞撰。（阐发郑注，并采汉以前征引孝经之文附于后，以明孝经非汉儒伪造。）

11.《论语正义》24 卷 附录 1 卷　刘宝楠撰，刘恭冕述。（博采郑玄等汉人遗注，并吸取清代学者考订训释的成果，以疏破注者居半。）

12.《孟子正义》30 卷　焦循撰。（被梁启超誉为“新疏中的模范作品”。征引时贤之作达 60 余家，尊赵注但不墨守，辨物、释义，简而有当。）

13.《尔雅义疏》20 卷　郝懿行撰。（取材广博，辨析名物甚精。）

《清经解》〔清〕阮元辑,清道光九年(1829)广东学海堂刊本1400卷、清咸丰十一年(1861)补刊本1408卷(增刻冯登府著作7种,计8卷)、清光绪十七年(1891)上海鸿宝斋石印本190卷、清光绪中上海点石斋石印本190卷。

《续清经解》〔清〕王先谦辑,清光绪十四年(1888)南菁书院刊本1430卷、清光绪十五年上海蜚英馆石印本。

上海书店1988年10月影印正、续编(精装12巨册:正7,续5)。清代学者解经之作对古代礼制、名物等的考证甚精,是研究古代历史、语言文字、文学的重要参考资料。阮辑收183种,王辑收209种,两书所收作者共157家,清人解经的著作大体具备。

【关于正、续《清经解》的刊刻、版本、流布、所收著作等情况可参虞万里《正续清经解编纂考》,原载林庆彰主编《经学研究论丛》第1辑(台湾圣环图书有限公司1994年版),后收入《榆枋斋学术论集》,江苏古籍出版社2001年8月版。】

《南菁书院丛书》〔清〕王先谦、缪荃孙合辑,清光绪十四年(1888)江阴南菁书院刊本。分八集,收41种,大半是经学方面的著作,为正续《清经解》所未收,可以看作《清经解》的补编。

《古经解汇函》〔清〕锺谦钧等辑,清同治十二年(1873)粤东书局刊本、清光绪十四年(1888)上海蜚英馆石印本、清光绪十五年湘南书局刊本。收唐以前古经解23种126卷,计《周易》12种,《尚书》1种,《诗》2种,《春秋》5种,《论语》2种,而以《郑志》殿后。编者自序云:"恭阅《四库全书总目》,自《十三经注疏》外,凡经部著录唐以前之书尽刻之。惟《提要》定为伪作者,不刻;通志堂已刻者,不刻;近儒有注释刻入《皇清经解》者,不刻。……所刻诸书,昔人刻本不一。今择善本校而刻之。"此书可与《十三经注疏》、《清经解》互补。

《易学精华》(上、下) 齐鲁书社1990年1月版。收录历代研究《周易》的著作15种,拼版影印。包括:

〔唐〕李鼎祚《周易集解》
〔宋〕张载《横渠易说》
〔宋〕程颐《伊川易传》
〔宋〕朱震《汉上易传》
〔宋〕朱熹《原本周易本义》
〔宋〕朱元昇《三易备遗》
〔元〕吴澄《易纂言》
〔元〕吴澄《易纂言外翼》
〔元〕黄泽《易学滥觞》
〔明〕来知德《周易集注》
〔清〕毛奇龄《仲氏易》
〔清〕惠栋《周易述》
〔清〕张惠言《周易虞氏义》
〔清〕张惠言《周易虞氏消息》
〔清〕焦循《易通释》

《小学汇函》〔清〕锺谦钧等辑,清同治十二年(1873)粤东书局刊本。钟氏既辑《古经解汇函》,复取汉魏六朝唐宋人所著小学书13种编为此书,它们是:《方言》、《释名》、《广雅》、《匡谬正俗》、《急就篇》、《说文解字》、《说文解字系传》、《说文解字篆韵谱》、《大广益会玉篇》、《干禄字书》、《五经文字》、《新加九经字样》、《大宋重修广韵》。

《许学丛书》 张炳翔辑,清光绪中长洲张氏仪鄦庐刊本。许学盛于清代,惠栋而后,专精者数十家。自元和江氏、金坛段氏、曲阜桂氏诸大家外,其余各家著述,散在人间。这部丛书即汇刻这些散见之书。先刻零星小种,约以四种五种为一集。原计划“将自初集二集至十集二十集”(吴县雷浚序),实际只刻成三集,成书14种57卷。第一集:清光绪九年至十年(1883~1884)刊,收5种;第二集:清光绪十一年刊,收5种;第三集:清光绪十二年刊,收4种。可与段、桂、朱、王诸大家的著作配合参观。

《音韵学丛书》 严式诲辑,1923~1936年间渭南严氏成都刊本,四川人民出版社1957年汇印本。“是编汇集有清一代研治音韵学之书,极为完备,而所撰缘起,亦极博辨”(谢国桢语)。初刻本目次为(汇印本有所出入,此从《续修四库全书总目提要·经部》):

1.《切韵指掌图》2卷 〔宋〕司马光撰(附元邵光祖《检例》1卷);
2.《韵补》5卷 〔宋〕吴棫撰;
3.《毛诗古音考》4卷 〔明〕陈第撰;
4.《屈宋古音义》3卷 〔明〕陈第撰;
5.《音学五书》38卷 〔清〕顾炎武撰;
6.《韵补正》1卷 〔清〕顾炎武撰;
7.《古今韵考》4卷 〔清〕李因笃撰;
8.《古韵标准》4卷 〔清〕江永撰;
9.《音学辨微》1卷 〔清〕江永撰;
10.《四声切韵表》1卷 〔清〕江永撰;
11.《声韵考》4卷 〔清〕戴震撰;
12.《声类表》9卷 〔清〕戴震撰;
13.《六书音均表》5卷 〔清〕段玉裁撰;
14.《诗声类》12卷、《诗声分例》1卷 〔清〕孔广森撰;
15.《古韵谱》2卷 〔清〕王念孙撰;
16.《诗音表》1卷 〔清〕钱坫撰;
17.《江氏音学十书》 〔清〕江有诰撰〔刊出者有:《诗经韵读》四卷、《群经韵读》1卷、《楚辞韵读》1卷(附《宋赋韵读》1卷)、《先秦韵读》2卷、《谐声表》1卷、《入声表》1卷、《唐韵四声正》1卷(附《等韵丛说》1卷)〕。

18.《诗经二十二部古韵表集说》2卷 〔清〕夏炘撰

19.《说文声类》2卷 〔清〕严可均撰

20.《切韵考》6卷、《外篇》3卷 〔清〕陈澧撰

《汉语语法丛书》 由商务印书馆1980年起陆续出版(朱德熙《序》作于1980年10月19日)。选收1949年以前国内出版的汉语语法著作10种。合在一起,大致反映了1898～1948年这50年间汉语语法研究的历程。它们是:

1.《马氏文通》 马建忠著 2.《国文法草创》 陈承泽著

3.《国文法之研究》 金兆梓著 4.《新著国语文法》 黎锦熙著

5.《高等国文法》 杨树达著 6.《中国文法革新论丛》 陈望道等著

7.《中国文法论》 何容著 8.《中国文法要略》 吕叔湘著

9.《中国现代语法》 王力著 10.《汉语语法论》 高名凯著

《百衲本二十四史》 张元济辑,上海商务印书馆1930～1937年影印本(820册)、上海商务印书馆1958年据原本缩印精装本(全24册)。"史、汉、后汉、三国志,晋、宋、南齐、梁、陈、魏,北齐、周、隋、南北史,新旧唐书、五代史,宋、辽、金史、元、明史。"计宋本15种,元本6种,明本1种,清本2种,影印出版,号称"百衲本",可以说是正史的标准本子。

《二十五史补编》 二十五史刊行委员会辑,上海开明书店1936～1937年排印本、中华书局1955年2月用原版重印(全6册)。二十五史(二十四史+新元史)的表、志,不是各史俱有,其中缺遗的,后人有补编之作;原有的,也有错误缺漏,后人有订补之作。这些著作散见各书,检查极难,开明书店乃多方搜辑,依时代为序,汇为一编。共收245种,其中有艺文志、经籍志32种。

《二十五史三编》(全9册) 张舜徽主编,岳麓书社1994年12月版。本书续《二十五史补编》之未竟,收入150余种,分史记之属、汉书之属、后汉书之属、三国志之属、四史综合之属、晋书之属、南北朝各史之属、唐书之属、宋史之属、辽金元三史之属、明史之属、清史之属等部分,主要收清代至近现代学者补益正史之作,间收宋金元代人著述。至此民国以前史部正史类之著作已蔚为大观。

《宋元明清四朝学案》世界书局汇辑,世界书局1936年3月排印本。收5种:

《宋元学案》100卷 〔明末清初〕黄宗羲撰;

《明儒学案》62卷 〔明末清初〕黄宗羲撰;

《汉学师承记》8卷 〔清〕江藩撰;

《宋学渊源记》2卷 〔清〕江藩撰;

《清学案小识》14卷 〔清〕唐鑑撰。

书后附张明仁编的《四朝学案人名索引》(按姓氏笔画排列)。

《中国文化史丛书》 商务印书馆编,商务印书馆1936～1939年出版排印本、上

海书店1984年据商务版重印本。共两辑：第一辑收20种（含马宗霍《中国经学史》、贾丰臻《中国理学史》、胡朴安《中国文字学史》、白寿彝《中国交通史》、刘麟生《中国骈文史》、卫聚贤《中国考古学史》等）；第二辑亦收20种（含姚名达《中国目录学史》、胡朴安《中国训诂学史》、张世禄《中国音韵学史》、傅勤家《中国道教史》、郭箴一《中国小说史》等）。

《中国文化史丛书》 周谷城主编，上海人民出版社1984年起陆续出版。这套丛书旨在“清理我们的文化遗产，描绘它的真实面貌，发扬它的优秀传统，评论它的千秋功过，规划它的锦绣前程”（《编者献辞》1984年10月）。原计划十年刊行100种。已出版数十种，含《中国甲骨学史》、《方言与中国文化》、《中国小学史》等。

《百子全书》 崇文书局辑，清光绪元年（1875）湖北崇文书局刊本（名《子书百家》）、上海扫叶山房1919年石印本（名《百子全书》）、浙江人民出版社1984年5月据扫叶山房1919年石印本影印本（全8册）。收周秦至明代的子部书100种，可备查考。（含扬雄《方言》、蔡邕《独断》等。）

【《续百子全书》（全25册） 钟肇鹏选编，北京图书馆出版社1998年8月版。收录先秦至清末的子书百余种，涉及儒、道、法、兵、农、数术和杂家以及书法、绘画、茶文化等领域。】

《诸子集成》 国学整理社辑，世界书局1935年排印本、中华书局1954年重印本。收周秦至汉魏六朝重要子书26家（注释本或校本共28种，评传3种），甚便于参考。中华书局编辑部1986年5月在《重印说明》中说：“原书校勘欠精，本局前两次重印时，经改正错误脱漏，重排和挖改纸型，共达一千余面。全书篇幅较巨，没有发现的错误一定还难免。”

《诸子集成补编》（全10册） 四川大学古籍整理研究所《中华诸子宝藏》编纂委员会编，四川人民出版社1997年6月版。共收先秦至六朝时期145种子书，分儒家、道家、墨家、名法、艺术、兵家、医家、历算、数术、释道、杂家、小说十二类，补《诸子集成》所未备。《补编》选收底本精良，影印出版，并于每书前冠以内容提要，极便读者，同时，亦适当收入了诸如《孙子兵法》、《战国纵横家书》等新出土材料。

《新编诸子集成》 中华书局辑，中华书局1982年起出版排印本。《诸子集成》汇集了清代学者校勘、注释子书的成果，但所收的子书种类不够多，断句、排印尚有不少错误。“《新编诸子集成》收入先秦到唐五代的子书，着重选收与哲学、思想史的研究关系较密切的”（《出版缘起》）。每一种选择到目前为止较好的注释本。全书将包括近几十年特别是新中国成立后一些学者整理子书的新成果。分两辑出版。

《诸子集成》、《新编诸子集成》收录子书一览表

子书	著作者	流派	《诸子集成》本	《新编诸子集成》本
论语	〔战国〕孔门弟子及再传弟子	儒家	〔清〕刘宝楠《论语正义》	〔清〕程树德《论语集释》
孟子	〔战国〕孟轲	儒家	〔清〕焦循《孟子正义》	〔清〕焦循《孟子正义》
四书				〔宋〕朱熹《四书章句集注》 〔清〕毛奇龄《四书改错》
荀子	〔战国〕荀卿	儒家	〔清〕王先谦《荀子集解》	〔清〕王先谦《荀子集解》
老子	〔春秋〕李耳	道家	魏源《老子本原》 〔魏〕王弼《老子注》	〔魏〕王弼《老子道德经注》 马叙伦《老子校诂》 高亨《老子正诂》 朱谦之《老子校释》 高明《帛书老子校注》
庄子	〔战国〕庄周	道家	〔清〕王先谦《庄子集解》 〔清〕郭庆藩《庄子集释》	〔清〕王先谦《庄子集解》 〔清〕郭庆藩《庄子集释》 刘武《庄子集解内篇补正》
列子		道家	张湛《列子注》	杨伯峻《列子集释》
墨子	〔战国〕墨翟	墨家	〔清〕孙诒让《墨子间诂》	〔清〕孙诒让《墨子閒诂》 吴毓江《墨子校注》 高亨《墨经校诠》 谭戒甫《墨辩发微》 岑仲勉《墨子城守各篇简注》
晏子	〔战国〕晏婴	墨家	张纯一《晏子春秋校注》	吴则虞《晏子春秋集释》
公孙龙子		名家		〔清〕傅山《公孙龙子注》 王琯《公孙龙子悬解》 谭戒甫《公孙龙子形名发微》
尹文子		名家	钱熙祚校《尹文子》	
管子	〔战国〕管仲	法家	梁启超《管子评传》 戴望《管子校正》	黎翔凤《管子集校补正》 马非百《管子轻重篇新诠》
商君书	〔战国〕商鞅	法家	麦孟华《商君评传》 严可均校《商君书》	蒋礼鸿《商君书锥指》
慎子		法家	《慎子》	

续　表

子书	著作者	流派	《诸子集成》本	《新编诸子集成》本
韩非子	〔战国〕韩非	法家	〔清〕王先慎《韩非子集解》	〔清〕王先慎《韩非子集解》
孙子	〔春秋〕孙武	兵家	《孙子十家注》	《孙子十一家注》
吴子	〔战国〕吴起	兵家	《吴子》	
吕子	〔战国〕吕不韦主编	杂家	高诱注《吕氏春秋》	杨宽、沈延国《吕氏春秋集释》
新语	〔汉〕陆贾		《新语》	王利器《新语校注》
淮南子	〔汉〕刘安		高诱注《淮南子》	刘文典《淮南鸿烈集解》 何宁《淮南子集释》
盐铁论	〔汉〕桓宽		《盐铁论》	王利器《盐铁论校注》
太玄	〔西汉〕扬雄			〔宋〕司马光《太玄经集注》
法言	〔西汉〕扬雄		李轨注《法言》	汪荣宝《法言义疏》
论衡	〔东汉〕王充		《论衡》	黄晖《论衡校释》 刘盼遂《论衡集解》
申鉴	〔汉〕荀悦		吴道传校《申鉴》	
潜夫论	〔东汉〕王符		〔清〕汪继培《潜夫论笺》	〔清〕汪继培《潜夫论笺》
抱朴子	〔晋〕葛洪		〔清〕孙星衍校正《抱朴子》	王明《抱朴子内篇校释》 杨明照《抱朴子外篇校释》
世说新语	〔刘宋〕刘义庆		〔梁〕刘孝标注《世说新语》	
颜氏家训	〔北齐〕颜之推		《颜氏家训》	王利器《颜氏家训集解》
新书	〔汉〕贾谊			阎振益、锺夏《新书校注》
春秋繁露	〔汉〕董仲舒			〔清〕苏舆《春秋繁露义证》
白虎通				〔清〕陈立《白虎通疏证》
文子				王利器《文子疏义》
刘子	〔梁〕刘勰			傅亚庶《刘子校释》

《大正新修大藏经》(全131册)　日本藏经学术研究会1934年印行。以《高丽藏》为底本,用其他版本校补。书分正编55册,续编30册,《大藏经图像部》12册,《法宝总目录》3册,《大藏经索引》31册。共收佛经3493种,13520卷。

《中华大藏经》　中华大藏经编辑局编,中华书局1984年起出版。至1997年出版了汉文部分共106册,主要收录佛教经藏1936种,及《大明重刊三藏圣教目录》、《大清三藏圣教目录》、《大藏目录(丽藏本)》3种。每种均详出校勘记附于后。底本以《赵城金藏》为主,缺佚则以《高丽藏》等作底本,参校本共8种:《房山云居寺石经》、宋《资福藏》、《影印宋砂藏》、元《普宁藏》、明《永乐南藏》、明《径山藏》、《清藏》和《高丽藏》。

《道藏要籍选刊》(全10册) 胡道静、陈莲笙、陈耀庭选辑,上海古籍出版社1989年6月版。收录《道藏》中原书130种,范围包括百科类(2册)、经典类(3册)、《子书类》(1册)、史传类(1册)、地志类(1册)、仪范类(1册)、摄养类(1册)。附录明白云霁《道藏目录详注》、民国曲继皋《道藏考略》、刘师培《续〈道藏〉记》三种。

《藏外道书》(全36册) 胡道静等主编,巴蜀书社1992年8月(前20册)、1994年12月(后16册)。巴蜀书社于1986年曾重刊清代刻印的《道藏辑要》。《藏外道书》荟萃了明代正统和万历年间编成的《道藏》和《续道藏》未收的道书。分成古佚道书、经典、教理教义、摄养、戒律善书、仪范、传记神仙、宫观地志、文艺、目录及其他等类。末1册为《藏外道书书目总录》及《索引》和《正统道藏》、《道藏辑要》二种的书目总录。

《中华道藏》(全49册) 中国道教协会编纂,华夏出版社2003年10月版。收录道藏1526种,繁体竖式排印,并作校勘。分三洞真经、四辅真经、道教论集、道法众术、道门科仪、道史仙传、目录索引七大类。每种均设简明提要,并附注底本与参校本。这是迄今为止最为大型、系统、规范的道经整理本。

《笔记小说大观》 进步书局辑,石印本(500册)、江苏广陵古籍刻印社1983~1984年影印本(35册),1995年再版(精装16册)。收唐至清笔记小说216种。

【《笔记小说大观》 台湾新兴书局辑印,至1984年共45编(450册)。】

《说库》(上、下) 〔清〕王文濡辑,上海文明书局1915年石印本,浙江古籍出版社1986年10月据以影印。收录汉至明清笔记小说170种,与《笔记小说大观》几无重复。

《全宋笔记》(已出第一编10册) 上海师范大学古籍整理研究所整理,傅璇琮主编,大象出版社2003年10月版。现存宋人笔记约500余种,计划分10编出版,每编收录50种宋人笔记。

《历代笔记小说集成》(全110册) 周兴培编,河北教育出版社1994年出版。收录汉魏至明清的笔记小说751种。影印本上加点句读。

《中国近代文学大系》(1840~1919,全30卷) 上海书店1991~1992年版。分文艺理论集(1~2)、小说集(3~9)、散文集(10~13)、诗词集(14~15)、戏剧集(16~17)、笔记文学集(18~19)、俗文学集(20~21)、民间文学集

(22)、书信日记集(23～24)、少数民族集(25)、翻译文学集(26～28)、史料索引集(29～30)。

《金石萃编》(160卷)　〔清〕王昶撰,上海扫叶山房1921年石印本,陕西人民美术出版社1990年12月影印(全4册)。影印本包括《萃编》(共3册),陆增祥《金石续编》21卷、方履篯《金石萃编补正》4卷(合1册)。

《石刻史料新编》(第一辑:全30册;第二辑,全20册;第三辑,全40册)　台湾新文丰出版公司编辑部编,新文丰出版公司出版。第一辑1977年12月初版,1982年12月第2版,第二辑1978年6月版,第三辑1986年版。第一辑收录112种自宋至民国年间的石刻史料,中含杨殿珣的《石刻题跋索引》。第二辑收录141种。

【《石刻题跋索引》　杨殿珣编,商务印书馆,1990年1月有单行本。为147种石刻论著编制篇目索引,上起宋欧阳修《集古录跋尾》,下迄赵万里《汉魏南北朝墓誌集释》。书分墓碑、墓誌、刻经、造像、题名题字、诗词、杂刻等类。】

《中国简牍集成》　初师宾主编,敦煌文艺出版社2001年起出版。收录20世纪以来国内发掘并发表的全部简牍资料。第一辑全12卷,第二辑全8卷。

《纬书集成》　[日]安居香山、中村璋八辑,上海古籍出版社1994年6月版(全2册),河北人民出版社1994年12月版(全3册)。包括易编24种、尚书编8种、尚书中侯编21种、诗编4种、礼编4种、乐编4种、春秋编29种、孝经编15种、论语编9种、河图编43种、洛书编15种。末附《历代史书和笔记中的谣谶》等。

第十三讲　历代主要诗文总集

一、诗

《毛诗正义》〔汉〕毛亨传,〔东汉〕郑玄笺,〔唐〕孔颖达疏,《十三经注疏》本

【《诗集传》〔宋〕朱熹撰,中华书局上海编辑所1962年版,上海古籍出版社1958年7月版,1980年2月新1版(20卷本);《宋元人注四书五经》本(8卷本);

《诗毛氏传疏》〔清〕陈奂撰,中国书店1984年6月影印本(全3册);

《毛诗传笺通释》〔清〕马瑞辰撰,中华书局1989年3月版;

《诗经今注》高亨注,上海古籍出版社1980年10月版。】

《楚辞补注》〔东汉〕王逸章句,〔宋〕洪兴祖补注,中华书局1983年3月版

【《楚辞集注》〔宋〕朱熹撰,上海古籍出版社1979年10月版;

《山带阁注楚辞》〔清〕蒋骥注,上海古籍出版社1958年9月版;

《楚辞今注》汤炳正等注,上海古籍出版社1996年12月版。】

《玉台新咏》10卷〔南朝陈〕徐陵编,文学古籍刊行社1955年据明末赵均覆宋刊本影印本、中华书局1985年6月出版穆克宏据清代吴兆宜注、程琰删补的乾隆三十九年(1774)刻本为底本整理的校点本

这是继《诗经》、《楚辞》后最古的诗歌总集,选录汉至南朝梁769篇诗歌。

《古诗纪》156卷〔明〕冯惟讷编,冯氏原刻本(稀见)、明嘉靖三十七年(1558)吴琯校刻本(已有窜乱)

原名《诗纪》,清人冯舒撰《诗纪匡谬》1卷,订正原书缺欠,较为精核,有《知不足斋丛书》本。

《古谣谚》100卷〔清〕杜文澜辑,中华书局1958年1月版,1984年重版

收集上古至明代的谣谚,是一本比较完整的古代谣谚总集。

《全汉三国晋南北朝诗》54卷　丁福保编,中华书局1959年5月断句排印本(全2册)

这是一部从汉至隋的诗歌总集。分全汉诗、全三国诗、全晋诗、全宋诗、全

齐诗、全梁诗、全陈诗、全北魏诗、全北齐诗、全北周诗、全隋诗等 11 集。

《先秦汉魏晋南北朝诗》135 卷　逯钦立辑校,中华书局 1983 年 9 月版(全 3 册)

此书在明人冯惟讷《诗纪》和近人丁福保《全汉三国晋南北朝诗》的基础上纠偏补缺而成。分先秦诗、汉诗、魏诗、晋诗、宋诗、齐诗、梁诗、北魏诗、北齐诗、北周诗、陈诗、隋诗等 12 个部分。

《全唐诗》900 卷　〔清〕彭定求等编,中华书局 1960 年版,1985 年第 3 次重印,并附印清乾隆间《知不足斋丛书》中所收的日本市河世宁辑《全唐诗逸》3 卷;上海古籍出版社 1986 年据康熙扬州诗局本剪贴缩印出版两卷本影印本;中华书局 1999 年 1 月出版增订简体横排本(全 15 册)

相当完备地搜罗了唐、五代诗 48900 余首,附有唐、五代词,作者共 2200 余人,使读者大致看到了唐代诗歌的全貌。当然,《全唐诗》也有不完备的地方,可以参阅陈尚君《全唐诗误收诗考》和佟培基《全唐诗重出误收考》(陕西人民教育出版社 1996 年版)。

《全唐诗外编》(上、下)　王重民、孙望、童养年辑录,中华书局 1982 年 7 月版

包括王重民辑《补全唐诗》、《敦煌唐人诗集残卷》、孙望辑《全唐诗补逸》、童养年辑《全唐诗续补遗》等四种。

《全唐诗补编》(全 3 册)　陈尚君辑校,中华书局 1992 年 10 月版

本书收入《全唐诗外编》并做了修订,同时收入陈尚君《全唐诗续拾》,末附孔沂澜《全唐诗外编作者索引》。

【《全唐诗作者索引》　张忱石编,中华书局 1983 年 8 月版。收录《全唐诗》、《全唐诗逸》、《全唐诗外编》的作者;

《全唐诗作者索引》　杨玉芬、柳过云编,中华书局 2000 年 12 月版。底本为增订简体横排本《全唐诗》;

《全唐诗大辞典》　张忠纲主编,语文出版社 2000 年 9 月版。这是收录信息量十分完备的唐诗辞典;

《校编全唐诗》(全 3 册)　王启兴主编,湖北人民出版社 2001 年 1 月版。对上海古籍出版社新印本作了进一步考辨与整理,吸收了历代学者的研究成果,订正了收录与注释中的若干讹误。】

《乐府诗集》100 卷　〔宋〕郭茂倩编,明末汲古阁刊本,清代翻刻本,《四部备要》本,文学古籍刊印社 1955 年 6 月刊印本,中华书局 1979 年 11 月点校本

这是一部收集上古至唐五代乐章和歌谣的总集,所收作品以汉至唐的乐府诗为主。包括郊庙歌辞 12 卷,燕射歌辞 3 卷,鼓吹歌辞 5 卷,横吹歌辞 5 卷,相和歌辞 18 卷,清商曲辞 8 卷,舞曲歌辞 5 卷,琴曲歌辞 4 卷,杂曲歌辞 18 卷,近代曲辞 4 卷,杂谣歌辞 7 卷,新乐府辞 11 卷:共 12 大类。各类又分若干小类,如

清商曲辞又分为吴声歌与西曲歌等。各类有总序,每曲有解题,对于各种曲调及歌辞的起源和发展以及所使用的乐器都有考订。各类歌辞的编排井然有序。此书对于研究中国文学史和音乐史都有重要参考价值。

《全五代诗》100 卷 〔清〕李调元编,乾隆间《函海》本作 90 卷,补遗 1 卷;道光、光绪间《函海》本增为 100 卷,补遗 1 卷。有《丛书集成初编》本,巴蜀书社 1992 年 4 月以光绪本为底本点校出版(上、下)

凡唐人而入五代或五代而入宋者,均加采录。按五代十国的朝代和国别分卷。朝代国别之下,又按作者官爵、隐逸、道释等身份为序。同一作者之诗,则按诗体排列。有作者小传,并有少量笺注。征引书籍达 300 余种,收录较为完备,为五代诗仅有的较好总集。

《宋诗钞》106 卷 〔清〕吴之振等编,〔清〕管庭芬、蒋光煦补,中华书局 1986 年 12 月版(全 4 册)

共收诗人 100 家,但有目录而未刻出者 16 家,实收 84 家。所收各家以诗人时代先后为序,在各家下都附有小传,简述生平行事和诗歌评骘。所选作品,则不加品题,不加批点。后来有李宣龚作校补,又有管庭芳、蒋光煦辑《宋诗钞补》。

《全宋诗》(全 72 册) 北京大学古文献研究所编,傅璇琮、倪其心、孙钦善、陈新、许逸民主编,北京大学出版社 1991 ~ 1998 年版

收录以作者时序编排,各家下附小传,所收诗作均注明出处。

【北京大学古文献研究所又编《全宋诗 1 ~ 72 册作者索引》,北京大学出版社 1999 年 12 月版,可配套使用。】

《中州集》10 卷 附《中州乐府》1 卷 〔金〕元好问编,初刻于蒙古海迷失二年(1250),明代毛晋据陆深家藏本重刻,今通行有《四部丛刊》影印本、中华书局 1959 年排印本

又名《翰苑英华中州集》,是金代诗歌的总集。书中辑录作家 251 人(包括金主显宗、章宗二人),作品 2062 首。除“南冠”类收入宋朝廷留金使节、官员朱弁等 5 人作品 84 首以外,全部都是金人诗。此书体例,“帝王”、“诸相”、“状元”、“知己”、“南冠”等以类相从,其余名家基本上以时代先后为序,不收当时在世人的作品,因而金末作者的诗很多未能收录。所收每一作家,各系小传,或记生平,或举其名篇名句,或述其特征论其得失;有的小传对金代诗坛风尚、金诗的源流演变以及当时的历史事件,亦时有评介,具见编者“以诗存史”的用意。故此编不仅是金诗的渊薮,也是研究金史的重要史料。

《全金诗》74 卷 〔清〕郭元釪编,清代内府刊本、扬州诗局刊本

又名《全金诗增补中州集》;因书成由康熙帝制序刊行,故又名《御定全金诗》。此书是在《中州集》的基础上增补而成。凡金人入元不仕者亦皆附于其

末。较之《中州集》,卷数从10卷增至74卷,作者从246人增至358人,作品从1978首增至5544首,有金一代诗篇,大备于此。此书保存了《中州集》的作者小传,并取刘祁《归潜志》以补其遗,别署曰“补”,又杂取《金史》及诸家文集、说部所载,以备考核,别题曰“附”;郭氏有所议论,亦附见之。

《全辽金诗》(全3册)　阎凤梧、康金声主编,山西古籍出版社1999年11月版

汇集辽、金两代的诗歌,共计作者716余人,诗作8299题,11662首,残篇398则。以作者先后排列,各家均拟小传附入。

《元诗选》111卷　〔清〕顾嗣立选编,清康熙间顾氏秀野草堂刊本、中华书局1987年出版新排本(全6册)

自元好问以下,辑入300家,每人之下各存原集名目,前列小传,兼品其诗。

《列朝诗集》81卷　〔清〕钱谦益编,清康熙间绛云楼刻本,三联书店1989年版

仿元好问《中州集》例,选录明代诗人约2000家。明诗史料赖以保存不少。

《明诗综》100卷　〔清〕朱彝尊编,清乾隆间六峰阁刊本、《四库全书》本

录存3400余人的诗歌作品,每人皆简述其生平并备载诸家评论,又以自著《静志居诗话》分附于后。

《明遗民诗》(全2册)　〔清〕卓尔堪选辑,中华书局上海编辑所1961年版

《全明诗》　章培恒主编,上海古籍出版社1990年12月起陆续出版

拟收现存全部明人别集和绝大部分总集中的明诗。现仅出版了3册。

《清诗铎》26卷　〔清〕张应昌编,清同治八年(1869)应氏秀艺堂刻本,中华书局上海编辑所1960年排印本,1983年重印本

原名《国朝诗铎》。此书按照所收诗篇的题材、内容,分为岁时、财赋、漕船、流民等152类,收录清初(包括明遗民)到同治年间的诗人911家,诗2000余首。卷首附有《诗人名氏爵里著作目录》,为我们提供了不少研究清诗的线索。

《晚晴簃清诗汇》200卷　徐世昌编,1929年退耕堂刊本,北京中国书店1989年10月版,北京出版社1996年3月影印(全3册)

除御制诗外,收清诗6159家,27000余首(明末遗民~民国初年)。并附有作者简历及有关诗话。

《近代诗钞》370卷　陈衍编,商务印书馆1923年初版(全3册),1935年铅印本

辑录咸丰初至清末370位诗人的作品,人各为卷。每一作者下均有小传,间载诗话。

二、词

《花间集》　〔后蜀〕赵崇祚编,《四部丛刊》本(十二卷,补二卷)、《四部备要》本(十卷)、文学古籍刊行社据宋绍兴十八年(1148)晁谦之刻本影印本

选录了自唐开成元年(836)至晋天福五年(940)即后蜀广政三年以前的词家,计温庭筠、皇甫松、韦庄、薛昭蕴、牛峤、张泌、毛文锡、牛希济、欧阳炯、和凝、顾敻、孙光宪、魏承班、鹿虔扆、阎选、尹鹗、毛熙震和李珣十八家,共500首。是文人词总集最早的一部。

【李冰若《花间集评注》,开明书店1935年版;

华连圃《花间集注》,商务印书馆1935年版;

李一氓《花间集校》,人民文学出版社1958年7月版。】

《全唐五代词》 张璋、黄畲编,上海古籍出版社1986年出版,1987年重印

此书分八卷。一至三卷为唐词,四至六卷为五代词,第七卷为敦煌词,第八卷为无名氏词及仙鬼词:总共2500余首,有名可考的作家170余家。超出林氏所辑一倍以上。即便是断阕零句,都在所不遗。书前有夏承焘序,正文前有《凡例》六则,正文后有附录4种:① 引用书目;② 唐五代词互见表;③ 本书未收入各调备查表;④ 作者索引。

《全唐五代词》(上、下) 曾昭岷等编撰,中华书局1999年12月版

本书为唐五代曲子词之总集。编者认为张、黄1986年所编本收词过滥,收录了不少声诗和徒诗,故在此基础上作了进一步的增补、探源、考辨、甄别等工作。全书分正副两编,正编主要收录倚声制词之曲子词,副编录入历代文献载录、传播之词作而部分是属诗、属词难以考定之作,部分是已考定为诗作的。对收录标准《前言》、《凡例》有明确的说明。书末附作者及词调索引。

《全宋词》 唐圭璋编纂,王仲闻参订,孔凡礼补辑,中华书局1999年1月新1版

唐圭璋先生所编《全宋词》有中华书局1965年初版,中华书局1979年版(附编者的《全宋词订补续记》),1986年再版,1988年重印。收录词人1330余家,词作19900余首,残篇530余首。是迄今为止最为完备的宋词总集。孔凡礼先生《全宋词补辑》由中华书局1981年8月第1版。孔氏从明抄本《诗渊》辑录出430余首词作,分属于140余位词人,成此《补辑》一册。新1版将原书附录的《订补附记》、《订补续记》编入正编的相应位置,孔氏《补辑》收入正编之后。

《全金元词》 唐圭璋编,中华书局1979年10月版

收录了金元两代作者282人,词作7293首,其中金70人,词3572首;元212人,词3721首。以时代先后为序,依次排列诸家作品;在词人名下,大多有小传;所录诸家词作,多以善本、足本为底本。书中所录之词,大多注明出处,并详加校勘、考订。征引各种有关书籍达211种。书后附"作者索引"。

《全明词》(全6册) 饶宗颐初纂,张璋总纂,中华书局2004年1月版

主要以明清善本、足本和赵尊岳编《惜阴堂丛书》稿本为底本,博采、搜集相关资料,相互参证,增补校订而成。收词人1390余家,词作约2万首。

《全清词钞》40卷 叶恭绰编,中华书局香港分局1975年印本,中华书局1982

年版

第一至三十卷为清代各阶段各流派词人的作品;第三十一至三十四卷收录女子词;第三十四卷末尾收录方外(释、道、尼)词;第三十五卷至四十卷为"附录",收录生于清末殁于民国的作者,"以示三百年来词学全貌之轮廓"(《例言·一》)。"初得四千余人",成编时共收作者3196人,词8260多首。

《全清词》 南京大学中文系全清词编纂委员会主编,中华书局1994年5月起出版

本书拟分顺康、雍乾、嘉道、咸同、光宣五卷。截止2002年已出版"顺康卷"计20册,收录词人2105人,词作53400余篇。"顺康卷"的出版"标志着词学的整理和出版达到了一个新的阶段,至此,词这一文学样式,继《全唐五代词》、《全宋词》、《全金元词》等之后,又有了一部新纂的,同时也是最大的断代总集"(张宏生语)。

三、曲

《元曲选》100卷 〔明〕臧懋循(晋叔)编。原本分前后二集,每集收杂剧50种。前集刊行于明万历四十三年(1615),次年刊行后集。今通行有《四部备要》本,文学古籍刊行社1955年重印本,中华书局1958年9月版

《元曲选》又名《元人百种曲》。全书共10集,每集10卷,每卷1剧,共收100种剧本,约占现存元杂剧的2/3。其中包括39位作家的作品69种,无名氏的作品31种。从作家的时代看,此书收元人杂剧94种,入明的元人作品6种。臧氏认为诗、词、曲"源本出于一"而戏曲又有自己的特点。经过臧氏的整理,使不少杂剧有了"定本"。此书正文前有若干附录,如《天台陶九成论曲》等元代及明初的戏曲论著,涉及元杂剧的角色名目,音律宫调、曲牌及杂剧作者等多方面的内容,也是研究元杂剧的有用资料。

【《元曲选校注》(全4册) 王学奇主编,河北教育出版社1994年6月版。】

《元曲选外编》(全3册) 隋树森编,中华书局1959年9月版

收录《元曲选》以外的元杂剧62种。与《元曲选》相配,"也就是有了现存的全部元人杂剧了"(编者语)。

《全元散曲》(全2册) 隋树森编,中华书局1964年2月版,1981年再版

收元人小令3853首,套曲457套(残曲在外),除无名氏的作品外,包括元代和元末明初的散曲作家213家。其编排以作者为经,以时代为纬,生卒年代不可考者约略据其时代先后排列。每一作家附有小传。此书汇集了现存所有的元人散曲,并且作了精细的校勘,是一部相当完备的元代散曲总集。

《全元杂剧》 浙江钱塘丁氏八千卷楼藏本,南京图书馆1929年影印,中国戏剧

出版社1958年6月重印

收元明两代杂剧27种,其中包括罗贯中《风云会》和无名氏《蓝采和》两剧。

《全元戏曲》(全12卷) 王季思主编,人民文学出版社1990~1999年版

本书汇集有元一代的戏曲作品,杂剧八卷,南戏四卷。杂剧以天一阁本《录鬼簿》所列作家作品为序,南戏以《永乐大典戏文三种》、《五大南戏》、无名氏作品为序,末附残本佚曲。作家下附小传,曲作前附说明。全书为竖排新式标点本,每种后附校记。

《全元曲》(全12卷) 徐征等主编,河北教育出版社1998年8月版

本书汇录有元一代杂剧和散曲作品,共收278位存名作家和诸佚名作家的作品,计完整杂剧162种,散曲4609支(套)。作家排序基本上依曹寅校辑的锺嗣成《录鬼簿》、贾仲明《录鬼簿续编》以及朱权《太和正音谱》。本书为横排新式标点本,注释较详细。

《孤本元明杂剧》(全4册) 涵芬楼旧藏,中国戏剧出版社1958年1月据1939年商务印书馆本重印

从涵芬楼所藏钱遵王《也是园古今杂剧》抄本和刻本242本中选出144本,其中包括久已失传的孤本136本。

《盛明杂剧》(全2册) 〔明〕沈泰编,明崇祯二年(1629)刻本,中国戏剧出版社1958年6月影印诵芬室本

每集各收杂剧30种,包括从明初到明末的几位重要杂剧作家的作品。

《杂剧三集》 〔清〕邹式金编,清顺治间刻本,中国戏剧出版社1958年6月影印诵芬室本

原名《杂剧新编》,是上续沈书而编的一部杂剧总集。收录明末清初23位作家的剧作34种。

《六十种曲》 〔明〕毛晋编,中华书局1958年5月新1版

此书分十二集,每集五个剧本,每剧二卷,共编录60个剧本,120卷。其中有少数元人创作,如王实甫《西厢记》、施惠《幽闺记》等,此外绝大部分是明人创作。除《西厢记》一种系元人杂剧外,其余均为传奇戏曲,包括高明的《琵琶记》,元末明初的"四大传奇"——《幽闺记》(又称《拜月亭》)、《荆钗记》、《白兔记》和《杀狗记》,汤显祖的"临川四梦"——《牡丹亭》、《紫钗记》、《邯郸记》和《南柯记》等。是一部较好的明代戏曲传奇集。

【《六十种曲评注》(全25册) 黄竹三、冯俊杰主编,吉林人民出版社2001年9月版。书前有蒋星煜先生长篇序言,详细介绍了《六十种曲》的编刻与流传情况。】

《全明散曲》(全5册) 谢伯阳编,齐鲁书社1994年3月版

本书汇集有明一代散曲作家406位,按卒年编排,共收小令10606首,套数

2064篇。每家均缀有作者小传,间录序跋及曲评。据此得见明代近三百年散曲之全貌。

《缀白裘》(全4册) 〔清〕玩花主人编,〔清〕钱德苍续编,清乾隆四十三年(1778)四教堂刻《重订缀白裘全编》本,中华书局1955年6月版。

凡12集48卷,收录清乾隆时近200种流行剧目中的单出戏489出,其中昆腔430出,高腔、乱弹、梆子等59出,多为舞台演出本。赖此保存了不少有价值的片段。

《全清散曲》(全3册) 凌景埏、谢伯阳编,齐鲁书社1985年9月版

此书共收作者342家,计小令3214首,套数1166套。以作者时代先后编次。作品均经校点,并注明了出处。缀有作者小传。

《古本戏曲丛刊》 郑振铎等编,商务印书馆1954~1955年影印初、二集,文学古籍刊行社1957年影印三集,商务印书馆1958年影印四集,上海古籍出版社影印1985~1986年影印五集

初集100种,二集100种,三集100种,四集376种,五集85种。

《善本戏曲丛刊》 王秋桂主编,台湾学生书局1984年刊行

书分三辑影印出版。第一辑所收大体上是弋阳腔和徽调体统的戏曲选集9种;第二辑收昆腔系统的戏曲选集8种;第三辑收曲谱5种。

四、赋

《古赋辨体》(全8卷 外集2卷) 〔元〕祝尧编,明成化二年(1466)金宗润刻本,明嘉靖丁酉(1537)刊本,《四库全书》本

自《楚辞》以下,凡两汉、三国、六朝、唐、宋诸赋,每朝录取数篇,以辨其体格。

《历代赋汇》140卷 外集20卷 逸句2卷 补遗22卷 〔清〕陈元龙等奉敕编,清康熙四十五年(1706)内府刻本,江苏古籍出版社、上海书店1987年12月影印清光绪间双梧书屋俞樾校本,凤凰出版社2004年6月再次影印

此书编录历代赋篇,自先秦至明末。正集叙事记物,分30类,计3042篇;外集抒情遣怀,分8类,计423篇;残文逸句2卷,117篇。书成之后,补遗22卷,收369篇,散附逸句50篇。两千余年体物之作,约略具备,是迄今为止收录赋体文学作品最完备的总集。凤凰出版社影印本前弁程章灿《赋学文献综论》,末附王琳《辞赋研究论著索引》以及该书作者和篇名索引。

《全汉赋》 费振刚等辑校,北京大学出版社1993年4月版

收录汉赋83家293篇,其中完篇或基本完整者约100篇。篇目按作家时代先后排列。繁体竖排点校本,校记详细。

五、散　文

《文选》60卷　〔南朝梁〕萧统编。又名《昭明文选》。清嘉庆间胡克家重刻宋刊本(附考异10卷),《四部备要》本,中华书局1977年11月据胡刻本影印本

诗文兼收。选录自东周至梁八百年间130位知名作者和少数佚名作者的各体诗文752篇,分赋、诗、骚、七、诏、册、令等38类,类下又分小类,各以时代先后为次。其分类大致可概括为诗歌、辞赋和杂文三大种类。全书共收诗歌434篇,辞赋99篇,杂文219篇。是现存最早的一部分类诗文集。其入选的诗文,要求"事出于沉思,义归乎翰藻",代表当时人对文学的基本看法。唐显庆年间李善注,征引详赡,为世所重。唐开元间又有吕延济、刘良、张铣、吕向、李周翰等"五臣注",重在解释字句。宋人又将李善注与五臣注合刻,称《六臣注文选》,今有影印宋刊本。

《文馆辞林》1000卷　〔唐〕许敬宗等奉敕编,现存各残卷的版本有:《佚存丛书》本、《粤雅堂丛书》本(均为残四卷),《古逸丛书》本(残十四卷),《适园丛书》本(残二十三卷),《丛书集成初编》本(残18卷)

此书分类纂辑自先秦至唐代的各体诗文。原书北宋时散佚,流散至日本的约有数十卷。清末以来,大部分重新传入我国,所收作品,有为明冯惟讷《诗纪》、清严可均《全上古三代秦汉三国六朝文》所未载者。

《古文苑》　编者不详,有《守山阁丛书》本(附有清钱熙祚撰《校勘记》1卷),《丛书集成初编》本

相传为唐人旧藏本,北宋孙洙得之佛寺经龛中。南宋淳熙六年(1179)韩元吉编为9卷;绍定五年(1232)章樵就韩书补遗刊误,并为注释,重编为21卷。收录周代至南朝齐代诗文260余篇,分为赋、诗、箴、敕、启、状、述、记等20类。唐以前散佚之文,赖此书得以保存者不少。

《续古文苑》20卷　〔清〕孙星衍编,《平津馆丛书》本,《丛书集成初编》本

收录范围自周至元,系辑录金石、传记、地志和类书中的遗文而成。所载各文都在目录下注明出处;金石各刻,则注明拓本年月。此书亦可补《文苑英华》所收之不足。

《全上古三代秦汉三国六朝文》746卷　〔清〕严可均编,中华书局1958年12月断句影印本,1965、1986年重印本(新附《篇名目录及作者索引》一册)

此书专收文,不收诗。以朝代先后为序,分为15集。同一朝代之中,又依据作者的身份,按帝后、贵族、百官、士庶、妇女、释道、阙名等次序排列,共收先秦至隋作者3497人。每人作品均按文体分类编次,分为骚、赋、制、诏等70体。每一作者皆附小传,每文之末皆注出处。清姚振宗评严书"虽曰总集,而兼包四

部;于子部之书,所辑尤多;集部则佚文皆在,实为考据渊薮"(《隋书经籍志考证·后序》)。

《文苑英华》1000卷　〔宋〕李昉等奉敕编,宋嘉泰间刊本,明嘉靖间刊本,中华书局1966年5月据宋刊残本配明本影印本

诗文兼收。上续《文选》。收录魏晋至唐末五代作家2245人之诗文20016篇(依凌朝栋《文苑英华研究》)。其中魏晋南北朝作品仅占1/10弱,唐代则占9/10强,实际是一部唐代诗文总汇。分55类,能大致反映唐代各类文体的发展情况。末附南宋彭叔夏《文苑英华辨证》10卷和清劳格《文苑英华辨证拾遗》1卷,并附《作者姓名索引》。

《全唐文》1000卷　〔清〕董诰等奉敕编,清嘉庆十九年(1814)内府刊本,中华书局1983年11月据原刊本缩印本

收录唐五代文章18488篇,作者3042人。按作者分编作品,依时间先后排列。作者均附小传,但文章不注出处。附清陆心源《唐文拾遗》72卷(收文2000余篇)、《唐文续拾》16卷(收文300余篇)。马绪传编有《全唐文篇名目录及作者索引》,中华书局1985年5月版。

【《全唐文篇目分类索引》　冯秉文主编,中华书局2001年5月版。本书揭示《全唐文》、《唐文拾遗》、《唐文续拾》三书文献23034篇,编为人物传记、史事典制和艺文杂撰三大部分,查阅便利。】

《全唐文补遗》(全7册)　吴钢主编,三秦出版社2000年5月点校本

主要根据碑文、墓志、经幢等石刻文献材料以作补遗,按以人从文原则整理,从《文苑英华》体例分类排列。凡《全唐文》等有小传者,注明卷数,无传者另撰。

《唐文粹》100卷　〔宋〕姚铉编,《四部丛刊》影印明嘉靖徐焴刻本,中华书局1986年12月据清光绪庚寅九月杭州许增榆园校刊本影印

铉以《文苑英华》卷帙浩繁,难以通读,遂选录十分之一,分古赋、诗、颂、赞、表奏书疏、文、论、议、古文、碑、铭、记、箴诫铭、书、序、传录纪事等16类,共1980篇。选录精审,一向为人所重。

《宋文鉴》150卷　〔宋〕吕祖谦编,《四部丛刊》影印宋刻本

选录北宋诗、赋、奏疏、杂著等,分为61类。能大致反映北宋的政治社会情况及文学概貌。

《南宋文范》70卷　外编4卷　作者考2卷　〔清〕庄仲方编,清道光间活字本,清光绪间江苏书局刻本

选录南宋诗文300余家,分为55类。内容以说理文为主,诗只选古体。其中不少作品,能反映南宋的社会政治情况。

《全宋文》(全100册)　曾枣庄主编,四川大学古籍整理研究所编纂,巴蜀书社1988～1994年出版(已出50册)

收宋代文章10万余篇，作者1.2万余人，依作者生年先后排列；每一作者之文按文体分类排列。附有作者小传，注明文章出处，间有校记。是一部汇罗两宋三百二十年所有单篇散文、骈文和诗词以外的韵文的大型断代总集。内容涉及宋代政治、经济、军事、外交、教育、科技、文学、艺术、哲学、宗教、民俗等社会生活的所有领域。

《全辽文》12卷　补遗1卷　陈述编，中华书局1982年版

共收诗文800余篇，以文为主，是目前最详备的辽文总集。此书编排体例，除诸帝、后妃别成卷帙外，悉按作者生卒先后为序。书末附“分类目录”，又附“类目索引”、“作者索引及事迹考”、“图版”等。

《金文雅》16卷　〔清〕庄仲方编，清光绪辛卯(1891)江苏书局重刻本

共收录80人的作品，包括赋、诗、诏令、册文、奏疏、表、书、箴、铭、颂、赞、庙碑、上梁文、纪、序、引、议、论、原、祭文、哀辞、墓碑等27类，其中有不少能够代表金代文学风格的好文章。书前有入选作者考。

《金文最》60卷　〔清〕张金吾编纂，清光绪八年(1882)粤雅堂刻本，光绪二十一年(1895)刊本，中华书局1990年8月出版标点本(全2册)

初为120卷，后删并为60卷，凡已见于《金文雅》者，仅存其目，不录原文，仍注原卷数于题下。全书收录赋、骚、册文、制诰、策问、奏疏、铭、赞、记、序、论、说、行状、哀辞等42类，包括散文、骈文。材料较为赅备。不收诗词。

《元文类》70卷　〔元〕苏天爵编，《四部丛刊》影印元至正二年(1342)西湖书院刊本

原名《国朝文类》。选录元初至延祐间162位作者的诗文作品，分为43类。前八卷为诗、赋；第九卷以下为文，各种体裁略备，尤以“记”、“序”、“碑文”、“杂著”、“神道碑”所占比重为大。陈旅为此书作序，谓“所取者必其有系于政治，有补于世教，或取其雅制之足以范俗，或取其论述之足以辅翼史氏，凡非此者，虽好弗取也”。世人多有把它与《唐文粹》、《宋文鉴》并提者。

《全元文》　李修生主编，江苏古籍出版社1999年9月版

搜集有元一代用汉文撰成的文章，包括诗、词、曲、谣谚、小说以外的一切散文、骈文、辞赋等。所收作者达3000余人，文章3万余篇，全书约3000万字。此书注意到尽量减少与《全宋文》、《全金文献》的重复。已出15册。

《明文衡》(全98卷 补缺2卷 目录2卷)　〔明〕程敏政编，《四部丛刊》本

此编所录，皆洪武以后、成化以前之文。分代言、赋、骚、乐府、琴操、表笺、奏议、论、说等38类，无古体、近体诗。能大致反映明初之文风。

《明文海》482卷　〔清〕黄宗羲编，《四库全书》本，中华书局1987年2月影印本

原有600卷，《四库全书总目》著录时，删去其记晚明史事部分118卷。中华书局1987年据涵芬楼旧抄本影印(全5册)，并补入《四库》本有而抄本所无

的12篇,又补入浙江图书馆藏本之159篇。后附作者人名索引。此书分28体,每体又各分子目;搜罗极富,虽游戏小说家言,亦兼收并蓄,可谓有明一代文章之渊薮。

《清文汇》200卷　近人沈粹芬、黄人、王文濡等编,上海国学扶轮社1910年石印本,北京出版社1996年3月影印(全3册),涵芬楼排印本

此书凡五集,共收录作者1356家,文章1万余篇(明末遗民~同治、光绪朝)。旨在反映有清一代政教风尚和学术思想之变迁。

《古文辞类纂》75卷　〔清〕姚鼐编,嘉庆时康绍庸刻初稿本,光绪二十七年(1901)李承渊求要堂刊本(有评注,有圈点,又加句读),《四部备要》本,世界书局1935年版,中国书店1986年版

书成于清乾隆四十四年(1779)。选录从战国至清初的文章700余篇,分为论辨、序跋、奏议、书说、赠序、诏令、传状、碑志、杂记、箴铭、颂赞、辞赋、哀祭等13类。所选多为名篇。书有"序目",对各类文体的区别和源流作了简明介绍,并提出"神、理、气、味、格、律、声、色"八字,从中可以看出桐城派论文的宗旨。

《续古文辞类纂》34卷　〔清〕王先谦编,清光绪八年(1882)王氏刻本,思贤讲舍本,商务印书馆排印本,浙江古籍出版社1998年据1917年上海会文堂书局刊本缩印本

刊本均与姚书合刻,题为《正续古文辞类纂》。选录乾隆以后至道、咸间古文家的作品凡39家。分类基本上依照姚书而小变其例。目录后附"姓名爵里志略",简述诸家生平事迹及著作。

《续古文辞类纂》28卷　〔清〕黎庶昌编,清光绪二十一年(1895)刻本,《四部备要》本

凡三编:上编3卷,选经、子;中编15卷,选史;下编10卷,选方苞、刘大櫆前后之文。总计449篇。自序称,选录文章,品藻次第,皆以曾氏(国藩)之说为依据。分类上,增设"叙记"、"典志"二门。

《二十世纪中国散文大系》　张志欣、何香久主编,河北教育出版社2001年5月出版前10卷

拟出20卷,前10卷为近现代部分,后10卷为当代部分。前10卷上起郑观应、何家琪、樊增祥、黄遵宪,下迄张爱玲、无名氏(卜乃夫)。选文标准是"在思想上要求摆脱奴性的枷锁,追求生存的社会环境逐渐趋于平等和自由的合理状态;在艺术上则要求运用真率、深情和清新有力的文字,表现出自己的精神与心灵来"(林非序言)。

六、骈　文

《四六法海》12卷　〔明〕王志坚编,明天启刻本,清乾隆修补本,广州重刻本

选录魏晋至元代的骈文，分类编纂。所选多取骈散相兼，不甚拘于对偶。每篇之末，或笺注本事，或考证异同，或胪列始末。能大致反映四六文的源流正变。

《骈体文钞》31卷 〔清〕李兆洛编，清道光间合河康氏刊本，《四部备要》本，上海书店1988年版

选录晚周至隋的作品，分为三编：上编18卷，包括17类，共309篇，"皆庙堂之制，奏进之篇"；中编8卷，包括8类，共219篇，皆为"指事述意之作"；下编5卷，包括5类，共246篇，"多缘情托兴之作"：总计774篇。每编之后有小序，三编之后有总序。可以从中看到骈文的流变。

《六朝文絜》4卷 〔清〕许梿评选，清道光间许氏写刻本，《四部备要》本，中华书局上海编辑所1962年排印本

选录晋、南北朝、隋代36家的骈文72篇，分为18类。由此可以窥见六朝文章之精要。编者加有评语及圈点。清人黎经诰有《六朝文絜笺注》，上海古籍出版社1962年8月版。

《骈文类纂》46卷 〔清〕王先谦编，清光绪间刻本，浙江古籍出版社1998年据思贤书局1902年版影印

选录自先秦迄清末的骈文，仿姚氏《古文辞类纂》体例，前有序目，简述各类文章的特色，兼评前人创作之得失。选文的标准，注重雅洁，反对浮艳。

【《中国骈文通史》 于景祥著，吉林人民出版社2002年1月版。本书"详尽地阐述了骈文的滥觞、萌芽、形成、鼎盛、蜕变、衰落、复兴，以及再度衰变的全过程，清楚地勾勒出骈体文发展、演化的脉络，理清了它的流变线索，并对各个阶段中骈文的风貌特色，作了相当细致而出色的描绘"（卞孝萱序言）。】

七、小　说

《太平广记》（500卷　目录10卷） 〔宋〕李昉等奉敕编，明嘉靖四十五年（1566）右都御史无锡谈恺校刻本，人民文学出版社1959年排印本，中华书局1961年校订本

因书成于宋太宗太平兴国年间，故名。采录自汉至宋初的小说、笔记、稗史等475种，保存了大量的古小说资料。其中引用的书，大半已经散佚、残缺或被后人改窜，赖此书得以考见。全书分92类，150余细目。

【《太平广记索引》 王秀梅、王泓冰编，中华书局1996年6月版。包括引书、篇目、人名三部分索引。】

《旧小说》 吴曾祺编，商务印书馆1914年版，1957年版

选录汉魏至明清各代的文言小说，包括有情节的故事、传说、轶闻、寓言，甚至旁及博物知识等。

《古小说钩沉》　鲁迅辑，人民文学出版社1951年版

共辑录古小说36种，隋唐以前散佚的小说主要部分都已入录。是研究古代小说，特别是魏晋南北朝小说的重要文献。

《唐宋传奇集》　鲁迅辑，人民文学出版社1952年版，文学古籍刊行社1956年版

收录唐传奇32篇，编为5卷；宋传奇13篇，编为3卷。取材于《太平广记》、《文苑英华》、《青琐高议》、《百川学海》、《说郛》、《文房小说》、《资治通鉴考异》、《琳琅秘室丛书》等八种书，并经过审慎地校勘，是唐宋传奇的一部高质量的校录本。

《唐人小说》　汪辟疆校录，神州国光社1929年版，古典文学出版社1955年修订本，中华书局上海编辑所1959年重印本，上海古籍出版社1978年2月新1版

分上下二卷：上卷录单篇30篇，下卷录专著中的单篇38篇。每篇后附有作者简历、故事源流演变的简介及有关考证，还附录了一些与作品有关的材料。

《历代小说笔记选》　江畬经辑，商务印书馆1934年版，上海书店1984年影印本

选辑汉至清末笔记小说200多种，多为历代笔记名作。

《汉魏六朝笔记小说大观》　上海古籍出版社编，上海古籍出版社1999年12月校点排印本

收汉魏六朝笔记小说21种。

《唐五代笔记小说大观》(上、下)　上海古籍出版社编，上海古籍出版社2000年3月校点排印本

收唐五代笔记小说39种。

《宋元笔记小说大观》(全6册)　上海古籍出版社编，上海古籍出版社2001年12月校点排印本

收宋元时期笔记小说69种。

《古体小说钞》　程毅中等编，中华书局2001年4～6月版

分宋元卷、明代卷、清代卷三部，专收与近体小说相区别的古体小说。竖式标点排印。

《中国近代小说大系》　王继权等编，江西人民出版社1988年起出版

选收从1840年前后至五四前夕主要的、有影响的、有代表性的小说作品。横排标点本，附插图若干。

八、尺 牍

《尺牍新钞》〔清〕周亮工辑,上海杂志公司1935年版,岳麓书社1986年版

《唐宋十大家尺牍》14卷　文明书局辑,上海文明书局石印本

收唐代韩愈、柳宗元两家,宋代欧阳修、苏洵、司马光、曾巩、王安石、苏轼、黄庭坚、吕祖谦八家。从各家专集中选出其书信体散文,汇辑而成。

《明清十大家尺牍》11卷　文明书局辑,上海文明书局1921年石印本

收明代王守仁、归有光两家,清代钱谦益、顾炎武、侯方域、尤侗、方苞、姚鼐、吴锡麒、王韬八家。

《近代十大名人尺牍》(全2册)　上海新文化书社1935年版

《分类历代尺牍选粹》　姚汉章等编,北京图书馆出版社2003年12月版

【《中国尺牍文学史》　赵树功著,河北人民出版社1999年11月版。】

九、敦煌文献

《敦煌曲子词集》　王重民辑,商务印书馆1950年1月出版,1956年12月新1版

《敦煌变文集》(上、下)　王重民等编,人民文学出版社1957年8月版

《敦煌变文校注》　黄征、张涌泉校注,中华书局1997年5月版

所收变文包括《敦煌变文集》的大部分,并增辑俄罗斯、日本,及台湾地区等地所藏变文写本,凡7卷86种。校注保留了《敦煌变文集》的所以校记,并吸收潘重规《敦煌变文集新书》、徐震堮《敦煌变文集校注补正》及《再补》、蒋礼鸿《敦煌变文字义通释》等的成果。末附所引变文补校论著目录和语词索引。

《敦煌歌辞总编》(全3册)　任半塘编著,上海古籍出版社1987年12月版

收录敦煌歌辞约1300首。每首后均附详细的校语。

【《敦煌歌辞总编匡补》　项楚编著,台湾新文丰出版公司1995年版。】

《敦煌诗集残卷辑考》　徐俊纂辑,中华书局2000年6月版

上编为《敦煌诗集残卷辑考》,下编为《敦煌遗书诗歌散录》,对敦煌遗书中残存的诗集、诗钞写本和僧俗杂写中的零散诗篇,予以辑录和考证。

《敦煌愿文集》　黄征、吴伟编校,岳麓书社1995年11月版

愿文为祈禳灾疫的文字。本书校录271个卷子中的约600篇愿文,分类编排。末附《敦煌愿文研究目录》。

《敦煌大藏经》(全63册)　徐自强、李富华编,星星出版公司、前景出版社1990~1991年版

前60册为汉文佛经,后3册为梵文,粟特文、于阗文、回鹘文、吐蕃文等佛经。

《敦煌宝藏》(全140巨册) 黄永武编辑,台湾新文丰出版公司1981~1986年新印

1~55册为英国图书馆藏本,56~111册为北京图书馆藏本,112~135册为法国国立图书馆藏本,136~140册为散卷。这是迄今为止收集影印最全的敦煌文献合集。

《敦煌文献分类录校丛刊》 周绍良主编,江苏古籍出版社1996~1998年版

包括《敦煌天文历法文献辑校》、《敦煌赋汇》、《敦煌表状笺启书仪辑校》、《敦煌社邑文书辑校》、《敦煌佛教经录辑校》、《敦煌〈论语集解〉校证》、《敦煌契约文书辑校》、《敦煌变文讲经文因缘辑校》(上、下)、《敦煌医药文献辑校》、《敦博本禅籍录校》10种。每种均包括定性定名定年、原件录文、题解或说明、校勘记四部分。

十、流行极广的选本

《古文观止》 〔清〕吴楚材、吴调侯编,中华书局1959年9月新1版,1982年排印本

选收周代至明末的文章222篇。以时代为经、作家为纬编排,使人如读各家选集,容易产生兴味。

《唐诗三百首》 〔清〕蘅塘退士(今人考定为孙洙)编,清咸丰二年(1852)小石山房刻本,喻守贞编注本,金性尧新注本,上海古籍出版社1980年9月第1版

此书选出唐代75位诗人(外加无名氏2人)的300余首诗,按五古、七古、五律、七律、五绝、七绝、乐府分体编排。入选者,大多是唐代的著名诗人与著名作品,有一定代表性,并适当注意了可接受性。

《宋诗选注》 钱锺书选注,人民文学出版社1958年9月版

钱先生编选此书,是从宋人各类总集、别集中直接辑选,并参考了他的《宋诗纪事补正》。选本有明确的编选标准,"既没有鲜明地反映当时学术界的'正确'指导思想,也不爽朗地显露我个人在诗歌里的衷心嗜好"(《模糊的铜镜》)。此书是一本极有特色的诗歌选本。可与程千帆《宋诗精选》(江苏古籍出版社1992年12月版)参读。

《唐宋词简释》 唐圭璋选释,上海古籍出版社1981年7月版

唐圭璋先生是现代词学名家,他在日常研习、教学之余选编出唐词56首,宋词176首,每首均拟出简明赏析。本书选评均极精当,是古典词学入门必读

书。另俞平伯有《唐宋词选释》(人民文学出版社1979年版),可与之对读。

《先秦文举要》 高步瀛选注,胡俊林点校,中华书局1991年9月版

精选先秦散文19篇,为之注音、释义、串讲、概括段意、剖析笔法。高先生选注有三个方面的特色:“一是标举众说校勘按断,有利于读者择善而从”,“二是认真交代典章制度,可帮助读者加深理解”,“三是详细辑录相关资料,以便于读者参照验证”(胡俊林点校后记)。高先生另有《两汉文举要》、《魏晋文举要》、《南北朝文举要》、《唐宋诗举要》、《唐宋文举要》等。

《晚清文选》(全3卷) 郑振铎编,生活书店1937年版,上海书店1987年6月据以影印,中国社会科学出版社2002年9月横排版

收录晚清政治、文学、史学、哲学等方面的名文480篇。自林则徐至陈天华共129人。本书一为保存史料计,一则可见选家独特的品位与眼光,突出反帝、爱国、革命、图强的精神。

第十四讲　国外中国学文献

古人云："它山之石，可以攻玉。"我们研究中国学问，应当尽可能多留意并借鉴国外学者的有关研究成果和国外汉籍的相关资源。正因如此，"国际汉学"、"域外汉学"、"国外中国学"等学科领域日益兴盛。正如有的学者指出："汉学或者中国学作为'异域之眼'，给我们提供了不同的背景下观察中国的视角，也给我们提供了另一些理论、方法和思路，那些优秀的中国学著作确实有很多有益的启迪，那些东洋西洋焚膏继晷研究另一种文化的中国学家也确实值得尊敬，我自己就在他们的著作中学到了很多知识和方法。"（葛兆光《域外中国学十论》语）

国外对中国的研究过去主要侧重于对中国的语言、文学、历史、哲学、考古等人文学科的研究，学界称为"国际汉学"；而目前已经有了更广的范畴和内涵，更侧重于经济、政治、文化、民族、社会、教育、艺术、军事、外交等领域，并产生了大量颇有影响力的研究成果，学界倾向于称为"国外中国学"。这些研究成果已在我国引起越来越广泛的重视，使"国外中国学"在我国学术界成为一个备受关注的热点和独立的研究领域。在这样的背景下，四川外国语学院率先于1991年成立了国外中国学研究所，由此，该学科在国内不断壮大，至2004年，中国社会科学院也成立国外中国学研究中心。

我们这里提供若干查找国外中国学文献的重要线索，挂一漏万，以期同道垂教，可望陆续增益。

一、常用的手册

《近三十年国外"中国学"工具书简介》　冯蒸编著，中华书局1981年6月版

收录近千种社会科学工具书，大致反映70年代末以前国外工具书的编纂出版情况。重要书目有简介并注明收藏单位。

《国外工具书指南》　陆伯华等编辑，中国学术出版社1984年6月版

收录综合类及社会科学类外文工具书2000余种，包含一部分中国学工具书。主要条目有内容提要。

《国外社会科学工具书要览》 邵献图主编，北京大学出版社 1992 年 12 月版

收录以英文为主，旁及法、德、俄、日文等，共计约 1100 种。

《美国中国学手册》 中国社会科学院情报研究所编，中国社会科学出版社 1981 年 9 月版

由以下 9 部分组成：前言，美国的中国学家，美籍华裔中国学家，美国研究中国的机构，美国资助中国学研究的基金会、奖学金和补助金，美国收藏中文资料的图书馆，在美出版的中国学书目，美国经常发表研究中国问题文章的期刊，美国中国学大事记（1776～1979）。

《俄国苏联中国学手册》（上、下） 中国社会科学院情报研究所编，中国社会科学出版社 1986 年 7 月版

介绍俄国和苏联的中国学家 700 余人及其著作，以及主要学术机构及其活动，并附有关中国问题书目。

《国际汉学漫步》（上、下） 李学勤主编，河北教育出版社 1997 年 8 月版

对外国现代 16 位著名汉学家及其学术成果进行论述评介，每人一篇。

二、书目及索引

《汉学书目》（全 5 册） ［法］高第（Henri Cordier）编，1904～1924 年版

收录 17 世纪至 1921 年用西方文字撰写的有关中国的专著和期刊论文，以及中国古代名著的译文，著录较详。是一部能较为全面地反映早期西方学者从事中国研究状况的书目。

《西方汉学书目》 袁同礼编，美国耶鲁大学出版社 1958 年版

是高第《汉学书本目》的续编，收录 1921～1957 年出版的英、法、德文有关中国的论著 18000 种，但不收期刊论文。分类后按作者姓名排序。

《中国书目》 ［苏］斯卡奇科夫编，苏联东方文献出版社 1960 年版

收录 1730～1957 年出版的俄文中国学文献。共著录了专著、论文及中国作品的俄译本 19557 种（重要者有简介），分类编排。

《汉学研究提要目录》 ［法］龙彼得（Piet van der Loon）主编，莫顿公司 1957 年开始出版

是不定期连续出版物。每辑收录一年报中发表的各国中国学论著提要，约 500 篇。提要用英文或法文撰写，分类编排。第 1 辑收录 1955 年论著 473 种，有中译本，由中华书局出版；1980 年出版的第 12、13 辑合刊，收录 1966～1967 年论著约 1000 种。

《汉学索引总目》 郑恒雄编，台湾学生书局 1975 年版

收录清末至 70 年代国内外出版的中文索引及外文有关汉学索引 790 种

（包括报刊索引398种、书籍索引376种、西文汉学索引16种）。

《近代中国社会研究论著类目索引》（全3卷） ［美］施坚雅（W. Skinner）主编，美国斯坦福大学出版社1973年版

第1卷：西文篇1644～1972，收20多种文字（不包括俄文）的西方文献13057种；第2卷：中文篇1644～1969，收录11215种；第3卷：日文篇1644～1971，收录7169种。三卷共收录31441种文献，是从9万多种文献中筛选出来的，包括图书、期刊论文、研究报告、学位论文以及专著中的有关章节。每卷各自分类编排。

《外文期刊有关中国论文索引》 ［英］勒斯特（J. Lust）编，英国剑桥赫弗尔公司1964年版

收录西方1920～1955年期刊、文集、论丛、会议录等1000多种出版物中有关中国的论文19734篇（也包括科技方面的内容），分类编排。书末附著者索引和主题索引。

《关于中国之博士论文：西方语言之参考书录》（全2卷） 美国华盛顿大学出版社1972～1978年出版

第1卷（1945～1970）L. Gordon和F. Shulman编，收录美、英、法、联邦德国等国大学和一部分苏联大学的博士论文2217件；第2卷（1971～1975）F. Shulman编，收录近2000件。按内容分类编排。

《中国留美同学博士论文目录》（1905～1960） 袁同礼编，华盛顿中美文化社1961年出版

《中国语学文献目录》（全2册） 中国语学研究会编，日本光生馆1951～1963年版

收录1945年8月至1961年12月间日本学者的论文、专著和书评较为完备。

《中国文学研究文献要览》（1945～1977，战后编） ［日］吉田诚夫等编，1979年出版

收录日本学者研究中国文学的文献题录12074条。

《论古代中国》（1965～1980年日文文献目录） 周迅编，书目文献出版社1983年3月版

收录日文论著1万多种（篇）。依论文和专著两部分各分类编排。

《国外研究中国问题书目索引》（1977～1978） 北京图书馆、中国社会科学院情报研究所编，书目文献出版社1981年版

从英、法、德、日、俄五个文种的319种期刊中选收社会科学方面1977～1978年国外论文题录4081条和1974～1978年有关书目1903条。标题均译成中文。书目附北京图书馆索书号。

《国外出版中国近现代史书目》(1949～1978) 杨诗浩、韩荣芳编,上海人民出版社1980年版

收录国外著作(包括香港出版的外文著作)约3500种,分为总论、通史,政治,军事,经济,文化,外交,传记、回忆录,史料集、参考书目,共8类。

《日本研究中国现当代文学论著索引》(1919～1989) 孙立川、王顺洪编,北京大学出版社1991年8月版

收录日本学者研究中国现当代文学的文献目录8000余条。末附《日本研究中国文学工具书、资料和书目》、《日本研究中国文学相关杂志一览》。

《东洋学文献类目》(年刊) 日本京都大学人文科学研究所编刊,1934年起出版

原名《东洋史研究文献类目》(1946～1950年合刊1册),1961年改名《东洋学研究文献类目》,1963年改用现名。每年一期。此刊是关于亚洲各国的综合性社会科学书目索引,以中国学文献为主。

《国外社会科学论文索引》(双月刊) 中国社会科学院文献情报中心编,1979年下半年开始出版

这是重要期刊论文的题录检索刊物,收录英、俄、日等7个语种的文献。原有"国外中国研究"类目。1985年起取消这一类目,改分入各学科中。现收录期刊已达800余种(该所均入藏),年累积报道量约13000篇。

《国际汉学著作提要》 李学勤主编,江西教育出版社1996年6月版

对113部国外汉学著作作了内容提要,其中大部分至今未见中译本,由此大致勾勒出了20世纪国际汉学的发展轮廓。末附《二十世纪英美汉学界中国思想史研究的变化趋向》、《二十世纪日本的中国学简述》、《二十世纪德国汉学概说》三文。

《儒学走向世界文献索引》(上、下) 陈光林主编,齐鲁书社2003年6月版

收录自1392～2000年间日本、朝韩、英法德俄等国的儒学研究书目,按年代先后编排。

《华侨华人研究中文书目》 徐斌编,厦门大学出版社2003年9月版

收录近代以来海内外出版的有关华侨华人问题研究的中文书目4320条。其中相当一部分出版在港台及海外。

《日本儒学研究书目》(上、下) 林庆彰等编,台湾学生书局1998年7月版

收录上古至1998年6月间日本儒学之原典,和日本本土及世界各地研究日本儒学之专门著作和部分单篇论文。

【《日本研究经学论著目录》(1900～1992) 林庆彰主编,台湾中研院文哲研究所筹备处1993年10月版。】

《日本见藏中国丛书目初编》 李锐清编著,杭州大学出版社1999年1月版

收录日本16所著名图书馆、文库的典藏丛书,共计2400余条。末附书名、别名、作者索引。此为《日本文化研究丛书》之一。

《朝鲜时代书目丛刊》(全9册)　张伯伟编,中华书局2004年10月版

收录朝鲜时代(1392~1910)的用汉字撰写的与中国典籍相关的目录学著作(个别下延至1944年)26种,分为王室书目10种、地方书目8种、史志书目5种、私家书目3种。末附书目载录文献索引。

《朝鲜时代汉语教科书相关论著目录》　汪维辉编,中华书局2005年1月版

收入《朝鲜时代汉语教科书丛刊》(全4册)。该丛书收录以下10种教科书:《原本老乞大》、《老乞大谚解》、《老乞大新释》、《重刊老乞大谚解》、《朴通事谚解》、《朴通事新释谚解》、《训世评话》、《华音启蒙谚解》、《你呢贵姓》、《学清》。

三、资料汇编

《外国研究中国》　中国社会科学院情报研究所编,第1辑商务印书馆1978年出版,第2~4辑中国社会科学出版社1979~1980年出版

着重介绍国外研究动向、研究机构、学术会议、学者、论著等。

《港台及海外学者论传统文化与现代化》　姜义华、吴根梁、马学新编,重庆出版社1988年11月版

汇录叶启政、余英时、成中英、韦政通等著名学者的早期名文28篇。

《中国古典文学在国外》　宋柏年主编,北京语言学院出版社1994年10月版

分先秦、两汉魏晋、唐代、宋元、明代、清代六编,着力叙述中国文学对外国的流播和影响。

《海外中国语言学研究》　石锋编,语文出版社1994年12月版

收录10篇报道海外语言学研究情况的专文。

《汉语研究在海外》　石锋编,北京语言学院出版社1995年6月版

收录王士元等论文5篇,访谈录3篇,并综论日本、法国、澳大利亚、荷兰、韩国的汉语研究6篇。

《汉学研究之回顾与展望》(上、下)　林徐典编,中华书局1995年9月版

收录了《汉学研究在中国》、《汉学研究在新加坡》、《汉学研究在法国》、《汉学研究在澳洲》等文章。

《当代海外汉学研究》　许惟贤、王相宝主编,江苏人民出版社1997年11月版

汇集20世纪八九十年代28位海外学人的论文。

《海外汉学研究——汉学在20世纪东西方各国研究和发展的历史》　刘正著,武汉大学出版社2002年9月版

分别以语言学、文字学、历史学、宗教学、思想史为中心,缕述现代东西方各国汉学研究的概况。

《国外中国学研究》 张良春主编,漓江出版社1991年5月起出版

《国外汉学史》 何寅、许光华主编,上海外语教育出版社2002年3月版

本书介绍和研究了国外汉学滥觞和酝酿、确立和发展、从传统“汉学”到现代“中国学”的全过程。末附《国外主要汉学机构》、《国外汉学家名录》等。

《国外西藏研究概况》(1949～1978) 冯蒸编,中国社会科学出版社1979年版

《日本学者研究中国史论著选译》 刘俊文编,中华书局1992～1993年版

分通论、专论、上古秦汉、六朝隋唐、五代宋元、明清、思想宗教、法律制度、民族交通、科学技术10卷。

《法国当代中国学》 [法]戴仁主编,耿昇译,中国社会科学出版社1998年8月版

收录法国的中国学研究史、法国当代中国学研究大师、法国对中国各学科的研究、法国各大学与科研机构的中国学研究、法国的中国学刊与图书文献中心等方面的论文40篇。末附《法国中国学家名录》。

《德国的汉学研究》 张国刚著,中华书局1994年7月版

介绍了自17世纪传教士时代至今德国汉学的历史发展情况,末附《德语国家中国学家小传》、《德语国家的大学汉学系简介》、《德国汉学研究丛书简介》。

《瑞典汉学史》 张静河著,安徽教育出版社1995年8月版

介绍了瑞典300年来汉学研究的历史概括。

《中西语言文化大事年表》 姚小平编,收入《17～19世纪的德国语言学与中国语言学》,外语教学与研究出版社2001年1月版

《日本中国学史》 严绍璗著,江西人民出版社2001年5月版

本书系统地阐述和研究了中国文化向日本传播的历史。

《日本汉学史》 李庆著,上海外语教育出版社2002年7月起出版

预计分五部,细致评述日本汉学的起源和确立(1894～1918)、成熟和迷途(1919～1945)、转折和发展、新的兴盛、变迁和展望,现已出版前三部。

《美国战后中国学》 王建平、曾华著,东北大学出版社2003年版

针对发轫于20世纪60年代、繁荣于90年代的美国的汉学进行研究,力求勾勒出美国汉学40年的发展脉络,评述其研究成果,并将美国汉学对于中国学者的借鉴进行评估。

《美国中国学史研究——海外中国学探索的理论与实践》 朱政惠著,上海古籍出版社2004年7月版

收集了作者自1986年至2004年撰写的学术论文和学术考察记近20篇。

四、传记、人名辞典

《日本的中国学家》 严绍璗编，中国社会科学出版社1980年版

共收入1105人，对每一人物均有简介，并附有其主要著作的目录。共辑入中国学著作10345种，侧重于50年代以来的成果。按人名的汉语拼音音序编排。

《北美汉学家辞典》 安平秋、[美]安乐哲主编，人民文学出版社2001年5月版

共收美国、加拿大当前从事汉学研究的学者500余人。每条均列个人简历、治学范围、主要论著、现今所在机构和联络办法等。

《近代来华外国人名辞典》 中国社会科学院近代史研究所编译室编，中国社会科学出版社1981年12月版

收录与中国近代史有关的来华外国人名2000余个，其中汉学家较多。

《中外敦煌学家评传》 陆庆夫、王冀青主编，甘肃教育出版社2002年12月版

分别评价了中国、日本以及欧美各国的已故敦煌学家29人（其中日本9人、欧美各国10人）。

五、期　刊

《国际汉学》 任继愈主编，商务印书馆1995年1月出版第1辑，大象出版社1998年10月出版第2辑，至2004年3月已出版第10辑

《汉学研究》 阎纯德主编，中国和平出版社出版。第一集1996年9月第1版；第二集1997年8月第1版；第三集1999年1月第1版，至2004年已出版第八集

《法国汉学》 [法]龙巴尔、李学勤主编，清华大学出版社1996年8月起出版，至1999年12月第四辑起由中华书局出版，至2004年12月已出版第九辑

《世界汉学》 刘梦溪主编，中国艺术研究院中国文化研究所编辑，1998年5月起出版，每年2期

《中国学研究》 吴兆路等主编，济南出版社出版，至2003年10月已出版第6辑

《国际汉学集刊》 陈学超主编，中国社会科学出版社2004年9月出版第一集

《域外汉籍研究集刊》 张伯伟主编，中华书局2005年5月出版第一辑

第十五讲　利用计算机检索资料

现代社会的一个重要特征便是“信息爆炸”。信息，与物质和能源并列构成世界的三大要素。有资料显示，全世界传递的信息量以每天近一百亿信息单元的速度递增，并以15%至20%的加速度不断发展。近30年来，人类生产的信息已经超过过去5000年信息量的总和。据英国技术预测专家詹姆斯·马丁考察所得的结论：人类的知识在19世纪是每50年翻一番，20世纪是每10年翻一番，至70年代以后每5年翻一番，而近十年来竟达到每3年翻一番。照这样的增长速度，一个人一生所阅读到的资料在茫茫“书海”中连沧海一粟或许都够不上。就传世的中国古籍来说，现存古籍的数量已超过10万种（据曹之《中国古籍版本学》），仅《四库全书》、《续修四库全书》、《四库全书存目丛书》、《四库未收书辑刊》和《四库禁毁书丛刊》五部国家级综合类丛书所收，已逾1万种。这个数字对于一个科研工作者来说已经是惊人的了。因此，不能掌握一种快捷的资料检索方法，便不可能及时找到自己所需要的信息。

前几讲我们主要介绍了查检纸质文献的各种途径与方法，但是，现代社会信息的载体已经大大超出了纸质文献的范围，大量信息的传递则是以电子数据的形式通过网络来传播。尤其是“古籍数字化”时代的到来，使传统清儒皓首穷经式的国学研究方法无法最高效地发挥作用。这样，就要求新一代的学人们能够熟练地利用计算机，通过互联网进行资料检索，以期收到事半功倍的效果；尤其是在收集近些年内的文献资料时，我们更应该学会很好地利用计算机网络进行文献检索。

信息时代的到来已经给学术研究涂上了显著的现代色彩。

一、使用重要的学术网站

1. 利用图书馆的网站或网页

从网上检索文献首先应该充分利用各图书馆的网站或网页。如通过南京大学图书馆网页（http://lib.nju.edu.cn）便可以获悉南京大学图书馆的基本信息和藏书情况，分为“读者需知”、“读者信息”、“读者培训”、“参考查询”、“文献资源”、“读者服务”等部分,点击“书目查询”便可以通过各种途径查找有关藏书信息。同时,点击“文献资源”下列纸质书刊、新书目录、电子期刊、常用软件、网络资源、跨库检索、光盘资源、学位论文、音像制品、视频点播等项,点击“网络资源”可以获得“中文社会科学引文索引”、“CNKI 学术期刊”、“西文期刊篇名目次数据库”、“中国法律大全”、“人大报刊复印资料”、“中央大学、金陵大学期刊全文检索系统”、“EBSCO 联机全文期刊数据库”等多种数据库检索系统;点击“跨库检索”,可以获得“南京大学图书馆网络数据库一站式检索系统”,下含“CNKI(中国学术期刊全文数据库)”、“VIP(中文科技期刊全文库)”、“UNCOVER”、“elsevier”、“Nature”、“kluwer”、“全国报刊索引数据库 2002”、“中国近代期刊篇目数据库”、“诉讼法文献索引及全文数据库”、“人大书报资料综合索引其他类”、“人大书报资料复印全文目录索引(78 ~ 98)”、“经济学管理学论文题录”、“人大 1998 ~ 2001 年索引总汇”等数据库。另外,通过该网页,也可以联结到“中国教育和科研计算机网”、“江苏省高校书刊联合目录”、“中国高等院校”、“中国公共图书馆信息资源”、“中国大学图书馆信息资源”等校外相关搜索系统。

其他重要的图书馆网站或网页有:

中国国家图书馆:http://www.nlc.gov.cn/

上海图书馆:http://www.library.sh.cn/

中国数字图书馆:http://www.d-library.com.cn/

上海数字图书馆:http://www.digilib.sh.cn/dl/(提供大量古籍善本图片浏览)

南京图书馆:http://njlib.jlonline.com/

北京大学图书馆:http://www.lib.pku.edu.cn/

清华大学图书馆:http://www.lib.tsinghua.edu.cn/

复旦大学图书馆:http://www.library.fudan.edu.cn/

中国教育和科研计算机网:(可用于搜索国内外各重要图书馆网站)

http://www.edu.cn/HomePage/jiao_yu_zi_yuan/list.php? listid=136

大型的数字图书馆网站有:

超星数字图书网:http://www.ssreader.com

清华大学虚拟图书馆:http://www.lib.tsinghua.edu.cn/chinese/virtual/

2. 利用网上其他重要学术网站

如“国学”网站(http://www.guoxue.com/)设国学新闻、国学入门、古籍整理、佛学研究、唐代研究、诗歌研究、小说研究、戏曲研究、古籍善本、纳兰研究、新书介绍、国学大师、国学论坛、国学诗社、国学宝典、国学图库等栏目。栏目下设相关的典籍、人物、研究者、机构、论著、研究动态、资料索引等项目。

其他学术网站举例：
锦绣中华：http://www.chinapage.com/
中国传统文化网：http://www.zwyjw.net/
中国学术城：http://xueshu.newyouth.beida-online.com/
中国儒学网：http://www.confuchina.com/
孔子2000：http://www.confucius2000.com/
中国孔子：http://www.chinakongzi.com/2550/
中华佛典宝库：http://www.fodian.net/
中国甲骨文网：http://www.cn-oracle.com/
简帛研究：http://www.bamboosilk.org/
东方语言学：http://www.eastling.org/
典籍网：http://www.cn-classics.com/
重庆维普资讯网：http://dx3.cqvip.com/
中国学术期刊网：http://www.sy.cnki.net/
中华书苑网：http://book.cnpeak.com/
五洲传媒网：http://www.cnsc.com/
中国戏曲网：http://www.dongdongqiang.com/
当当网上书店：http://www.dangdang.com/book.asp
中文研究网：http://www.zwyjw.net/

二、尝试利用网络数据库

古籍的数字化是从美国开始的，20世纪70年代末期，OCLC和RLIN首先建立了《朱熹大学章句索引》、《王阳明传习录索引》、《戴震原善索引》等数据库。国内利用计算机进行古籍整理和数字化开始于台湾。如台湾中研院（http://www.sinica.edu.tw/）的汉籍电子文献"瀚典全文检索系统"：http://www.sinica.edu.tw/~tdborih/handy。这是我国开发最早的古代典籍资料库，可以进行全文检索。资料库分史书、经书和子书、宗教文献、医药文献、文学和文集、政书类书和史料汇编六大类，合计字数达1亿多字，并每年以至少1000万字的速度增长。资料分为免费部分和收费部分。

又如"中国期刊网全文数据库"，收录国内6600多种期刊的全文，覆盖文、理、经、医等各学科，分为108个专题库，提供篇名、作者、关键词、机构、中文摘要、引文、基金、全文、中文刊名等多条检索途径。其网上数据每日更新。

其他重要的网络学术数据库有：

（1）台湾图书馆（http://www.ncl.edu.tw/）的古籍文献资料网"古籍影像

检索系统”:http://rbook.hyweb.com.tw/

(2) 台湾“故宫博物院”(http://www.npm.gov.tw/)的“寒泉古典文献全文检索资料库”:http://libnt.npw.gow.tw/s25/index.htw

(3) 台湾大学中华电子佛典线上藏经阁“大正藏”全文检索
http://ccbs.ntu.edu.tw/cbeta/result/search.htm

(4) 台湾历史语言研究所“简帛金石资料库”:
http://saturm.ihp.sinaca.edu.tw/`wenwu/search.htm(杨琳《古典文献及其利用》详细列出该库所收67种资料目录。)

(5) 台湾汉学研究中心经学研究论著目录资料库:
http://ccs.ncl.edu.tw/topic_03.html

(6) 台湾汉学研究中心敦煌学研究论著目录数据库:
http://ccs.ncl.edu.tw/topic_3.html

(7) 香港中文大学中国文化研究所网站“汉达文库”:
http://www.chant.org

(8) 典籍网的“八万卷楼”:
http://www.cn-classics.coml

(9) 迪志文化公司文渊阁四库全书电子版——原文及全文检索版:
http://www.skqs.com

(10) 北京大学中文系“文献资料”:http://chinese.pku.edu.cn/wenxzl.htm

(11) 全唐宋金元词文库及赏析系统:
http://202.119.108.211/Ci-ku/Ci-wk-fm.htm

(12) 中华佛典宝库网站:http://www.fodian.net

三、借助重要的搜索引擎

搜索引擎是网络信息检索的重要工具。任何资源、信息,诸如书名、人名、地名、事物等等,通过搜索引擎一般都可以获得相关的信息。当我们检索资料时在没有得到其他查找途径的情况下可以首选搜索引擎方式,它往往可以给您开启一栓窗户,给您提供一块路标。可以首选的比较重要的搜索引擎有:

(1) http://www.google.com

(2) http://www.yahoo.com

(3) http://www.baidu.com

(4) http://e.pku.edu.cn

(5) http://www.sohu.com

(6) http://www.sina.com.cn

（7）http://www.cn.yahoo.com

（8）http://e.pku.edu.cn

（9）http://www.beijixing.com.cn

（10）http://www.163.com

其中，前两种多用于国际网页搜索，后八种偏重于中文网站。搜索时一般使用简单搜索即可，也可尝试使用高级检索。

四、置备光盘数据库

1.《文渊阁四库全书》电子版

由香港迪志文化出版有限公司和上海人民出版社联合出版。分为“原文及标题检索版”和“原文及全文检索版”两种。有“原文影像”和“全文文本”两种显示结果。末附电子版《四库全书简明目录》、《中华古汉语字典》、《四库大辞典》、“古今纪年换算”、“干支公元年换算”和“八卦六十四卦表”等六种辅助工具。

2.《四部丛刊》电子版

由北京书同文数字化技术有限公司、万方数据电子出版社联合出版。有“原文影像”和“全文文本”两种显示结果。设书名、著者和全文检索。

3.《国学宝典》

由北京国学时代文化传播公司尹小林研制。收录古代典籍3500多部。

4.《国学备要》

该盘收录研究人员常用的古籍280部，随文配有3000余幅插图，并内置联机字典。

5.《中国历代基本典籍库》

由国学时代文化传播公司与商务印书馆联合推出。收3000多部古籍。

6.《汉语大词典》光盘1.0版

由汉语大词典出版社和商务印书馆（香港）有限公司1997年联合研制推出。

另有《竹简帛书电脑资料库》（香港中文大学）、《历代石刻史料汇编》、《中国优秀博硕士学位论文全文数据库》、《民国时期中文图书书目数据库》、《金文字库及金文资料全文检索系统》、《战国楚文字数字化处理系统》、《古今图书集成》、《中国大百科全书》等。

五、计算机查检资料注意事项

利用计算机网络和数据库查检资料，可以收到一般的字典辞书不能达到的效果，可以发现现有的字典辞书在某些方面或多或少地存在着若干问题，诸如收词不全、义项收录不完备、释义不尽准确、义项排列失当、书证偏晚或书证文字有讹误等等。对此，学者们在实际利用的过程中已客观地指出了两者结合的可能，如刘庆荣《语料库与词典编纂》[载《上海师范大学学报（社会科学版）》2001年第3期]。但是，我们在利用计算机检索资料的过程中，同样会遇到各种麻烦和不便，其中比较常见的问题有：

第一，注意词条检索的多样匹配。同一个名称在古书中称呼方式往往不一致，检索时便要注意使用多种途径查找。如果要查检“段玉裁《说文解字注》”的相关信息，就要知道前人可以称作“段注”、“《说文》注”、“《说文》……注”、“玉裁曰”、“段氏云”等等，甚至还有称段玉裁的字“若膺”、号“茂堂”的，查检时就要从各个不同的途径多次搜索、检查。

第二，查检所得到的结果要逐条过滤。电脑只能完全按照所输入的字符进行查检，所得结果往往有许多不符合要求的，这时，我们必须依次对所得材料进行逐条分析，剔除不符合要求的部分。只有毫无遗漏的逐条过滤过的资料包，才能作为进一步研究的依据。如“兄弟”一词，在古代汉语中既可以用于男性之间，也可以用于女性之间表示姐妹，如果要查找后者的用法产生于什么时候，历代有什么变化，就要从大量包含“兄弟”的条目中逐项进行考察。

第三，要随时调整自己的检索范围。检索资料时确定查检的范围非常重要，这关系到我们进行穷尽式统计研究的质量高低。如果范围过窄，数据就会不可靠；如果范围过宽，资料数量太大，同样会阻碍研究的顺利进展。如我们在研究古汉语“是”字句的时候，需要考察“是”字由指示代词转变成系词的时代，如果不加选择地利用某个数据库，必将检索到超过千万条的例句，如果能够大概确定其转变的时代，确定若干部重要语料，查检的效率就会大大提高。

第四，对查检到的资料务必细细核实。经过过滤得到的数据仍然不能轻易挪用到自己的科研成果中去，还必须对所查检到的资料与传世的精校精注本进行核实，核实资料时要不避繁难，耐心细致。因为古籍在流传过程中会出现大量的脱、衍、讹、误的情况，各个版本间的分歧十分明显，在后人输入电脑时又会出现新的其他误差，更不用说各种伪书、窜改等文献问题，如果未经核对或核对不够细致，资料的可信度就需要打上一个问号，这样就会严重影响到科研成果的质量。

第五,建议个人或单位在研究过程中尝试创建专项语料库。由个人或某个集体小组精心校勘若干种语料的电子本,汇集起来便可以建立某一语料的数据库。就现代汉语方面来说,国内比较大型的语料库有:武汉大学的《现代汉语文学作品语料库》,北京语言文化大学(现北京语言大学)的《〈汉语频率词典〉项目专用语料库》、《现代汉语研究语料库》和《当代北京口语语料库》,北京航空航天大学等单位的《现代汉语词频统计专项语料库》,山西大学的《现代汉语历史语料库》,北京大学计算语言学研究所的《现代汉语标注语料库》,清华大学的《现代汉语语料库》和《汉语语音合成语料库》,中国社科院语言所的《现代汉语(含方言)口语语料库》,国家语委主持的《汉语精加工语料库》,香港城市大学语言资讯研究中心的《中文五地区共时语料库》(LIVAC 语料库),台湾"中央研究院"的《现代汉语平衡语料库》等等。这些语料库是在中文信息处理、汉语语言学研究、汉语教学研究等学科的推动下逐步建立起来的,同时又可以为这些学科的进一步深入发展提供基础性支撑平台。

总之,我们对于计算机检索资料,应该建立起这样一种观念,即计算机只是辅助工具,我们需要多利用工具,擅利用工具,但也要不迷信工具,不依赖工具。工具水平的提升是人类智慧的结晶,高效率地利用工具又是人类不断实践的结果。进行学术研究,本身就是一项要求研究人员不断发挥主观能动性的过程。

【附录十三】

对　　联

一、先说对偶

对偶是汉语的特征之一。在我国最古的一部历史文献——《尚书》中，就已经出现像“满招损，谦受益”（《大禹谟》）这种极富教育意义的偶句。这样的偶句不止是《尚书》中有，而且是十三经的每部中都有。至于先秦的诸子散文，其中的偶句就更多，如《荀子·劝学》篇。（可写论文《先秦偶句研究》。）

魏晋南北朝时兴盛起来的骈文，则更是以通篇骈偶为其基本要素。到了唐代，律诗完全成熟，而每一首好的律诗中都是少不了要有两对“佳偶”的。可以说，律诗和骈文将古代汉语的特征，在声律和骈偶两个方面表现得最充分。后来常见的五七言联语就是从律诗中分化出来的，而用几个短句构成的长联则是从骈文中分化出来的。

但骈文和律诗中的偶句却并非就是对联。

二、什么是对联

对联＝对仗工整、音调铿锵的联语＋与之相适应的书法艺术＋公开地悬挂在相应的场合。

这样的对联起源于何时？

清代梁章钜《楹联丛话》卷一：“尝闻纪文达（昀）师言，楹帖始于桃符。蜀孟昶‘余庆长春’一联最古。但宋以来春帖子多用绝句，其必以对语朱笺书之者，则不知始于何时也。按《蜀梼杌（táo wù）》云：蜀未归宋之前一年，岁除日，昶令学士辛寅逊题桃符版于寝门，以其词非工，自命笔云：‘新年纳余庆，嘉节号长春。’后蜀平，朝廷以吕余庆知成都，而长春乃太祖诞节名也。此在当时为语谶，实后来楹帖之权舆。但未知其前尚有可考否耳。”

《说郛》卷十引前蜀冯鉴《续事始》：“《玉烛宝典》（隋杜台卿撰）曰：‘元日造桃板著户，谓之仙木……’即今之桃符也。其上或书神荼（shēn shū）、鬱（yù）垒（lǜ）之字。”

1996年2月17日《周末》报第11版《西窗烛》“求真录”专栏载刘仲邦《孟昶不能算撰写春联第一人》一文，援引中国楹联学会副会长常江教授的研究成果云：对联的出现可追溯至汉代，而成熟于唐代。此说可以说是较为科学的。

关于对联成熟于唐代,已有佐证。唐末福建莆田徐寅的万卷楼联“壶公山下千钟粟;延寿溪头万卷书”,以及唐末林嵩的草堂联“大丈夫不食唾余,时把海涛清肺腑;士君子岂依篱下,敢将台阁占山巅”,此外还有《霞浦县志》载的唐人陈蓬的居所联等等,都证明对联的出现早于孟昶联100年以上。再者,甘肃莫高窟藏经洞近年出土的《敦煌遗书记》中有“三阳始布,四序初开”、“铜浑初庆垫,玉律始调阳”、“门神护卫,厉鬼埋藏”等对联,这些对联都是在“岁日”、“立春”时写的,而且是“书门左右”(写在大门的左右两边)的,又基本符合对联的格律,当视为最早的春联无疑。这些春联写于703年,比孟昶的题桃符联早240年。

对联滥觞于唐以前的元日桃版,形成于唐代,盛行于南宋以来,至今仍有生气。它是我国文艺史上一种很独特的表现形式,在宫廷、庙宇、官府、学校、名胜、住宅等处无所不有。用来劝勉、评论、庆祝、哀悼、题咏、讽刺、抒怀等。最短的只几个字,最长的几百字。多数是自撰,亦可集前人的成句。兼有普及与提高之长。其流行远远超过了匾额和诗板。

总之,对联是一种很值得我们研究和继承的文艺样式。

三、对联的写作要求

对联的写作要领可概括为16个字:对仗工稳,音韵协调,言简意赅,耐人寻味。

具体说来,是“六要”、“六忌”:

“六要”是——

上联与下联,字数要相等;

平仄要相谐(每一音步的尾字平仄相对);

词性要相同;

结构要相当;

节奏要相应(音步一致);

意趣要相投(上联和下联,意思相关联:或互补,或反衬,或“双比空辞”,或“并举人验”,即“正对、反对、言对、事对”四体)。

“六忌”是——

1. 忌平仄不谐;
2. 忌音步不齐;
3. 忌上联与下联有重复字(一句之中可以有重复;“之”、“而”等极少数虚字可以重复);
4. 忌上联气盛,下联气弱(如:明人联“气凌衡岳三千丈;心托《离骚》廿五篇”);

5. 忌合掌(如“宣尼悲获麟,西狩泣孔丘”之类,对句与出句意思雷同);

6. 忌对开(上下联意思不相关联,形成不了中心,如:曾被评为1991年9月《今古传奇》创刊十周年大征联二等奖的一联:今古传奇奇传古今古往今来传不尽中华儿女奇闻奇事奇情奇志;黑白布疑疑布白黑白攻黑守布出了棋坛英杰疑兵疑阵疑局疑招。又如:所谓绝对“五风十雨梅黄节;二水三山李白诗”)。

讨论:《应用文常识》(北京出版社1981年12月第2版)第129页上的两副婚联分别存在哪些问题?

国事事事夫妻一致同心干;
家事事事男女一心巧安排。
携手并进

1)音步不齐;
2)上联与下联有重复字,平仄不谐;
3)大部合掌。

又:

计划生育利国利家添幸福;
提倡晚婚宜男宜女好处多。
破旧立新

1)结构不相当(动宾对主谓);
2)音步不齐。

四、对联的修辞手法

1. 反复 读书好耕田好学好便好;
创业难守成难知难不难。(吴敬梓)

2. 分嵌 花学红绸舞;
径开锦里春。(郭沫若:杜甫草堂“花径”入口处草书联)

3. 比喻 栀绾同心结;
莲开并蒂花。(夏日婚联)

4. 借代 名人小说;(代“书”)
近世新闻。(代“报”)(某书报社门联)

5. 映衬 四面荷花三面柳;
一城山色半城湖。(刘凤诰:济南大明湖联)
双双瓦雀行书案;
点点杨花入砚池。

6. 双关 宰相合肥天下瘦;(李鸿章,合肥人。)
司农常熟世间荒。(翁同龢,常熟人。)
因荷(何)而得藕(偶);

有杏(幸)不须梅(媒)。

7. 排比 一楼何奇!杜少陵五言绝唱,范希文两字关情,滕子京百废俱兴,吕纯阳三过必醉。诗耶?儒耶?吏耶?仙耶?前不见古人,使我怆然涕下;

诸君试看:洞庭湖南极潇湘,扬子江北通巫峡,巴陵山西来爽气,岳州城东道崖疆。潴者,流者,峙者,镇者,此中有真意,问谁领会得来? (何绍基:湖南岳阳楼联)

8. 设问 好消息几时来?二月杏花八月桂;
实功夫何处下?三更灯火五更鸡。

9. 数字 燹前楼阁未成灰,犹剩得半折磬,一卷经,五更钟,六月凉风,三冬积雪;

雨后园林无限好,最爱是百本蕉,千条柳,万竿竹,数声啼鸟,几寸游鱼。 〔王紫仙:南京妙相庵(石达开府第)联〕

一百八记钟声,唤起万家春梦;
二十四番花信,吹香七里山塘。(苏州虎丘花神庙联)

10. 析字 二人土上坐;(金章宗以析字为出句)
一月日边明。(李妃亦以析字为对,极合身份)

11. 歇后 君子之交淡如;(《庄子·山木》:“君子之交淡若水。”)
醉翁之意不在。(欧阳修《醉翁亭记》:“醉翁之意不在酒,在乎山水之间也。”)

12. 转品 海水朝朝朝朝朝朝朝落;
浮云长长长长长长长消。(山海关孟姜女庙联)
好读书不好读书;
好读书不好读书。(徐渭)

13. 集引 愿天下有情人都成了眷属;(《西厢记》)
是前生注定事莫错过姻缘。(《琵琶记》)(西湖月老祠联)
水如碧玉山如黛;(韩愈诗句)
云想衣裳花想容。(李白诗句)

14. 出新 革命尚未成功;
同志仍须努力。(孙中山)
同志尚未成功;
革命仍须努力。(吴稚晖改)
革命尚未努力;
同志仍须成功。(周策纵再改)

五、作品举例

1. 劝勉　处世莫图虚体面；
成人须下苦功夫。（余太平）
板凳要坐十年冷；
文章不写一句空。（范文澜）

2. 评论　四体不勤，五谷不分，孰为夫子？
小疑必问，大事必闻，才算学生。（陶行知）
友如作画须求淡；
文似看山不喜平。
青山有幸埋忠骨；
白铁无辜铸佞臣。（西湖岳飞庙联）

3. 庆祝　新厦落成增秀气；
华门安居进财源。（贺新屋落成）
爱情坚贞花正好；
志趣融洽月常圆。（贺婚）
寿登大耋；
勇冠三军。（赠某老将军八十寿联）
学界巨星，医人医国，春风桃李，南海黉宫尊祭酒；
犹龙后裔，有德有才，和璧文章，锺山雅士颂名流。（南京大学祝贺李国章先生荣任香港中文大学校长）

4. 哀悼　春风化雨，传道四纪，忠血将成碧；
冬日暖人，育才三千，圣心已为模。（悼张礼训先生）
钩深致远，纵论古今中外悲喜剧，而今巨匠之风斤安在？
沥血叩心，广滋南北东西蕙兰花，自古宗师之典范永存。
（悼陈瘦竹先生）
用仁心公心论道术，立千秋典范；
以经学史学兼词章，成一代宗师。（悼程千帆先生）

5. 题咏　王者五百年，湖山犹有英雄气；
春光二三月，莺花合是美人魂。（莫愁湖胜棋楼联）

6. 讽刺　颇有几文钱，你也求，我也求，给谁是好？
不作半点事，朝也拜，夕也拜，教我如何！（财神庙联）
坐，请坐，请上坐；
茶，泡茶，泡好茶。

7. 抒怀　搜罗金石卑欧赵；

管领风骚辟杜韩。(吴伟业)(注:辟,pì,陋也。)
愿乘风破万里浪;
甘面壁读十年书。(孙中山)
与有肝胆人共事;
从无字句处读书。(周恩来)
世事沧桑心事定;
胸中海岳梦中飞。(冰心)
诗无入俗句;
胸有济世心。(谌剑平)
充海阔天空之量;
养先忧后乐之心。(任环)

六、试撰下联

上联:喜有两眼明,多交益友;
下联:恨无十年暇,快读奇书。
(注:暇,旧读去声。《广韵》:暇,闲也。胡驾切。)

(一)具体操作可分两步走

1)从总体上把握上联的意义;分音步,辨词类,析结构,别平仄。
2)确定下联意义的方面;择正反,选词语,协音步,调平仄。

(二)"功夫在诗外"

加强思想修养,加厚生活底子,多读,多作。
请看实例:

1. 上联:风吹马尾千条线;(朱元璋)
下联:雨打羊毛一片毡。(朱允炆 wén,元璋孙,建文帝)
下联:日照龙鳞万点金。(朱棣,元璋第四子,后来的永乐帝)
2. 上联:年年失望年年望;
下联:处处难寻处处寻。"春在哪里?"(李真真)
下联:事事难成事事成。"春在心中!"(郭沫若)

试对下联:
上联:能受苦方为志士;
下联:____________________。

关于横批(同对联相配的横幅):可自铸新词,也可选用成语,只要能统摄联意、深化主题,就好。

七、选录名联四条

1. 云南昆明大观楼长联(孙髯)

五百里滇池,奔来眼底。披襟岸帻,喜茫茫空阔无边!看东骧神骏,西翥灵仪,北走蜿蜒,南翔缟素;高人韵士,何妨选胜登临,趁蟹屿螺洲,梳裹就风鬟雾鬓;更蘋天苇地,点缀些翠羽丹霞;莫孤负四围香稻,万顷晴沙,九夏芙蓉,三春杨柳;

数千年往事,注到心头。把酒凌虚,叹滚滚英雄谁在?想汉习楼船,唐标铁柱,宋挥玉斧,元跨革囊;伟烈丰功,费尽移山心力,尽珠帘画栋,卷不及暮雨朝云;便断碣残碑,都付与苍烟落照;只赢得几杵疏钟,半江渔火,两行秋雁,一枕清霜。

2. 安徽怀宁县邓石如故居联(邓石如)

沧海日,赤城霞,峨嵋雪,巫峡云,洞庭月,彭蠡烟,潇湘雨,武彝峰,庐山瀑布,合宇宙奇观,绘吾斋壁;

少陵诗,摩诘画,左传文,马迁史,薛涛笺,右军帖,南华经,相如赋,屈子离骚,收古今绝艺,置我山窗。

3.《洞庭联艺》第 7 期(1997)所载《题邓小平旧居》联(刘利)

小事宏观,大事微观,成事纵横观,败事主客观,牢树英雄宇宙观。隆焉壮也!
| | – – | | – – – | | – – | | | | – – | – – | | – – – | |
深谋善断,手理万机,争朝夕,筹议维勤。忆囊昔峥嵘岁月:旅法留苏,备尝艰险
– – | | | | | – – – | – | – – | | | – – | | | | – – | – – |
话长征;中原逐鹿,桂岭打狼,淮海缚龙,巴川捉鳖。为解放鸿基,殊勋屡建。抗
| – – – – | | | | | | – – | | – – – | | | | | – – – – | | |
群魔,枉重灾,竟落得抄家削籍,乐抱初衷无悔;耿耿兮,怀萦积愤,笃行马列志
– – | – – | | | – – | | | | – – – | | | – – – | | | – | | |
弥坚。十年浩劫,几度沉浮,不减英雄本色。九州思治,回挽狂澜,净扫红羊甘
– – | – | | | | – – | | – – | | | – – | – | – – | | – – –
受命。昭雪顺民情,错冤假案全甄;洗余污,消余悸,废墟拨乱,弘扬务实精神。
| | – | | – – | – | | – – | – – – – | | – | | – – | | – –
倏闻鼙鼓乍喧,仰赖才通韬略,军威赫赫滇陲震,还我金瓯。推贤荐智,古崇尧
| – – | | – | | – – – | – – | | – – | – | – – – – | | | – –
禅舜让;惩佞诛奸,近斥江欺林篡。高风亮节,彪炳千秋,举世尊称当代伟人。
| | | – | – – | | – – – | – – | | – | – – | | – – – | | –

堂堂仪貌，秩秩德音，岱岳登峰天下小；

— — — | | | | — | | — — — | |

平时剑气，战时勇气，穷时傲骨气，达时豪迈气，素标俊彦凌霄气。卓尔康哉！

— — | | | — | | — — | | | | — — | | | — | | — — | | | — —

灼见真知，身兼数任，辨是非，指挥若定。看今辰锦绣河山：翔鸾集凤，犹记忧欢

| | — — — — | | | | — — — | | — — — | | — — — — | | — | — —

图永固；厂矿扩权，农渔包产，税盈同课，党政分工。对共和绪业，构想常抒。统

— | | | | | — — — — | | — — | | | — — | | — | | | | — — |

一国，存两制，已会签复港收濠，喜传夙愿将酬。拳拳者，腹置专诚，早合台澎心

| | — | | | | — | | — — | — | | — — — — | | | — — | | — — —

更切。廿载嘉猷，双番增殖，倍钦俊彦襟灵。亿户脱贫，振兴华夏，紧催赤骥欲

| | | | — — — — — | | — | | — — | | | — | — — | | — | | |

腾骧。律科孚众望，残陋陈规尽破；开自锢，启自封，肃弊纠偏，控占攻尖领域。

— — | — — | | | — | — — | | — | | | — | | — — | | — — | |

漫谓特区刚辟，敬蒙计盖研桑，捷报频频琼岛彰，琢斯玉璞。引技融资，外促欧

| | | — — | | — | | — — | | — — — | — | — | | | | — — | | —

交美贸；择优蕴粹，内联私贾公商。裕庶强邦，晖荣百族，环球盛赞亚洲奇迹。

— | | | — | | | — — | — — | | — — — — | | — — | | | — — |

奕奕神功，皇皇正道，乾坤转斗泰阶平。

| | — — — — | | — — | | | — —

【夏步贤评：联语以精当的文字，流畅的笔触，典雅的格调，敬仰的激情，热忱地颂扬了邓公的革命生涯和历史功绩。细品这副长联，真可与邓公一生事业两相辉映，非联坛怪杰刘利不能撰此，非世纪伟人邓公不能当此。联中所颂邓的品格、事业，桩桩件件都是新事物，故此联决非老古董、泥古派所能出手；而上下沟通，起承转折，浑然一体，不作痕迹，则受益于古文学之熏陶，故此联亦非白话派、新潮派所能拟就。难怪此联一出，不胫而走，迅即饮誉海内外。】

4. 川陕革命老区韵联（刘利）

冲散浓浓迷雾。川陕建民权，霞染红旗处处。武装群众，提高觉悟；祖祖孙孙，穷根苦水全倾吐。除奸反霸，免债减租，毁契分田，清仓退库；民权初建，定教自己当家作主！却倏传西坝会师，北疆御寇，又唱军歌离故土。拼生死，袭卡夺关，飞舟抢渡。转战忤雄韬，奔康困旅入歧途。惊回首：弹痕累累，血迹糊糊，标语条条最显露。壮举炳千秋，草地雪山，险处曾是长征路；

迎来冉冉朝阳。通巴闻捷讯，花堆笑脸洋洋。搬掉饥寒，拓展工商；行行业业，锐志豪情倍激扬。引技兴文，筹资办厂，修渠发电，养兔栽桑；捷讯频闻，肯

让他人唤凤呼凰？尤欣慰云峰采药，霜茧抽丝，屡赢妙誉播邻邦。鉴古今，脱贫创富，革旧图强。腾骧夸善策，报国英才悬重赏。喜带头：银耳晶晶，绵羔胖胖，琼楼座座更辉煌。快车驰万里，蜀沟秦岭，僻境将成永盛乡。

参考资料：

《文心雕龙·丽辞》〔梁〕刘勰撰，范文澜注，人民文学出版社 1958 年版；

《楹联丛话》〔清〕梁章钜撰，中华书局 1987 年版；

《对联话》　吴恭亨撰，喻岳衡点校，岳麓书社 1984 年 3 月版；

《笠翁对韵新注》〔清〕李渔原著，艾荫范、解保勤注释，书目文献出版社 1985 年 2 月版；

《对联格律及撰法》　孙天赦著，贵州人民出版社 1984 年 4 月版；

《对联作法》　曾伯藩著，湖南文艺出版社 1987 年 9 月版；

《对联格律·对联谱》　余德泉编著，岳麓书社 2000 年 6 月版；

《中国楹联大辞典》　裴国昌主编，江苏科学技术出版社 1991 年 1 月版。

期中试题样卷

一、列出你最喜爱的10部书（书名、作者、出版社、出版年月、版次），并为每部书名第一、二字注上四角号码。（30%）

二、试分析陆游《夜泊水村》诗在用韵、平仄、对仗、句式等方面的格律特点。（20%）

腰间羽箭久凋零，太息燕然未勒铭。
老子犹堪绝大漠，诸君何至泣新亭？
一身报国有万死，双鬓向人无再青。
记取江湖泊船处，卧闻新雁落寒汀。

三、自撰一副抒怀联。（15%）

四、反切换算：（15%）

1. 胡安切　2. 居吟切　3. 仓经切　4. 古厚切　5. 莫狄切

五、查工具书，给下列词语注音、释义：（20%）

1. 操觚　2. 丹青　3. 翰墨　4. 觍缕　5. 付梓
6. 清样　7. 版权页　8. 三教九流　9. 启示　10. 启事

期末试题

（共160份）

一、查诗文句子的出处。(10%)

1. 满招损,谦受益。
2. 举善而教不能,则劝。
3. 君子以果行育德。
4. 一德一心,立定厥功。
5. 士有诤友,则身不离于令名。
6. 民生在勤,勤则不匮。
7. 政贵有恒,辞尚体要。
8. 为政者不赏私劳,不罚私怨。
9. 华而不实,怨之所聚。
10. 君子欲讷于言而敏于行。
11. 躬自厚而薄责于人。
12. 儒有不宝金玉而忠信以为宝。
13. 有其言,无其行,君子耻之。
14. 仰不愧于天,俯不怍于人。
15. 人能充无受尔汝之实,则无往而不为义也。
16. 玉不琢,不成器;人不学,不知道。
17. 观于海者难为水,游于圣人之门者难为言。
18. 上有好者,下必有甚焉者矣。
19. 有德则乐,乐则能久。
20. 君子上交不谄,下交不渎。
21. 君子以文会友,以友辅仁。
22. 君子贵人而贱己,先人而后己。
23. 二人同心,其利断金;同心之言,其臭如兰。
24. 尊贤使能,俊杰在位,则天下之士皆悦。
25. 大匠诲人,必以规矩。
26. 不以规矩,不能成方圆。
27. 儒有博学而不穷,笃行而不倦。
28. 善歌者,使人继其声;善教者,使人继其志。

29. 欲知亿万,则审一二。
30. 知之者不如好之者,好之者不如乐之者。
31. 凡学之道,严师为难。
32. 国将兴,必贵师而重傅。
33. 言近而指远者,善言也。
34. 言之无文,行而不远。
35. 不矜细行,终累大德。
36. 以近知远,以一知万,以微知明。
37. 君子之言,信而有征,故怨远于其身。
38. 君者,舟也;庶人者,水也。水则载舟,水则覆舟。
39. 口能言之,身能行之,国宝也。
40. 不富无以养民情,不教无以理民性。
41. 君子役物,小人役于物。
42. 身劳而心安,为之;利少而义多,为之。
43. 明主立可为之赏,设可避之罚。
44. 闻古之善用人者,必循天顺人而明赏罚。
45. 释法术而心治,尧不能正一国。
46. 太山不立好恶,故能成其高;江海不择小助,故能成其富。
47. 下君尽己之能,中君尽人之力,上君尽人之智。
48. 故治乱之理,宜务分刑赏为急。
49. 冉冉流年不待人,东园青杏又尝新。
50. 诸侯之宝三:土地,人民,政事。宝珠玉者,殃必及身。
51. 贤者以其昭昭使人昭昭。
52. 仁也者,人也。合而言之,道也。
53. 民为贵,社稷次之,君为轻。
54. 身不行道,不行于妻子;使人不以道,不能行于妻子。
55. 梓匠轮舆能与人规矩,不能使人巧。
56. 尽信《书》,则不如无《书》。
57. 君子引而不发,跃如也。
58. 有为者辟若掘井,掘井九轫而不及泉,犹为弃井也。
59. 墨子兼爱,摩顶放踵利天下,为之。
60. 君子之言,信而有徵。
61. 孔子登东山而小鲁,登泰山而小天下。
62. 教亦多术矣,予不屑之教诲也者,是亦教诲之而已矣。
63. 大匠诲人必以规矩,学者亦必以规矩。

64. 仁之胜不仁也，犹水胜火。
65. 心之官则思，思则得之，不思则不得也。
66. 学问之道无他，求其放心而已矣。
67. 以友天下之善士为未足，又尚论古之人。
68. 颂其诗，读其书，不知其人，可乎？
69. 冉冉流年不待人，东园青杏又尝新。
70. 用下敬上，谓之贵贵；用上敬下，谓之尊贤。贵贵尊贤，其义一也。
71. 天视自我民视，天听自我民听。
72. 非仁无为也，非礼无行也。
73. 仁者爱人，有礼者敬人。爱人者，人恒爱之；敬人者，人恒敬之。
74. 君子深造之以道，欲其自得之也。
75. 大人者，不失其赤子之心者也。
76. 人有不为也，而后可以有为。
77. 君仁，莫不仁；君义，莫不义；君正，莫不正。一正君而国定矣。
78. 有不虞之誉，有求全之毁。
79. 恭者不侮人，俭者不夺人。
80. 存乎人者，莫良於眸子。眸子不能掩其恶。
81. 胸中正，则眸子瞭焉；胸中不正，则眸子眊焉。
82. 至诚而不动者，未之有也；不诚，未有能动者也。
83. 人人亲其亲、长其长，而天下平。
84. 仁，人之安宅也；义，人之正路也。
85. 三代之得天下也以仁，其失天下也以不仁。
86. 规矩，方员之至也；圣人，人伦之至也。
87. 尧舜之道，不以仁政，不能平治天下。
88. 师旷之聪，不以六律，不能正五音。
89. 离娄之明，公输子之巧，不以规矩，不能成方圆。
90. 孔子成《春秋》而乱臣贼子惧。
91. 工欲善其事，必先利其器。
92. 苟行仁政，四海之内皆举首而望之，欲以为君。
93. 富贵不能淫，贫贱不能移，威武不能屈，此之谓大丈夫。
94. 志士不忘在沟壑，勇士不忘丧其元。
95. 善学者尽其理，善行者究其难。
96. 夏曰校，殷曰序，周曰庠；学则三代共之，皆所以明人伦也。
97. 人伦明于上，小民亲于下。
98. 古之君子，其过也，如日月之食，民皆见之；及其更也，民皆仰之。

99. 桓公之于管仲,学焉而后臣之,故不劳而霸。
100. 故汤之于伊尹,学焉而后臣之,故不劳而王。
101. 仁者如射:射者正己而后发;发而不中,不怨胜己者,反求诸己而已矣。
102. 是非之心,智之端也。
103. 辞让之心,礼之端也。
104. 羞恶之心,义之端也。
105. 恻隐之心,仁之端也。
106. 祸福无不自己求之者。
107. 见其礼而知其政,闻其乐而知其德。
108. 学不厌,智也;教不倦,仁也。仁且智,夫子既圣矣。
109. 夫志,气之帅也;气,体之充也。
110. 虽有智慧,不如乘势;虽有镃基,不如待时。
111. 天子适诸侯曰巡狩。巡狩者,巡所守也。
112. 诸侯朝于天子曰述职。述职者,述所职也。
113. 乐以天下,忧以天下,然而不王者,未之有也。
114. 乐民之乐者,民亦乐其乐;忧民之忧者,民亦忧其忧。
115. 惟智者为能以小事大。
116. 惟仁者为能以大事小。
117. 故曰:仁者无敌。
118. 古之人与民偕乐,故能乐也。
119. 吉人之辞寡,躁人之辞多,诬善之人其辞游,失其守者其辞屈。
120. 君子疾没世而名不称焉。
121. 德不孤,必有邻。
122. 人之有技,若己有之。人之彦圣,其心好之。
123. 君子能长育人材。
124. 将叛者其辞惭,中心疑者其辞枝。
125. 君子以思患而豫防之。
126. 君子以居贤德善俗。
127. 君子以致命遂志。
128. 君子以顺德,积小以高大。
129. 君子以见善则迁,有过则改。
130. 君子以反身修德。
131. 君子以言有物而行有恒。
132. 君子以虚受人。
133. 天地感而万物化生,圣人感人心而天下和平。

134. 君子以多识前贤往行,以畜其德。
135. 观乎天文以察时变,观乎人文以化成天下。
136. 先王以明罚敕法。
137. 君子以振民育德。
138. 君子以裒多益寡,称物平施。
139. 人道恶盈而好谦。
140. 鬼神害盈而福谦。
141. 地道变盈而流谦。
142. 天道亏盈而益谦。
143. 君子所,其无逸。
144. 积善之家必有馀庆,积不善之家必有馀殃。
145. 君子以厚德载物。
146. 知进退存亡而不失其正者,其唯圣人乎!
147. 君子学以聚之,问以辩之,宽以居之,仁以行之。
148. 天行健,君子以自强不息。
149. 君子进德修业,忠信所以进德也,修辞立其诚,所以居业也。
150. 君子安其身而后动,易其心而后语,定其交而后求。
151. 君子知微知彰,知柔知刚,万夫之望。
152. 是故君子安而不忘危,存而不忘亡,治而不忘乱,是以身安而国家可保也。
153. 善不积不足以成名,恶不积不足以灭身。
154. 穷神知化,德之盛也。
155. 上古结绳而治,后世圣人易之以书契,百官以治,万民以察,盖取诸《夬》。
156. 《易》,穷则变,变则通,通则久。
157. 言出乎身,加乎民;行发乎迩,见乎远。
158. 富有之谓大业,日新之谓盛德。
159. 易知则有亲,易从则有功。
160. 劳而不伐,有功而不德,厚之至也。

二、请写出下列人物的生卒年、时代及身份称呼、字、号、籍贯(今……)、生平、著述(及其版本)等,并注明所依据的文献资料。(25%)

1. 刘向	2. 王充	3. 许慎	4. 郑玄
5. 孙诒让	6. 刘勰	7. 钟嵘	8. 颜之推
9. 陆德明	10. 李延寿	11. 孔颖达	12. 颜师古

13. 李善	14. 刘知幾	15. 段玉裁	16. 韩愈
17. 柳宗元	18. 欧阳修	19. 司马光	20. 沈括
21. 郑樵	22. 朱熹	23. 王应麟	24. 胡三省
25. 马端临	26. 李贽	27. 徐光启	28. 孙奇逢
29. 黄宗羲	30. 俞樾	31. 顾炎武	32. 王夫之
33. 朱彝尊	34. 阮元	35. 王念孙	36. 钱大昕
37. 江永	38. 全祖望	39. 王鸣盛	40. 戴震
41. 纪昀	42. 赵翼	43. 章学诚	44. 桂馥
45. 惠栋	46. 崔述	47. 邵晋涵	48. 汪中
49. 张衡	50. 孙星衍	51. 焦循	52. 班固
53. 屈平	54. 荀况	55. 韩非	56. 陆贾
57. 贾谊	58. 董仲舒	59. 司马迁	60. 桓宽
61. 扬雄	62. 何休	63. 荀悦	64. 杜预
65. 张华	66. 陈寿	67. 郭璞	68. 葛洪
69. 袁宏	70. 陶潜	71. 裴松之	72. 范晔
73. 谢朓	74. 郦道元	75. 贾思勰	76. 杨衒之
77. 萧统	78. 庾信	79. 陆法言	80. 欧阳询
81. 魏徵	82. 张说	83. 吴兢	84. 李白
85. 杜甫	86. 白居易	87. 元稹	88. 杜牧
89. 李商隐	90. 陆龟蒙	91. 皮日休	92. 司空图
93. 韦庄	94. 李昉	95. 王禹偁	96. 晏殊
97. 宋祁	98. 梅尧臣	99. 柳永	100. 周敦颐
101. 曾巩	102. 王安石	103. 刘恕	104. 程颢
105. 程颐	106. 苏洵	107. 苏舜钦	108. 苏轼
109. 苏辙	110. 黄庭坚	111. 秦观	112. 陈师道
113. 李格非	114. 李清照	115. 蔡邕	116. 蔡琰
117. 叶梦得	118. 李纲	119. 洪皓	120. 洪迈
121. 李焘	122. 陆游	123. 徐梦莘	124. 杨万里
125. 袁枢	126. 陆九渊	127. 辛弃疾	128. 陈亮
129. 姜夔	130. 李心传	131. 文天祥	132. 元好问
133. 王若虚	134. 许衡	135. 周密	136. 王祯
137. 虞集	138. 陶宗仪	139. 王守仁	140. 王廷相
141. 王艮	142. 杨慎	143. 归有光	144. 吴承恩
145. 徐渭	146. 王世贞	147. 陈第	148. 焦竑
149. 汤显祖	150. 袁宏道	151. 冯梦龙	152. 徐弘祖

153. 宋应星	154. 谈迁	155. 张岱	156. 吴伟业
157. 唐甄	158. 阎若璩	159. 方苞	160. 郑燮

三、请从《四库全书总目》中录出下列著作的提要，并加上新式标点。(25%)

1.《论语正义》	2.《墨子》	3.《荀子》
4.《史记》	5.《日知录》	6.《论衡》
7.《后汉书》	8.《水经注》	9.《文心雕龙》
10.《洛阳伽蓝记》	11.《楚辞补注》	12.《颜氏家训》
13.《隋书》	14.《庄子注》	15.《文选李善注》
16.《古文苑》	17.《文苑英华》	18.《史通》
19.《通典》	20.《资治通鉴》	21.《梦溪笔谈》
22.《通志》	23.《容斋随笔》	24.《困学纪闻》
25.《读书敏求记》	26.《明儒学案》	27.《汉制考》
28.《李太白集》	29.《诂训柳先生文集》	30.《说文解字》
31.《世说新语》	32.《经典释文》	33.《徐霞客游记》
34.《新序》	35.《说苑》	36.《法言集注》
37.《潜夫论》	38.《申鉴》	39.《中论》
40.《孙子》	41.《商子》	42.《韩子》
43.《尹文子》	44.《慎子》	45.《淮南子》
46.《人物志》	47.《白虎通义》	48.《通雅》
49.《义府》	50.《风俗通义》	51.《笔记》
52.《老学庵笔记》	53.《班马异同》	54.《晋书》
55.《宋书》	56.《南齐书》	57.《梁书》
58.《陈书》	59.《北齐书》	60.《周书》
61.《南史》	62.《北史》	63.《旧唐书》
64.《新唐书》	65.《新唐书纠谬》	66.《新五代史记》
67.《五代史记纂误》	68.《汉纪》	69.《后汉纪》
70.《大唐创业起居注》	71.《资治通鉴考异》	72.《通鉴纪事本末》
73.《三朝北盟会编》	74.《宋史纪事本末》	75.《贞观政要》
76.《东观奏记》	77.《唐才子传》	78.《儒林宗派》
79.《明儒言行录》	80.《唐六典》	81.《翰林志》
82.《唐会要》	83.《建炎以来朝野杂记》	84.《西汉会要》
85.《东汉会要》	86.《明会要》	87.《七国考》
88.《郡斋读书志》	89.《遂初堂书目》	90.《子略》
91.《直斋书录解题》	92.《汉艺文志考证》	93.《集古录》

94.《金石录》 95.《史通通释》 96.《唐鑑》
97.《新语》 98.《新书》 99.《近思录》
100.《小学集注》 101.《朱子语类》 102.《鹖冠子》
103.《公孙龙子》 104.《鬼谷子》 105.《吕氏春秋》
106.《李义山诗集》 107.《金楼子》 108.《刘子》
109.《独断》 110.《古今注》 111.《学林》
112.《宾退录》 113.《文昌杂录》 114.《嬾真子》
115.《墨庄漫录》 116.《云麓漫钞》 117.《示儿编》
118.《齐东野语》 119.《艺文类聚》 120.《北堂书钞》
121.《初学记》 122.《玉海》 123.《小学绀珠》
124.《西京杂记》 125.《朝野佥载》 126.《因话录》
127.《唐摭言》 128.《开元天宝遗事》 129.《北梦琐言》
130.《归田录》 131.《唐语林》 132.《过庭录》
133.《鸡肋编》 134.《桯史》 135.《四朝闻见录》
136.《癸辛杂识》 137.《东南纪闻》 138.《山居新语》
139.《山海经》 140.《穆天子传》 141.《神异经》
142.《海内十洲记》 143.《太平广记》 144.《夷坚支志》
145.《述异记》 146.《燕丹子》 147.《续博物志》
148.《关尹子》 149.《文子》 150.《列仙传》
151.《神仙传》 152.《寒山子诗集》 153.《王子安集》
154.《盈川集》 155.《卢昇之集》 156.《骆丞集》
157.《陈拾遗集》 158.《曲江集》 159.《李北海集》
160.《翰苑集》

四、为你最受教益的一本书做一全面的著录（包括书名项、著者项、出版项、稽核项、附注项、提要项）。（30%）

五、试拟今后两年内的自学书目（书名项、著者项、出版项）十部左右。（10%）

重要书(篇)名音序索引

E

H

J

N

O

P

Q

R

S

Y

工具书书影八种

鬩 試力士錘也从鬥从戈或从戰省讀若縣 胡畎切

文十

鬧 不靜也从市鬥 奴教切

文一 新附

又 手也象形三指者手之𠛱多略不過三也凡又之屬皆从又 于救切

右 手口相助也从又从口 臣鉉等曰今俗別作佑 于救切

厷 臂上也从又从古文 古薨切 古文厷象形 厷或从肉

叉 手指相錯也从又象叉之形 初牙切

說文三下 鬥部 又部 八

𠬶 手足甲也从又象叉形 側狡切

父 矩也家長率教者从又舉杖 扶雨切

叜 老也从又从灾闕 穌后切 籒文从寸 叜或从人

燮 和也从言从又炎籒文燮从羊 羊音飪 讀若溼 臣鉉等案燮字義大孰也从炎从又卽孰物可持也此燮盉从燮省言語以和之也二字義相出入故也 穌叶切

曼 引也从又冒聲 無販切

㬅 引也从又𦣝聲𦣝古文申 失人切

夬 分決也从又中象決形 徐鍇曰中物也丨所以決之 古賣切

尹 治也从又丿握事者也 余準切 古文尹

𠭥 又卑也从又虘聲 側加切

𠭖 引也从又𣬉聲 里之切

㕞 拭也从又持巾在尸下 所劣切

及 逮也从又从人 徐鍇曰及前人也 巨立切 古文及秦刻石及如此 亦古文及 亦古文及

秉 禾束也从又持禾 兵永切

反 覆也从又厂反形 府遠切 古文

𠬝 治也从又从卪卪事之節也 房六切

叏 滑也詩云叏兮達兮从又中一曰取也 土刀切

𣪊 楚人謂卜問吉凶曰𣪊从又持祟祟亦聲讀若贅 之芮

說文三下 又部 九

切

叔 拾也从又尗聲汝南名收芋爲叔 式竹切 叔或从寸

𠭀 入水有所取也从又在回下回古文回回淵水也讀若沫 莫勃切

取 捕取也从又从耳周禮獲者取左耳司馬法曰載獻聝聝者耳也 七庾切

彗 掃竹也从又持甡 祥歲切 彗或从竹 古文彗从竹从習

叚 借也闕 古雅切 古文叚 譚長說叚如此

《说文解字》卷三"又"部

說文解字注　三篇下　攴部

敶　敆　敿　敹　取斂　敕　更　改變

更也。雙聲。从攴己聲。或無聲誤。古亥切。一部。更也。从攴䜌聲。祕戀切。十四部。改也。更訓改。亦訓繼。不改爲繼。改之亦爲繼。故小雅毛傳曰。庚、續也。用部庸下曰。庚更事也。列子云。五年之後。心庚念是非。口庚言利害。七年之後。從心之所念。庚無是非。從口之所言。庚無利害。皆假庚爲更。今人分別平去二音。非古也。从攴丙聲。古孟切。又古行切。古音在十部。誡也。言部曰。誡、敕也。二字互訓。小雅毛傳曰。敕、固也。此謂敕卽飭之假借。飭、致堅也。後人用勑爲敕。力部勑、勞也。洛代切。又或從力作勑。一曰。二字今補。臿地曰敕。此別一義。凡植物地中謂之菑。或作傳。事剚鍤。側吏初吏二切。敕與初吏一切。正同部雙聲也。臿者今之插字。漢人祇作臿。从攴束。各本有聲。誤。今刪。攴而收束之二義。皆於此會意。非束聲也。恥力切。一部。使也。从攴。耴省聲。而涉切。八部。收也。从攴。僉聲。良冉切。七部。擇也。粊誓。某氏注。言當善簡汝甲冑。與許說合。鄭注敹謂穿徹之。从攴宷。各本有聲。誤。今刪。宷或罙字。冒也。從攴宷者。斀其冒昧而擇之。洛蕭切。依今音在二部。周書曰。敹乃甲冑。繫連也。繫當作系。粊誓某氏注云。施汝盾紛。王云。敿盾當有紛繫持之。鄭云。敿猶繫也。按鄭云猶者。鄭意敿是繑拂之偁。繑之而後繫之。非一事也。敿不訓繫。故云猶。許云繫連者。謂繫而連之。秦風龍盾之合。毛云。合而載之。左傳齊子淵捷從泄聲子。射之中盾瓦。繇朐汰輈。七入者三寸。詳傳文。盾正蔽車前。必聯合之以爲車蔽。故云繫連。凡字有專釋經者。敹敿是也。从攴喬聲。周書曰。敿乃干。讀若繑。居夭切。二部。合會也。見釋詁。今俗云敆縫。从攴合。合亦聲。古沓切。七部。列也。韓詩。信彼南山。惟禹敶之。爾雅。郊外謂之田。李巡云。田、敶也。謂敶列種穀之處。敶者敶之省。素問注云。敶、古陳字。是也。此本敶列字。後人假借陳爲之。陳行而敶廢矣。亦本軍敶字。兩下云。讀若軍敶之敶是也。後人別製無理之陣字。陣行而敶又廢矣。从攴。陳聲。直刃切。廣韵十七眞曰。敶

三篇下　丟

攸　赦　斁　敓　救　敵

者陳之古文。古文當作古字。十二部。仇也。仇、讎也。左傳曰。怨耦曰仇。仇者兼好惡之詞。相等爲敵。因之相角爲敵。古多假借適爲敵。襍記。訃於適者。史記。適人開戶。適不及拒。荀卿子。天子四海之內無客禮。告無適也。文子曰。一也者。無敵之道也。按後人取文子注論語曰。敬者主一無適之謂。適讀如字。夫主一則有適矣。乃云無適乎。敬者持事振敬。非謂主一也。淮南書曰。一者萬物之本也。無適之道也。與文子同。正作敵。从攴。啻聲。徒歷切。十六部。止也。論語。子謂冉有曰。女弗能救與。馬曰。救猶止也。馬意救與止稍別。許謂凡止皆謂之救。从攴。求聲。居又切。三部。彊取也。此是爭敓正字。後人假奪爲敓。奪行而敓廢矣。周書曰。敓攘矯虔。呂制篇文。今尚書作奪。此唐天寶衛包所改。凡尚書之字。有古文家改壁中相沿已久者。有衛包肌改者。皆可分別考而知之。詳見古文尚書撰異。唐人尚用敓字。陸宣公集有敓斆是也。从攴。兌聲。徒活切。十五部。解也。此與釋音義同。後人區別之。从攴。睪聲。羊益切。古音在五部。詩曰。服之無斁。周南文。斁、厭也。見釋詁。毛傳。按此三字。釋所引詩之斁。以別於上文解訓。此全書之一例也。厭同猒。飽也。經典亦假射爲斁。一曰終也。此別一義。置也。网部曰。置、赦也。二字互訓。赦與捨音義同。非專謂赦罪也。後捨行而赦廢。赦專爲赦罪矣。从攴。赤聲。始夜切。古音在五部。赦或从亦。亦聲。古在五部。行水也。戴侗曰。唐本作水行攸攸也。其中從巛。按當作行水攸攸也。行水順其性則安流攸攸而入於海。衛風傳。滺滺流皃是也。作滺者俗變也。左傳說火曰。鬱攸從之。蒙葺公屋。火之行如水之行。故曰鬱攸。大雅曰。爲韓姞相攸。釋言。攸、所也。水之安行爲攸。故凡可安爲攸。又借爲逌字。逌、气行皃。水行之攸。气行之適。皆主和緩。故或用攸。或用逌。从攴。从人。攴取引導之意。人謂引導者。水省。以周切。三部。秦刻石嶧山。句。石文攸字如此。人省水不省。嶧山石文。史記不載。其文曰。登于繹山。羣臣從者。咸思攸長。今作攸者。傳刻失眞也。又史記

三篇下　美

《说文解字注》卷三“攴”部

經典釋文卷第二十四
論語音義
唐國子博士兼太子中允贈齊州刺史吳縣開國男陸德明撰
論語序此是何晏上集解之序今亦隨本音之
中壘力軌反校尉戶教反劉向舒尚反大子大傅並音泰
夏戶雅反侯勝音升或升證反丞相息亮反傅之直專反下同頗多
破可反琅音郎本或作瑯邪以嗟反又似嗟反也差反膠東音交琅邪膠東皆郡名壞得音怪
大守音泰下大常同守音手又反爲之註本又作注之戍反又張注反頗爲于僞反
名曰論語論如字綸也輪也理也次也撰也荅述曰語撰次孔子荅弟子及時人之語也鄭玄云仲弓子游子夏等撰
集解佳買反何晏集孔安國馬融包氏周氏鄭玄陳羣王肅周生烈義并下己意故謂之集解
學而第一以學爲首者明人必須學也　集解一本作何晏集解
論語音義　一　通志堂
凡十六章
亦說音悅注同通稱尺證反說懌音亦有朋蒲弘反有或作友非亦
樂音洛譙周云悅深而樂淺一云自內曰悅自外曰樂不慍紆問反怒也鄭云怨也孝弟大計
反本或作悌下同而好呼報反下及注同鮮仙善反少也鄭云寡也下同本與音餘欲
令力呈反人說音悅曾參所金反又七南反三息暫反又如字省悉井反視也
也鄭云思察己之所行也爲人于僞反又如字傳不直專反注同鄭注云魯讀傳爲專今從古
案鄭校周之本以齊古讀正凡五十事鄭本或無此注者然皇覽引魯讀六事則無者非也後皆放此道音導
本或作導包云治也注及下同千乘繩證反注同千乘大國之賦也司馬法齊景公時
穰苴善用兵周禮司馬掌征伐六國時齊威王使大夫追論古者兵法附穰苴於其中凡一百五十篇號曰司馬法有司馬田
有畸居宜反田之殘也之封甫用反又如字雖大賦絕句一本或云雖大國之賦包依
王制孟子王制及孟子皆以百里爲大國奢侈尺紙反又尺氏反則弟音悌本亦

作悌汎愛孚劍反行有下孟反下云觀其行并注同學文馬曰古
之遺文也鄭云文道藝也子夏戶雅反好色呼報反下至好學同盡津忍反下
同主毋友音無本亦作無下同憚徒旦反難乃旦反子貢本亦
作贛音同之與音餘下之與同抑與上於力反陳亢音剛又苦浪反
必與音預爲治直吏反信近附近之近下及注同又如字覆芳服反
反下同遠恥于萬反無諂勑檢反而樂音洛注同好呼報
反下同如切治骨曰切磋七多反治象曰磋琢治玉曰琢摩一本作磨
末多反治石曰磨謂與音餘患不知也本或作患己不知人也俗本妄
加字今本患不知人也
爲政第二先學而後從政故爲政次學而也
論語音義　二　通志堂
凡二十四章
衆星共求用反鄭作拱俱勇反拱手也猶北辰之不移本或作譬猶北
辰之不移蔽必世反包云當也鄭云塞也猶當丁浪反又如字無邪似嗟
反道之音導下同以德包云道德也鄭云六德謂智仁聖義中和格加百反正
也鄭云來也孫蕻直劍反不妄已尚反能養羊尚反下及注養人
同以別彼列反注同食音嗣先生饌上眷反馬云飲食也鄭作餕音俊食
餘曰餕曾音增馬云則也皇侃云嘗也女音汝人焉於虔反下同廋所留反匿
也匿也女力反溫故烏門反尋也繹音亦不比毗志反下同
則罔本又作冈則殆音待依義當作怠誨女音汝後可以意求之知
也如字又音智姓顓音專寡尤下求反行下孟反注同錯七路
反注同置也鄭本作措投也枉紆枉反邪枉似嗟反孝于如字一本作孝乎
奚其爲爲政也一本無一爲字車音居無輗五兮反轅端橫

《经典释文》卷二十四《论语音义》首页

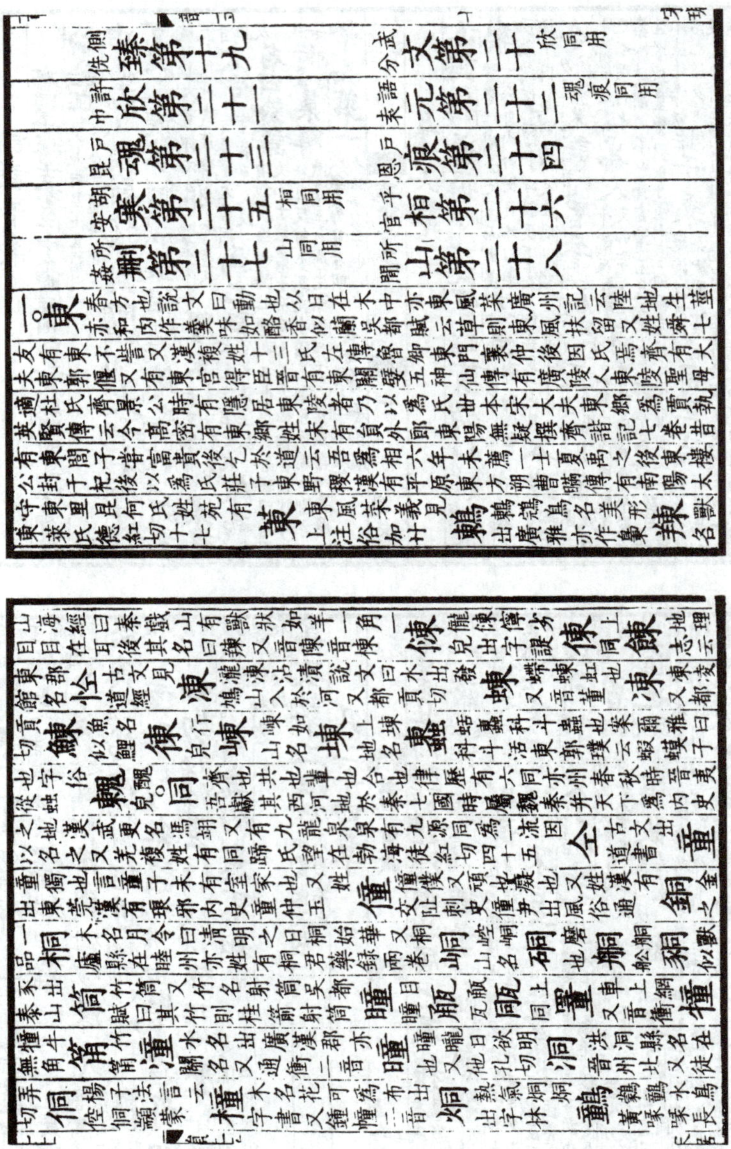

宋本《广韵》上平声"东"韵

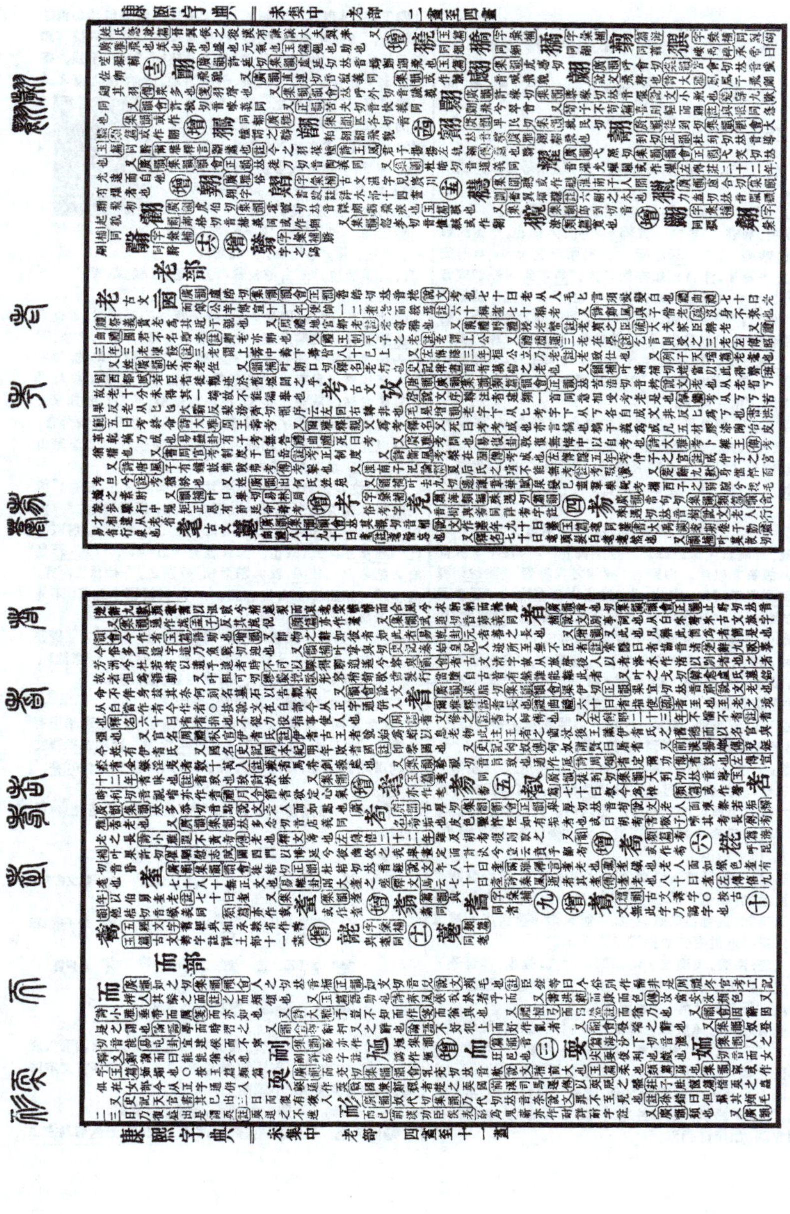

《康熙字典》未集"老"部

亢 說文·亢部 孫臏三三一 漢印 漢印 西狹頌 熹·易·乾文言 子游殘碑

《説文》："亢，人頸也。从大省，象頸脈形。頏，亢或从頁。"

（一）gāng《廣韻》古郎切，平唐見。陽部。

❶颈项；咽喉。《説文·亢部》："亢，人頸也。"徐鍇繫傳："亢，喉嚨也。"徐灝注箋："頸為頭莖之大名，其前曰亢，亢之内為喉。渾言則頸亦謂之亢。"唐玄應《一切經音義》卷二十引《蒼頡篇》："亢，咽也。"《史記·劉敬叔孫通列傳》："夫與人鬭，不搤其亢，拊其背，未能全其勝也。"裴駰集解引張晏曰："亢，喉嚨也。"《漢書·陳餘傳》："乃仰絶亢而死。"顔師古注："亢者，總謂頸耳。《爾雅》云：'亢，鳥嚨。'即喉嚨也。"引申为要害。《史記·孫子吴起列傳》："批亢擣虚。"

❷通"迒"。野兽经过后留下的痕迹。《釋名·釋道》："鹿兔之道曰亢。"畢沅疏證："亢，當作迒。《説文》云：'迒，獸迹也。'"按：《爾雅·釋獸》作"兔子嬎，其跡迒。"清朱駿聲《説文通訓定聲·壯部》："亢，叚借為迒，迹也。"

（二）kàng《廣韻》苦浪切，去宕溪。陽部。

❶高。《廣雅·釋詁四》："亢，高也。"《莊子·人間世》："故解之以牛之白顙者，與豚之亢鼻者。"陸德明釋文引司馬彪云："亢，高也。"《銀雀山漢墓竹簡·孫臏兵法·雄牝城》："城在渒澤之中，無亢山名谷。"唐韓愈《岳陽樓別竇司直》："屠龍破千金，為藝亦云亢。"

❷举。清段玉裁《説文解字注·亢部》："亢之引申為高也，舉也。"章炳麟《新方言·釋言》："戴物於上亦曰亢。淮西謂戴物頭上舉之曰亢。"《楚辭·卜居》："寧與騏驥亢軛乎！"王逸注："亢，一作抗。"洪興祖補注引五臣云："騏驥抗軛，謂與賢才齊列也。抗，舉也。"

❸极；太过。《廣雅·釋詁一》："亢，極也。"《左傳·宣公三年》："先納之，可以亢寵。"杜預注："亢，極也。"《素問·六微旨大論》："亢則害。"王冰注："亢，過極也。物惡其極。"清龔自珍《古史鈎沉論一》："榮之亢，辱之始也；辯之亢，誹之始也。"

❹高傲。《後漢書·李膺傳》："膺性簡亢，無所交接。"李賢注："亢，高也。"宋秦觀《財用策上》："以為此乃奸人故為矯亢，盜虚名於暗世也。"姚雪垠《李自成》第二卷第二章："这封书子的措词不亢不卑。"

❺强硬；刚强。《廣雅·釋詁四》："亢，强也。"《管子·輕重戊》："天子幼弱，諸侯亢强。"《三國志·魏志·杜恕傳》："恕在朝八年，其論議亢直。"

❻遮蔽；庇护。《廣雅·釋詁二》："亢，遮也。"《字彙·亠部》："亢，蔽也。"章炳麟《新方言·釋言》："亢亦有遮使隱匿之義。今淮西、淮南、吴、越皆謂藏物為亢。"《左傳·昭公元年》："吉不能亢身，焉能亢宗？"杜預注："亢，蔽也。"《朱子語類·論自注書》："因言伯恭《大事記》，忒藏頭亢腦，如搏謎相以。"

❼干旱。《廣韻·宕韻》："亢，旱也。"晉郭璞《山海經圖讚》："鳴蛇化蛇，見則並災，或淫或亢。"北周庾信《和李司録喜雨》："純陽實久亢，雲漢乃昭回。"又指干燥。《齊民要術·雜説》："自地亢後，但所耕地，隨餉（晌）蓋之。"

❽星名，二十八宿之一，东方苍龙七宿的第二宿，有星四颗。《爾雅·釋天》："壽星，角亢也。"《集韻·宕韻》："亢，星名。"《呂氏春秋·仲夏紀》："仲夏之月，日在東井，昏亢中，旦危中。"高誘注："亢，東方宿。"

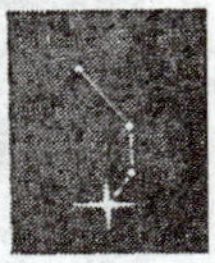

亢 宿

❾正梁。《逸周書·作雒》："咸有四阿、反坫、重亢、重郎。"孔晁注："重亢，累棟也。"朱右曾校釋："亢，極也。極，即棟。"

❿悆。《字彙·亠部》："亢，悆也。"

⓫通"伉"。相当；匹敌。《廣雅·釋詁三》："亢，當也。"王念孫疏證："伉與亢通。"《字彙·亠部》："亢，敵也。"清朱駿聲《説文通訓定聲·壯部》："亢，叚借為伉。"《史記·齊悼惠王世家》："惠帝與齊王燕飲，亢禮如家人。"司馬貞索隱："謂齊王是兄，不為君臣禮，而乃亢敵如家人兄弟之禮。"《漢書·終軍傳》："臣年少材下，孤於外官，不足以亢一方之任。"顔師古注："亢，當也。"《西嶽華山廟碑》："玉帛之贄，禮與岱亢。"

⓬通"抗"。抵御；抵挡。《字彙·亠部》："亢，抵也。"清朱駿聲《説文通訓定聲·壯部》："亢，叚借為抗。"《左傳·宣公十三年》："我則為政，而亢大國之討，將以誰任？"杜預注："亢，禦也。"又《宣公十五年》："（魏）顆見老人結草以亢杜回，杜回躓而顛，故獲之。"杜預注："亢，禦也。"《新唐書·食貨志二》："而行營軍十五萬，不能亢兩鎮萬餘之衆。"

⓭姓。《通志·氏族略五》："亢氏，出《姓苑》。唐登科有亢潮，京兆人。又有五官正亢軫。"《姓觿·漾韻》："亢，《姓源》云：'春秋亢父，附庸國，後因氏。'"

（三）gēng《集韻》居行切，平庚見。

〔亢桑〕同"庚桑"。《集韻·庚韻》："亢，老聃弟子有亢倉子。"《莊子·庚桑楚》"有庚桑楚者"唐陸德明釋文引司馬彪云："楚，名；庚桑，姓也。《太史公書》作亢桑。"

3 亣 jié《字彙補·亠部》："亣，古折切，音結。出《西江賦》。"

玄 師𡘇父鼎 吉日壬舞劍 說文古文 說文繫傳·古文 說文·玄部 老子甲九四 老子乙二三〇上 武威簡·特牲一 名銅鏡 禽王巨虛鏡 熹·儀禮·特牲

《説文》："玄，幽遠也。黑而有赤色者為玄。象幽而入覆之也。𢆯，古文玄。"王筠句讀補正："幺、玄二字古文本同體，特兩音兩義耳。小篆始加入以别之。"

（一）xuán《廣韻》胡涓切，平先匣。真部。

❶赤黑色。《説文·玄部》："玄，黑而有赤色者為玄。"

《詩·豳風·七月》："載玄載黄，我朱孔陽。"毛傳："玄，黑而有赤也。"《周禮·考工記·鍾氏》"鍾氏染羽……五入為緅，七入為緇"漢鄭玄注："凡玄色者，在緅緇之間，其六入與?"孫詒讓正義："玄與緇同色而深淺微別，其染法亦以朱為質。故毛、許、鄭三君並以為赤而兼黑。"魯迅《吶喊·药》："突然闯进了一个满脸横肉的人，披一件玄色布衫。"又泛指黑色。《廣雅·釋器》："玄，黑也。"《書·禹貢》："(徐州)厥篚玄纖縞。"孔傳："玄，黑繒。"《史記·司馬相如列傳》："瑊玏玄厲。"裴駰集解引《漢書音義》曰："玄厲，黑石可用磨者。"晉崔豹《古今注·鳥獸》："鶴千歲則變蒼，又二千歲則變黑，所謂玄鶴也。"宋蘇軾《後赤壁賦》："適有孤鶴横江東來，翅如車輪，玄裳縞衣，戛然長鳴。"引申指黑暗。漢劉楨《公讌》："遺思在玄夜，相與復翱翔。"

❷深；厚。《説文·玄部》："玄，幽遠也。"《楚辭·九章·惜往日》："臨沅湘之玄淵兮，遂自忍而沈流。"《後漢書·馬融傳》："其植物則玄林包竹，藩陵蔽京。"李賢注："玄，猶幽也。"

❸远。《莊子·天地》："玄古之君天下，无為也，天德而已矣。"成玄英疏："玄，遠也。"《文選·張衡〈東京賦〉》："睿哲玄覽。"李善注引《廣雅》："玄，遠也。"《南史·宋本紀上》："夫玄古權輿，悠哉邈矣，其詳靡得而聞。"

❹神妙；深奥。《玉篇·玄部》："玄，妙也。"《老子》第一章："玄之又玄，衆妙之門。"《後漢書·崔駰傳》："協準矱之貞度兮，同斷金之玄策。"李賢注："玄策猶妙策也。"元不忽木《點絳唇·辭朝》："不索你問緣由，把玄關泄漏，這簫聲世間無，天上有。"引申指高深的道理。唐韓愈《進學解》："記事者必提其要，纂言者必鉤其玄。"

❺玄虚。如：靠不住，这话真玄。

❻奇特。杨朔《三千里江山》十三："这个人长的样样都大，大的真玄。走到什么地方一站，象座影壁。"

❼透彻；通达。《淮南子·精神》："使耳目精明玄達而無誘慕……則望於往世之前，而視於來事之後，猶未足為也。"唐白居易《代書詩一百韻寄微之》："儒風愛敦質，佛理賞玄師。"

❽寂静；清静。《廣韻·先韻》："玄，寂也。"《淮南子·主術》："天道玄默，無容無則。"三國魏嵇康《述志詩》："晨登箕山巔，日夕不知饑；玄居養營魄，千載長自綏。"《世説新語·輕詆》引孫綽《王長史誄》："余與夫子，交非勢利，心猶澄水，同此玄味。"

❾道家的学说；道教。《文心雕龍·時序》："自中朝貴玄，江左稱盛，因談餘氣，流成文體。"唐李咸用《吳處士寄香兼勸入道》："空挂黄衣寧續壽，曾聞玄教在知常。"宋陸游《贈道侶》："何時醉攜手，為我發玄機。"

❿扬雄《太玄》的简称。《後漢書·張衡傳》："(衡)常耽好《玄經》，謂崔瑗曰：'吾觀《太玄》，方知子雲妙極道數。'"唐岑參《送顔少府投鄭陳州》："一尉便垂白，數年唯草玄。"明顧大典《青衫記·元白揣摩》："草屈子雲玄，談卷君卿舌。"

⓫天。《釋名·釋天》："天，又謂之玄。"畢沅疏證："玄者，以色名之也。《易·文言》曰：'天玄而地黄。'"《楚辭·招魂》："青驪結駟兮齊千乘，懸火延起玄顔烝。"王逸注："玄，天也。"《文選·張衡〈東京賦〉》："祈福乎上玄，思所以為虔。"薛綜注："玄，天也。"唐韓愈《雜説》："龍噓氣成雲，雲固弗靈於龍也。然龍乘是氣，茫洋窮乎玄間。"

⓬农历九月的别称。《爾雅·釋天》："九月為玄。"《國語·越語下》："至於玄月，王召范蠡而問焉。"韋昭注："謂魯哀十六年九月也。"

⓭北方。《莊子·大宗師》："夫道，有情有信，无為无形……顓頊得之，以處玄宫。"陸德明釋文："玄宫，李云北方宫也。"《淮南子·天文》："北方曰玄天。"《晉書·四夷傳》："九夷八狄，被青野而亙玄方；七戎六蠻，緜西宇而横南極。"

⓮玄孙的省称。《爾雅·釋親》："曾孫之子為玄孫。"三國魏韋誕《皇后親蠶頌》："美休祚于億載，豈百世之曾玄。"宋劉克莊《滿江紅·慶抑齋元樞八十》："看畫盆、歲歲浴曾玄，添懷抱。"

⓯通"懸"。漢班固《終南山賦》："傍吐飛瀨，上挺修竹；玄泉落落，密蔭沉沉。"《文選·張衡〈東京賦〉》："左瞰暘谷，右睨玄圃。"李善注："《淮南子》曰：'懸圃在崑崙閶闔之中。'玄與懸古字通。"

⓰姓。《廣韻·先韻》："玄，姓。"《通志·氏族略二》："玄氏，《風俗通》云：玄都，古諸侯國也，子孫以國為氏。"《後漢書·第五倫傳》："顯拔鄉佐玄賀，賀後為九江、沛二郡守，以清絜稱，所在化行，終於大司農。"

(二) xuàn《集韻》熒絹切，去霰匣。元部。

❶同"泫"。《集韻·霰韻》："泫，玄湣，混合也。或省。"《字彙補·玄部》："玄，與泫湣之泫同。"漢班固《典引》："五德初始，同於草昧，玄混之中，踰繩越契，寂寥而亡詔者，系不得而綴也。"

❷通"眩"。《集韻·霰韻》："玄，通作眩。"清朱駿聲《説文通訓定聲·坤部》："玄，叚借為眩。"《荀子·正論》："上周密，則下疑玄矣。"楊倞注："玄，讀為眩，惑也。"唐韓愈《寄崔二十六立之》："玄花著兩眼，視物隔褷襹。"

❸通"炫"。《正字通·玄部》："玄，與炫同。"《漢書·司馬相如傳下》："采色玄耀，炳炳輝煌。"顔師古注："玄讀曰炫。"按：《史記·司馬相如列傳》作"炫燿"。

4 **肓**

qiǎn《廣韻》去偃切，上阮溪。

〔肓言〕唇急貌。《玉篇·言部》："肓，肓言，脣急皃。"

言

yǎn《廣韻》語偃切，上阮疑。

〔肓言〕见"肓"。

亦

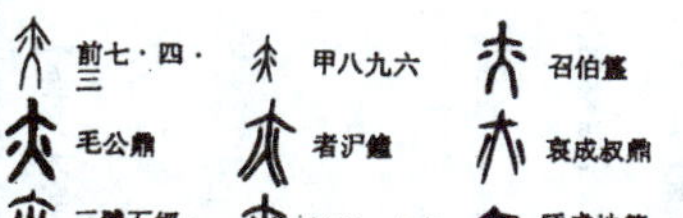

《説文》："亦，人之臂亦也。从大，象兩亦之形。"高鸿缙《中國字例》："(亦)即古腋字。从大(大即人)，而以八

《汉语大字典》"亠"部"亢"、"玄"字条

◉許　慎　所伐木聲也。从斤。户聲。詩曰。伐木所所。疏擧切。【説文解字卷十四】

◉强運開　所説文。所。伐木聲。詩曰。伐木所所。張德容云。此蓋古文叚偺字。運開按。伐木聲乃所字之本義。叚偺為處所所以字。又按。不易戈作所。魚匕作所。均與鼓文同。【石鼓釋文】

◉馬叙倫　段玉裁曰。小雅伐木首章。伐木丁丁。傳曰。丁丁。伐木聲。次章。伐木許許。傳曰。許許。柹皃。此作所所者。聲相似。不用柹皃之説而用伐木聲之説者。蓋參用三家詩。今按丁丁者斧斤聲。所所則鋸聲也。倫按所音審紐。斯音心紐。户其又同為舌根音。轉注字也。斯下曰。析也。此訓伐木聲非許文。玄應一切經音義引三倉。所。處也。字見急就篇。宋公佐戈作所。石鼓作所。【説文解字六書疏證卷二十七】

◉嚴一萍　21所　商釋「晨」，不確。汗簡所字作所，略近。【楚繒書新考　中國文字第二十六册】

◉黄錫全　所所出裴光遠集字　侯馬盟書作所，漢隸或作所、所、所、所、所等（篆隸14・12），漢印或作所（漢印徵14・5），户上一筆與斤上一筆合書。此形類似，因取對稱，篆書如此，並非「臆造」。【汗簡注釋卷一】

◉黄錫全　扂所亦王庶子　夏韻語韻録《古孝經》所作扂，録王庶子碑作扂。石鼓文所作所，三體石經古文作所。此从且，蓋所字别體。《集韻》所，古作扂。鄭珍認為「此改斤為且，則有聲無形矣，俗人詭更正文，往往如是」。所作扂，疑與岨、詷等字同例，為兩半皆聲之字。【汗簡注釋卷六】

◉戴家祥　户字象單門之形，引申為居處。户字的讀音與伐木聲同，故被借來狀聲，並加斫木工具斤作為偏旁，寫作所。但後人所字仍用作户的意義，表示居處，如魚鼎匕「毋處其所」。或用作虚詞，如中山王譽方壺「因載所美」等。【金文大字典中】

斯

斯　僦兒鐘　通廝　説文所無　禹鼎　斯馭二百徒千　猶史記蘇秦傳言廝徒十萬也　【金文編】

陳斯己　【漢印文字徵】

泰山刻石　丞相臣斯　開母廟石闕　寔勤斯民　【石刻篆文編】

斯　斯　斯　【汗簡】

竝道德經　義雲章　王存乂切韻　古尚書　王存乂切韻　古爾雅　【古文四聲韻】

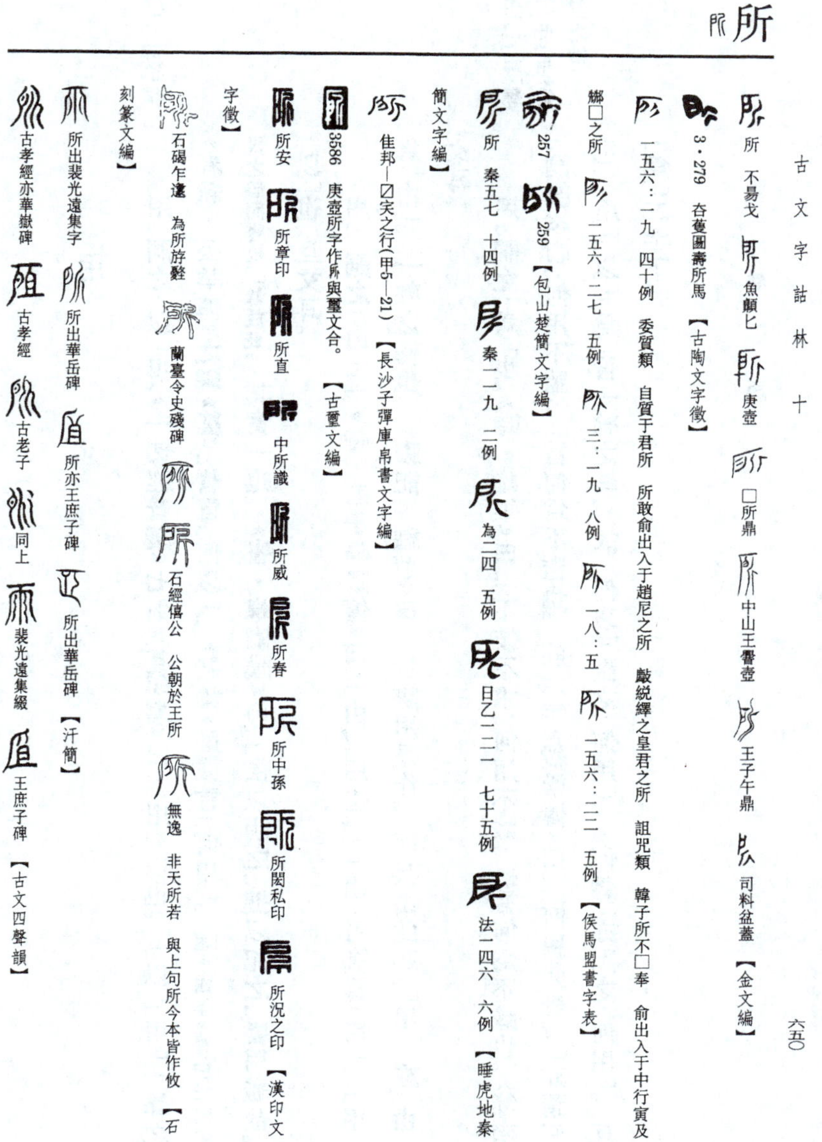

古文字詁林 十

所

所 不易戈 魚顛匕 庚壺 □所鼎 中山王譽壺 王子午鼎 司料盆蓋 【金文編】

3·279 杏蔓圖壽所馬 【古陶文字徵】

一五六：一九 四十例 委質類 自質于君所 所敢俞出入于趙尼之所 䖒綐繹之皇君之所 詛咒類 韓子所不□奉 俞出入于中行寅及鄰□之所 一五六：二七 五例 三：一九 八例 一八：五 一五六：二二 五例 【侯馬盟書字表】

257 259 【包山楚簡文字編】

所 秦五七 十四例 秦一一九 二例 為二四 五例 日乙一一二 七十五例 法一四六 六例 【睡虎地秦簡文字編】

隹邦—☑実之行(甲5—21) 【長沙子彈庫帛書文字編】

3586 庚壺所字作 與璽文合。 【古璽文編】

所安 所章印 所直 中所識 所威 所春 所中孫 所閎私印 所況之印 【漢印文字徵】

石碣乍遵 為所斿蹵 蘭臺令史殘碑 石經僖公 公朝於王所 無逸 非天所若 與上句所今本皆作攸 【石刻篆文編】

所出裴光遠集字 所出華岳碑 所亦王庶子碑 所出華岳碑 【汗簡】

古孝經亦華嶽碑 古孝經 古老子 同上 裴光遠集綴 王庶子碑 【古文四聲韻】

六五〇

《古文字诂林》“斤”部“所”字条

用

用，詞之「以」也。《一切經音義》七引《蒼頡篇》曰：「用，以也。」「以」「用」一聲之轉。凡《春秋·公羊傳》之釋《經》，皆言「何以」；《穀梁》則或言「何用」。桓十四年《傳》曰：「何用見其未易災之餘而嘗也。」餘放此。其實一也。《書·皋陶謨》曰：「侯以明之，撻以記之，書用識哉。」用，亦「以」也，互文耳。

「用」、「以」聲通。

用，詞之「由」也。《詩·君子陽陽傳》曰：「由，用也。」「由」可訓爲「用」，「用」亦可訓爲「由」，一聲之轉也。《禮記·禮運》曰：「故謀用是作，而兵由此起。」用，亦「由」也，互文耳。

用，詞之「爲」也。《詩·雄雉》曰：「不忮不求，何用不臧？」言何爲不臧也。《節南山》曰：「國既卒斬，何用不監？」言何爲不監也。莊六年《穀梁傳》曰：「何用弗受？」亦謂何爲弗受也。「用」「以」「爲」皆一聲之轉，故「何以」謂之「何用」，「何爲」亦謂之「何用」。互見「以」「爲」二字下。

「用」、「爲」聲通，此「用」爲「爲」之借。

卷一　用

《经传释词》卷一“用”字条